공공부문의 마케팅

공공부문의 마케팅

노시평 지음

머리말

이 책은 공공부문에서 제공하는 상품 및 서비스 전반을 마케팅의 대상영역으로 볼 필요가 있다는 인식의 바탕 위에서 기존의 경영학에서 다루고 있는 마케팅이론을 행정관리 또는 공공관리부문에 쉽게 적용하기 위한 개론서이다. 저자는 행정학을 공부하고 있는 학생뿐만 아니라 공공부문에 종사하고 있는 실무자들도 참고할 수 있도록 그 동안 대학이나 공무원교육원에서 강의하였던 내용을 토대로 정리하였다.

"모든 조직은 마케팅결정을 포함하고 있다. 따라서 공공조직 역시 마케팅을 실행하느냐 아니냐의 문제가 아니라, 어떻게 마케팅을 실행하느냐의 문제에 직면해 있다"라는 비영리조직 마케팅의 선구자인 Kotler의 선언 이후 공공부문에 마케팅개념 및 기법 도입의 필요성은 일부의 경영학자들과 행정학자들에 의해서 꾸준히 제기되어왔다. 그러나 이러한 주장은 마케팅개념이 갖는 소비자중심주의·직접교환·이윤 등과 같은 특성 때문에, 시민주권·정의·간접교환 등으로 특징지어지는 공공서비스의 공급방식에는 적절하지 않다는 다수의 학자들에 의해서 철저하게 무시되어왔다.

마케팅은 민간부문에서 조직의 효율적 관리와 이윤창출을 위해 발전되어온 개념이다. 마케팅의 개념·아이디어·기법 등은 조직이라는 제품의 생산자가 제품을 생산하여 구매대상자인 소비자에게 판매할 때까지의 과정을 합리적으로 관리하기 위해 발전되어 왔다. 따라서 조직의 성격이 민간부문이든 공공부문이든 조직을 합리적이고 효율적으로 관리하기 위해서는 마케팅개념 및 기법 등이 필요하다는 것이 많은 경영학자들의 견해이다. 그러나 다수의 행정학자들은 마케팅이 지나치게 이윤·교환·경쟁 등을 강조하여, 합법·정의·형평 등의 개념이 중요시되는 공공부문의 서비스공급에는 적절하지 않다고 주장하였다. Walsh는 이러한 입장의 차이는 마케팅을 어떻게 이해하느냐의 문제라고 하였다. 즉, 그는 마케팅을 한 세트의 도구나 기법으로 이해한다면 공공서비스의 효율성과 반응성 향상에 기여할 수 있지만, 교환·이윤·경쟁이라는 측면에 경도된 통합된 아이디어의 세트로 인식한다면 공공서비스에 마케팅개념의 도입은 어려울 것이라고 하였다.

1980년대에 들어와 이념적으로는 신자유주의, 정부의 관리방식으로는 신공공관리(NPM), 거버넌스, 신국정관리(New Governance) 등이 시대를 상징하는 개념이 되었고, 이에 따라 서구 선진국의 경우 공공부문 개혁의 필요성은 더욱 크게 인식되었다. 공공부문 개혁의 방향은 정부의 구조 개혁에 초점을 맞춘 Westminster형과 정부 관료들의 행태변화에 초점을 맞춘 정부재창조(Reinventing Government)형으로 구분해볼 수 있다. 이러한 공공부문 개혁의 두 방향은 목표를 달성하기 위한 수단에서 차이가 있지만 달성하고자 하는 목표 자체는 동일하였다. 즉, 영국, 호주 등 영연방국가를 중심으로 하는 Westminster형은 명령과 통제 위주의 관료제에서 인센티브 중심의 시장원리라는 수단을 중요시하였고, 미국을 중심으로 하는 정부재창조형은 정부의 구조와 성격전환보다는 권한 이양과 관료들의 행태변화를 중요시하였으나 이러한 수단을 통해 달성하려는 목표는 행정의 낭비제거·예산절약·효율적 관리 등이었다. 이러한 시대적 사조의 흐름은 공공관리 분야에서도 경쟁·이윤·고객지향이라는 개념의 도입이 필요하다는 주장을 제기하였고, 민영화·책임운영기관제도·외주계약 등은 이러한 주장을 뒷받침하는 제도변화의 결과이었다.

이 책은 공공서비스 공급에 있어 경쟁·이윤·고객이라는 용어가 과거 어느 때보다 중요시되는 이 시기에 공공부문의 관리에 마케팅의 개념 및 기법 등의 도입이 필요하다는 가정하에서 이에 관한 그동안의 연구내용들을 다음과 같이 정리하였다.

제1장에서는 공공마케팅이란 무엇이고, 이에 관한 연구는 그동안 어떻게 전개되었는가 하는 문제에 대해서 살펴보았다. 또한 공공부문에

마케팅도입의 가능성에 대한 학자들의 견해는 어떠하고, 이들 각각의 견해에 대한 논거들은 어떠한지를 탐색하여 보았다. 제2장에서는 공공부문 및 공공서비스의 특성, 공공부문에서 마케팅이 적용 가능한 영역 및 공공마케팅의 개념 등을 중심으로 살펴보았다. 제3장에서는 공공부문 시장의 특성, 인간이 가진 기본적 욕구충족을 위해 공공부문에서 제공하는 정책수단, 고객의 제품선택에 영향을 미치는 집단 등에 대해서, 제4장에서는 마케팅철학의 전개과정과 고객을 중심에 두고 관리하는 조직의 특성 등을, 제5장에서는 핵심마케팅의 중요성과 전략에 관한 내용 등을 중심으로 살펴보았다.

제6장부터는 마케팅믹스 전략에 관한 내용으로 7개의 장으로 구성되어 있다. 제6장은 마케팅계획의 수립에 관한 것으로서, 여기에서는 마케팅믹스 전략을 수립하는 과정 및 이 과정에서 고려해야 할 요인들을 중점적으로 다루고 있다. 제7장에서는 제품의 유형, 수명주기 및 신제품개발과정을, 제8장에서는 공공부문에서 생산하는 제품의 가격결정 방법 및 가격결정에 영향을 미치는 요인 등을, 제9장에서는 공공부문에서 촉진활동을 수행함에 있어 고려되어야 할 사항 등을 살펴보고 있다. 제10장과 제11장에서는 공공부문 및 민간부문에서 촉진 수단으로서 활용되고 있는 광고·공중관계·인적판매·판매촉진

등에 대해서 살펴보았다. 마지막으로 제12장에서는 공공부문에서 생산한 상품 및 서비스를 고객에게 전달하는 과정인 유통경로에 대해서 살펴보았는데, 특히 공공부문의 경우 유통경로를 설계하는 과정에서 유의해야 할 사항과 유통과정에서 발생할 수 있는 갈등의 유형과 관리방안 등에 대해서 구체적으로 살펴보았다.

이러한 내용에도 불구하고 이 책은 미흡한 점이 많다. 가령 이 책에서는 우리나라의 공공분야에 이미 도입되었거나, 도입되고 있거나, 또는 도입될 예정인 각종 시장기반의 접근방법들(예를 들어 책임운영기관, 아웃소싱, 서비스 이용자의 비용부담, 정부기관 간 계약제도 등)을 하나하나 끄집어내어 그것들의 적용과정에서 각종 마케팅전략 및 기법들이 어떻게 적용되었는지 하는 것과 각종 시장기반의 접근방법들이 공공관리의 효율성 및 형평성 확보에 어떤 영향을 미쳤는지를 구체적으로 검증하지 못했다. 앞으로 기회가 되는 대로 꾸준히 수정·보완해갈 생각이다.

끝으로 이 책이 나올 수 있도록 도움을 준 한국학술정보(주) 관계자 여러분께 이 지면을 통해 감사드린다.

2013년 새 아침에
노시평

공공부문의 **마케팅**

|차례|

제1장

공공마케팅의 개념과 연구동향

제1절 공공마케팅의 개념

공공마케팅은 공공부문에서 이루어지는 마케팅을 의미한다. 즉, 공공마케팅이라는 개념은 공공부문과 마케팅이라는 두 개의 개념이 결합하여 형성된 복합적인 개념이다. 따라서 공공마케팅이라는 개념을 이해하기 위해서는 먼저 공공부문과 마케팅이라는 개념을 분리하여 이해할 필요가 있다.

Graham은 공공부문은 동질적(homogeneous)이지도 작지(small)도 않다고 주장하면서, 공공마케팅에서 사용되는 공공부문을 의미하는 용어의 다양성을 지적하고 있다. 가령 그는 'public sector', 'government', 'not－for－profit', 'non－business' 등이 공공부문을 의미하는 용어로서 학자들 간에 사용되고 있다고 주장하면서, 보편적이고 포괄적인 의미의 공공부문에 관한 개념정립이 쉽지 않음을 지적하고 있다.[1] 이처럼

---

1) Graham은 공공부문에서 사용되는 마케팅의 용어로 'public sector marketing', 'government marketing',

공공부문을 다양한 용어로 표시하는 이유를 Butler와 Collins(1995: 83~96)는 공공부문이 무엇인지 합의를 보기 어렵기 때문이라고 주장하고 있으며, Lane(1993)은 공공영역과 민간영역을 구분할 수 있는 단 하나의 방법이 없기 때문이라고 주장하고 있다.

　일반적으로 공공부문과 비공공부문을 구분할 때 이윤을 추구하는가(profit) 또는 이윤을 추구하지 않는가(nonprofit)를 기준으로 구분하는 경우가 많다. 가령 Kotler와 Andreasen(1996)은 조직을 이윤을 추구하는 조직과 이윤을 추구하지 않는 조직으로 구분하고 있는데, 이 경우 이윤을 추구하지 않는 조직이 공공부문의 의미를 담고 있다. 반면에 조직이 사용하는 자금(funding)의 성격에 따라 조직을 세 가지의 형태로 구분해볼 수 있는데, 첫 번째는 이윤을 추구하는 조직, 두 번째는 세금·보조금·채권 등 정부의 세입으로 충당하는 조직, 세 번째는 자발적 기부금(voluntary donations)으로 자금을 충당하는 조직 등으로 이들 중 두 번째와 세 번째 조직이 공공부문의 성격을 띠고 있다고 한다. 그러나 Lovelock과 Weinberg(1975)는 조직이 사용하는 자금의 성격뿐만 아니라, 정치적 통제의 정도도 고려해야 한다고 주장한다. 즉, 그들에 의하면 조직은 조직의 재정적 지지의 근거(sources of financial support)와 정치적 통제의 정도(the extent of political control) 등 두 가지의 기준을 적용하여 분류할 수 있다고 주장하면서 국가에 따라 공공부문과 민간부문의 조직을 구분하는 기준이 달라야 함을 지적하고 있다.[2]

　Chapman과 Cowdell(1998: 2~3)은 공공부문이란 용어는 사회가 구

　'non-profit marketing', 'not-for-profit marketing', 'non-business marketing', 'non-commercial marketing', 'social marketing', 'third sector marketing' 등을 예시하고 있다(Graham, 1994).
2) 이들은 미국과 영국의 우편서비스를 예시하고 있다. 그들에 의하면, 미국이나 영국의 우편서비스는 재정적 지지의 근거는 동일하나, 정치적 통제의 정도가 다르다. 가령 미국의 우편서비스는 정치적 통제를 강하게 받고 있으나, 영국의 우편서비스는 정치적 통제를 비교적 적게 받고 있다.

성원의 기본적 복지(well being)를 위해 필요한 것으로 생각되는 제도들을 집합적으로 언급하는 개념으로 이해해야 한다고 주장한다. 즉, 그들은 제도란 두 가지의 의미로 사용되는데, 첫째는 어떤 목표의 촉진(promotion)을 위해 형성된 어떠한 것으로서 다양한 정부부처나 지방정부를 의미하고, 두 번째는 사회학적인 의미로서 사회적인 인습, 관습 및 무엇을 행하는 방법으로서 가령 결혼제도, 사회적·문화적 제도로서의 민주주의 등을 의미한다고 하면서, 이들 중 마케팅에서 사용되는 공공부문의 의미는 전자라고 주장한다.

조직은 운영자금의 성격과 통제주체에 따라 네 가지의 유형으로 분류해볼 수 있다. 먼저 조직이 기부에 의해 운영되는(donative) 조직인지 또는 상업적(commercial) 조직인지, 즉 조직의 주 수입원이 기부금인지 아니면 사용자의 요금에 의해 운영되는 조직인지 하는 기준과 다른 하나는 상호적(mutual) 조직인지 또는 기업가적(entrepreneurial) 조직인지 하는 기준이다. 상호적 조직이란 사용자에 의해서 주로 통제되는 조직을, 반면에 기업가적 조직이란 전문경영자에 의해서 통제되는 조직을 의미한다. 이러한 두 가지의 변수를 통해 분류된 네 가지의 조직 유형 중에서 비영리조직으로 분류된 유형은 다음 세 가지이다. 첫째, 기부와 상호적(donative-mutual) 카테고리에 포함되는 조직으로는 종교단체, 지역의 정치조직 및 로비집단 등이 있고, 둘째, 상업적·상호적(commercial-mutual) 카테고리에 포함되는 조직으로는 전문가들로 구성되는 협회 및 비영리건강클럽 등이 있고, 셋째, 기부적·기업가적(donative-entrepreneurial) 카테고리에는 비영리병원 등이 포함된다. 이러한 분류방법은 공공부문과 민간부문의 구분을 더욱 어렵게 한다.

한편 Butler와 Collins(1995: 84)는 공공부문의 제품을 다양한 수준의 국가의 후원하에서 제공되는 서비스라고 규정함으로써, 공공부문을 다양한 수준의 정부(중앙정부와 지방정부)와 정부로부터 지원받는 조직이라는 것을 암시하고 있다. 본 연구에서는 공공부문을 Butler와 Collins의 견해에 따라 정부(중앙정부와 지방정부)와 정부로부터 지원받는 조직으로 규정하고자 한다.

　마케팅이란 개념 역시 매우 다양한 의미를 내포하고 있다. 가령 공공부문 마케팅의 권위자인 Mokwa(1981: 24)는 마케팅이란 직접적인 강압(coercion)이나 간청(supplication) 또는 스스로의 생산에 의해서가 아니라 교환(exchange)을 통해 요구(needs)나 욕구(desires)의 만족을 지향하는 인간의 활동이라고 정의하고 있다. 즉, Mokwa는 마케팅을 인간들 사이에 이루어지는 가치 있는 것들의 교환과정으로 파악하고 있다.[3] 따라서 Mokwa의 마케팅에 대한 개념정의 중 핵심내용은 교환이라 할 수 있다. Gross나 Peterson은 마케팅에서 교환의 의미는 두 당사자가 서로의 이익을 위해서 상품이나 서비스를 거래하는 과정 이상의 것이어야 한다고 주장한다.

　Butler와 Collins(1995: 84)도 교환을 좀 더 넓은 의미로 해석하고 있다. 즉, 이들은 교환이란 개념은 개인적·직업적·공공부문 등의 광범위한 영역에서 거래를 특징짓는 의무복종(deference), 존경(respect) 및 인정(recognition)에 대한 고려를 포함해야 한다고 주장한다. 마케팅에서 강조하는 '고객(customers)'이라는 용어 대신 '이해관계자(stakeholder)'

---

3) Mokwa는 교환과정으로서의 마케팅개념은 다섯 가지의 구성요소를 바탕으로 하고 있다고 주장하였다. 그 내용을 좀 더 자세히 살펴보면, 첫 번째 구성요소는 마케팅에는 최소한 둘 이상의 당사자가 있을 것, 둘째, 각각의 당사자들은 만족하지 못하기 때문에 긴장을 야기시키는 불만족한 요구(needs)가 있을 것, 셋째, 당사자들은 각각 상대방을 만족시킬 수 있는 능력(capacity)을 가진 가치(value)를 제공할 수 있을 것, 넷째, 각각의 당사자들은 그들의 제공물에 대해 의사전달(communication)을 할 수 있고 또한 전달(deliver)할 수 있어야 할 것, 다섯째, 각각의 당사자들은 그들의 제공물에 대해 받아들이거나 거절할 수 있는 선택의 자유가 있어야 할 것 등이다.

라는 용어의 사용을 강조하는 Proctor(2007: 2)는 마케팅이란 이해관계자가 필요로 하는 것을 식별하고 예상하여 만족시킴으로써 조직의 목표달성을 촉진시키는 조직의 관리과정이라고 정의하였다. 이러한 Proctor의 개념 정의는 마케팅의 대상자가 민간부문보다 훨씬 복잡한 공공부문의 경우에 보다 적합한 정의라 할 수 있다. 이들과는 달리 마케팅의 대상을 구체화시켜 마케팅의 개념을 정의한 학자도 있다. 가령 Boone와 Kurtz(1998)는 마케팅이란 개인과 조직의 목표를 만족시킬 관계를 창조하고 유지하기 위하여 아이디어·상품·서비스·이벤트의 개념화·가격책정·촉진·유통을 기획하고 실행하는 과정이라고 정의하여 마케팅의 대상과 과정을 구체적으로 제시하고 있다. 미국의 마케팅학회(American Marketing Association)는 마케팅이란 개인과 조직의 목표를 만족시키는 교환을 창조하기 위하여 아이디어·상품·서비스의 콘셉트·가격·촉진·분배를 기획하고, 실행하는 과정이라고 정의하여 마케팅의 개념을 기업에서부터 비영리를 추구하는 기관까지 포함하여 확장된 개념으로 이해한다. 따라서 지금까지 살펴본 논의를 종합해볼 때, 공공마케팅이란 "정부조직이나 정부로부터 재정적 지원을 받는 조직이 소비자를 만족시키는 제품·가격·유통·촉진활동을 계획하고 실행하는 관리과정"이라고 정의할 수 있다.[4]

---

4) 정부조직이란 중앙정부와 지방정부를 의미하며, 정부조직으로부터 지원을 받는 조직 중에서 민간부문 (private)에 속하며 영리(profit)를 추구하는 조직은 공공부문에서 제외하기로 한다.

제2절 공공부문 마케팅의 연구동향

공공부문에 마케팅개념 및 기법을 처음 도입한 학자는 경영학자인 Breyer인 것으로 나타나고 있다. Breyer는 1931년에 『상품마케팅(Commo-dity Marketing)』이란 저서를 출간하였는데, 그는 이 책의 한 장(chapter)에서 전기·가스·상하수도 등과 같은 공익설비를 마케팅상품으로 연구한 결과를 제시하였다. 그리고 이로부터 20년이 지난 후인 1951년에 Weibe는 『Public Opinion Quarterly』라는 논문집에 발표한 「Merchan-dising Commodities and Citizenship on Television」라는 논문에서 마케팅 커뮤니케이션 전략을 이용해 공공재(public issues)의 판매를 촉진해야 한다는 당시로서는 혁신적인 주장을 하였다. 그러나 일부 경영학자들의 이러한 주장은 당시에는 경영학자들이나 행정학자들에게서 큰 반향을 불러일으키지 못하였다. 이처럼 공공부문에 마케팅개념 도입의 필요성이 큰 호응을 얻지 못한 이유는 상업적 바탕에 뿌리를 둔 마케팅은 보호(care), 보편성(universality), 집합재(collective goods) 등을 특징으로 하는 공공서비스에는 어울리지 않는다는 것과 마케팅개념을 민간부문에서 생산하는 재화(private goods and services)와 관련시켜 생각하며 또한 마케팅을 광고나 세일즈처럼 좁은 의미로 이해하기 때문이었다.[5]

공공부문에 마케팅의 기법을 적용해야 한다는 논의가 일단의 사회

---

5) 당시 공공부문의 마케팅이란 개념이 행정학자들에게 큰 관심을 불러일으키지 못한 이유는 첫째, 정부 관료들은 역사적으로 그들의 역할을 국민에 의해서 선출된 정부 관료나 정치인들이 결정해 놓은 정책이나 프로그램을 집행하는 데 한정해야 한다고 믿고 있다는 것, 둘째, 공공기관과 정부 관료들은 공공서비스에 대한 시민들의 수요를 창출하기 위한 활동을 해서는 안 된다는 믿음, 셋째, 많은 정부 관료들은 시민의 정부에 대한 욕구조사나 정치체제에 대한 투입에 대한 탐색은 선출된 행정관료, 정치인, 정당 및 특수이익집단이 수행해야 할 활동이며, 행정기관이 시민들과 직접적인 접촉을 통해서 수행해야 할 업무가 아니라는 믿음 때문이었다(Butler and Collins, 1995).

과학자들에 의해 보다 활발하게 전개된 것은 그로부터 약 20년 후인 1969년부터이다. 즉, 1969년 비영리조직 마케팅의 선구자인 Kotler는 그의 동료 Levy와 『Journal of Marketing』이라는 논문집에 공동으로 발표한 「Broadening the Concept of Marketing」라는 논문에서 공공부문에 마케팅기법의 적용 가능성을 본격적으로 제기하게 되었다. 이들은 이 논문에서 모든 조직은 마케팅결정을 포함하고 있다고 주장하였다. 그들은 공공부문이든 민간부문이든 모든 조직은 마케팅을 실행하느냐 아니냐의 문제에 직면해 있는 것이 아니라, 어떻게 마케팅을 실행하느냐의 문제에 봉착해 있다고 주장함으로써 공공부문에 마케팅도입의 필요성을 역설하였다. 이들의 주장은 이후 많은 학자들 및 실무자들에게 공공부문의 마케팅에 관한 연구를 촉발하는 계기가 되었다. 가령 1971년에 Kotler와 Zaltman은 「Social Marketing: An Approach to Planned Social Change」라는 논문을 통해 이전에 그가 발표한 논문을 더욱 구체화시켰으며, 1974년에 Sheth와 Wright는 『Marketing Analysis for Societal Problems』라는 저서를 발간함으로써 공공부문에 마케팅개념 및 기법의 도입 가능성에 대한 논쟁을 더욱 가속화시켰다.

공공부문에 마케팅개념 및 기법의 도입 가능성에 대한 논의가 가장 활발하게 이루어진 시기는 1970년대 후반부터이다. 가령 1977년 및 1978년에 공공부문의 마케팅에 관한 몇 개의 중요한 논문이 발표되었다. 즉, Rosner(1977: 3~11)는 『Public Productivity Review』라는 논문집에 「Improving Productivity in the Public Sector: An Analysis of Two Tools — Marketing and Citizen Involvement」라는 논문을, Blakely(1977: 164~184) 등은 『Social Indicators Research』라는 논문집에 「Public Marketing: A Suggested Policy Planning Paradigm for Community Development in the

City」라는 논문을 발표하였고, 같은 해 Brown, Ostrom과 Schlacter(1978)는 Sutherland가 공저로 출판한 『Management Handbook for Public Administrators』라는 책에서 「PPB and The Marketing Contribution: Implications for the Management of Public Enterprise」라는 논문을 발표하였다. 이처럼 많은 학자들의 연구에도 불구하고 마케팅은 공공정책 또는 행정학 문헌에서 철저하게 무시되었다. 그뿐만 아니라 연구의 지속성 및 방향성이 제시되지 못하였으며, 실질적인 문제와 관리문제가 구분되지도 않았다.

미국의 행정학회에서 공공부문의 마케팅에 관한 논문이 처음 발표된 것은 1978년도이었던 것으로 나타나고 있다. 즉, ASPA(American Society for Public Administration)가 개최한 전국적인 모임에서 Mokwa (1978)는 「The Development of Marketing Thought and Technology in the Public Sector」라는 논문을 발표하였는데, 이 논문의 발표목적은 정부관료들에게 마케팅의 중요성을 인식시키는 데 있었고 논문의 주요 내용은 마케팅의 원리를 기술한 것으로 알려지고 있다. 그리고 다음 해인 1979년 4월에 Baltimore에서 개최된 학회에서는 공공부문의 마케팅에 관한 논문발표에 한 세션(secession)을 할당하였던 것으로 나타나고 있다. 여기에서는 Divita와 Dyer(1979)가 「Public Sector Marketing: A Proactive Response to Citizen Dissatisfaction」이라는 논문을, Mokwa와 Enis(1979)가 「Moving Public Administration beyond Marketing Myths and Myopia」를, Stafford와 Lyons(1979)가 「Community Research: A Public-Private Partnership」을 발표하였다. 이러한 학자들의 다양한 연구내용은 점차적으로 생산성과 평가에 관한 문헌에 반영되기 시작하였으며, 정부관료들은 평가 지향적으로 변화하기 시작하였다. 즉, 행정행태의 측정수단으로 효율성은 점차적으로 생산성 및 시민의 평가와 연계된

업적 등으로 대체되기 시작하였으며, 이러한 변화의 바람은 지방정부로부터 나타나기 시작하였다.

공공부문에 마케팅기법의 도입 가능성에 대한 본격적 연구는 1990년 대에 들어와서부터이다. 1970년대 말에 있었던 두 차례의 석유위기 (Oil Shock)와 이로 인한 서구 선진국의 경기침체, 복지국가화 등이 야기한 공공부문의 재정적자 문제들은 1980년대를 기점으로 이들 국가들의 공공부문에 혁명적 변화를 일으키게 되었는데, 이러한 변화의 바람은 정부부문에서도 마케팅이라는 개념 및 기법의 적용 가능성을 크게 증대시켰다. 즉, 미국·영국·뉴질랜드 등 서구 선진국가에서 일어난 공공부문의 변화 바람은 경쟁·민영화·효율성·고객지향 등의 개념으로 특징지을 수 있는데, 이러한 개념들은 그동안 민간부문에서 조직의 생존과 성장을 연구하는 마케팅학에서 취급해오던 중요한 주제들이기 때문이다. 이처럼 민간부문의 기업에 적용하기 위해 발전되어온 마케팅기법들이 공공부문에 적용의 필요성이 커지자, 이에 대한 학자들의 연구활동 또한 활발하게 수행되었다. 이러한 연구는 특히 1990년대 들어와 미국 및 영국의 학자들을 중심으로 전개되었는데, 대표적인 연구내용으로는 1995년 Titman에 의한 『Marketing in the New Public Sector』, 1996년 Farnham과 Horton이 편집한 『Marketing the New Public Service』, Kotler와 Andreasen이 공동으로 저술하여 개정판을 거듭 내고 있는 『Strategic Marketing for Nonprofit Organizations』, Herron이 1997년에 펴낸 『Marketing Nonprofit Programs and Services』, Chapman과 Cowdell이 공동으로 저술한 『New Public Sector Marketing』 등이 있다. 이에 관한 내용을 간단하게 소개하면 다음과 같다.

Titman(1995)의 『Marketing in the New Public Sector』는 영국 중앙공

무원교육원에서 공무원들에게 마케팅의 개념 및 기법을 가르치기 위해 출판된 책으로 주로 마케팅믹스 전략, 즉 제품의 생산, 가격책정, 커뮤니케이션과 촉진, 광고·공중관계(PR)·판매촉진·인적판매 및 유통 등에 관한 내용에 대해서 소개하고 이를 공공부문에 적용하는 방법과 또한 적용과정에서 발생할 수 있는 문제들을 제시하고 있다.

Chapman과 Cowdell(1998)이 공동으로 저술한 『New Public Sector Marketing』은 공공부문의 마케팅을 가장 포괄적으로 연구한 저서이다. 저자는 이 책의 저술목적을 행정부문의 관리를 연구하는 학도들과 공공부문의 조직에서 근무하는 실무가들에게 마케팅의 역할과 함의를 이해시키기 위해서라는 사실을 밝히고 있다. 특히 그들은 행정부문에서도 마케팅이란 공급자가 사용자(users)의 니즈(needs)를 식별하고 이것을 충족시킬 수 있는 가장 훌륭한 방법을 채택하는 것이라는 민간부문의 마케팅 전제를 기본적으로 받아들여야 한다고 주장하였다. 그들은 다만 이윤을 추구하는 민간부문의 조직과 영리를 추구하지 않는 공공부문의 조직에는 중요한 차이가 있음을 인정하는데, 그러한 차이도 오늘날 새로 바뀐 환경에서는 서로 수렴하는 현상이 나타나고 있다고 한다. 또한 이들은 이 책의 내용을 기술함에 있어 각 장마다 마케팅의 주요 주제를 설명하고, 그것들을 행정부문에서 활용하기 위한 맥락에서 재정의함에 의해 흔히 공공부문의 종사자들이 마케팅 기법을 도입할 때 범하는 오류를 피할 수 있도록 하였다.

한편 1992년에 처음 출판하고, 1996년에 개정판을 낸 Farnham과 Horton은 그들의 저서 『Marketing the New Public Service』에서 이 책의 저술 목적이 공공서비스를 관리하는 관리자, 행정서비스를 전달하는 공무원 및 공공서비스의 이용자에게 도움을 주기 위함이라고 밝히고 있다.6) 경영학의 대가인 Kotler와 Andreasen(1996)은 『Strategic Marketing for Nonprofit Organizations』라는 저서에서 오늘날 마케팅의 영역이 교육·사회서비스·예술·행정서비스 등으로 계속 확산되고 있는 현상을 설명하고 있는데, 그들은 그러한 원인을 민영화, 자유지원제 (voluntarism), 비영리조직에 대한 전통적 지원의 감소 등에서 찾고 있다. 특히 그들은 1990년대에 들어와서 사회마케팅(social marketing)의 성숙, 비영리부문의 국제적 확대 추세, 비영리부문에서의 윤리에 대한 관심의 증가 등이 오늘날 다른 시대와 비교하여 매우 빠른 속도로 마케팅영역을 확산시킨다고 설명하고 있다.7) 캘리포니아, 오하이오, 미네소타 등에서 비영리조직의 관리 업무를 20년 이상의 기간 동안 담당하였던 Herron은 그의 경험을 토대로 『Marketing Nonprofit Programs and Services』라는 책을 1997년에 출판하였는데, 이 책은 주로 비영리조직에서 마케팅의 업무를 담당하는 실무자에게 도움을 주기 위한 목적으로 저술되었다.8)

---

6) 그들은 이 책을 4개의 편(part)으로 구분하고, 제1편에서는 민간부문과 공공부문이 서로 수렴하는 현상이 나타나고 있음과 민간부문에서 그동안 사용하였던 아이디어 및 기법, 전략 등이 공공부문으로 흡수되고 있는 현상을 구체적으로 설명하고 있다. 제2편에서는 공공서비스의 관리에 필요한 5개의 주요 관리기능, 즉 전략관리, 재정관리, 마케팅, 인력관리, 고용관리, 정보와 의사전달 등의 기능에 대한 내용을 소개하고 있다. 제3편에서는 공공관리의 사례를 구체적으로 소개하고 있는데, 첫 번째의 사례에서는 공직사회에 불어 닥친 조직적·관리적 변화의 사례를 소개하고 있고, 두 번째 사례에서는 지난 몇 년 사이 지방정부에서 일어나고 있는 주요 변화의 흐름(즉, 지방정부의 공공서비스 공급에 시장 지향적 유형의 채택 및 관리의 불확실성)을 소개하고 있다. 세 번째 사례에서는 영국의 국가보건서비스(NHS)의 사례를 통해 내부시장(internal market)을 소개하고 있으며, 네 번째 사례에서는 지방정부의 교육문제에 내부시장제도의 도입문제를 소개하고 있다. 특히 여기에서는 교육 관리자는 학생, 기금(funds) 및 후원자를 유치하기 위해 서로 경쟁해야 하는 교육 기업가가 되어야 한다는 점을 강조하고 있다. 다섯 번째 사례에서는 경찰서비스에서도 관리주의 (managerialism)가 굳게 그 기반을 잡아간다는 내용을 소개하고 있다. 제4편에서는 공공서비스 관리주의에 대한 검토와 평가의 내용을 소개하며 이 책의 내용을 마무리하고 있다.

7) Kotler 등은 마케팅철학의 진화과정을 제품정향·판매정향·고객정향 등 3단계로 나누어 설명하고 있다. 그뿐만 아니라 이들은 전략적 마케팅의 기획과정과 고객행동의 이해, 핵심마케팅의 전략개발, 시장세분화, 조직의 포지셔닝, 마케팅정보의 획득 및 활용에 대하여 소개하고 있으며, 비영리조직 마케팅의 핵심사안인 기금모금(fund raising), 자원봉사자의 관리문제, 마케팅믹스의 전략 즉, 광고·촉진·유통 및 의사전달 전략 등에 관한 주제에 대해 구체적인 사례를 들어 설명하고 있다.

8) 이 책은 3편 12장으로 구성되어 있다. 제1편에서는 비영리조직에서 마케팅의 역할과 편익을 아주 구체적

공공부문의 마케팅에 대한 연구는 2000년대에 들어와서도 계속 그 명맥을 이어가고 있다. 이 시기에 이루어진 중요한 연구로는 Laing(2003)이 발표한 「Marketing in the Public Sector: Towards a Typology of Public Services」란 논문과 2007년에 Kotler와 Nancy가 공동으로 저술한 『Marketing in the Public Sector: A Roadmap Improved Performance』 및 같은 해에 출간된 Proctor의 『Public Sector Marketing』 등이 있다. 이에 대해 좀 더 구체적으로 살펴보면 다음과 같다.

Laing(2003: 427~445)은 이 논문에서 포스트모던시대의 공공서비스 특성을 세 가지로 구분하여 제시하고, 이러한 특성에 따른 공공서비스를 분류하는 모형을 개발하였다. Kotler 등(2007)은 『Marketing in the Public Sector: A Roadmap Improved Performance』라는 저서에서 공공부문의 가장 중요한 기능을 세 가지로 분류하고, 시민 모두의 니즈(needs)를 충족시키기 위해 마케팅기법의 도입을 주장하고 있다. 즉, 그들은 공공분야의 가장 중요한 기능을 첫째, 사회의 운영규칙을 정의하는 일, 둘째, 공익이 중요한 공공서비스를 수행하는 것, 셋째, 민간부문에서 취급하는 것이 비합리적이거나 기존 자원으로는 취급할 수 없지만 시민들에게 꼭 필요한 공공서비스를 제공하는 것 등으로 구분하고, 이러한 정부활동에는 시민들에게 상당한 부담을 안겨주기 때문에 시민들은 정부가 더욱 효과적이고 효율적으로 활동해주기를 바란다고 하였다. 그런데 공공분야에서 성과를 제고하는 방법은 민간부문에서 성공적으로 사업을 영위하기 위하여 사용하는 도구인 마케팅방

인 사례를 들어 설명하고 있고, 제2편에서는 비영리조직의 고객에 대한 설명과 이들을 찾아내기 위해 사용하는 조사기법, 표적마케팅(target marketing), 마케팅시장 점유율 등을 설명하고 있으며, 제3편에서는 성공적인 마케팅전략을 수립하기 위해 필요한 촉진·홍보(publicity)·공중관계(PR)·광고 등에 관한 내용을 아주 쉽고, 또한 실무적인 차원에서 많은 도움을 받을 수 있도록 재미있게 기술하고 있다.

법과 사고를 공공부문에서 채택하는 것이라는 것이 그들의 주장이다.[9]

한편 Proctor는 2007년도에 출간한 『Public Sector Marketing』이란 책에서 고객 대신 이해관계자라는 용어를 사용하여 공공부문이 민간부문에 비하여 마케팅의 대상이 훨씬 복잡하고 어렵다는 점을 강조하고, 이해관계자의 가치 개념을 도입하여 이를 창조하는 방법을 소개하고 있다. 그는 특히 이해관계자의 가치를 창조하기 위해 어떻게 효과적인 마케팅믹스 전략을 수립할 것인가 하는 것과 내부 마케팅의 중요성을 강조하여, 앞에서 알아본 연구들과 차별화를 시도하였다.

제3절 공공마케팅의 도입에 대한 관점의 차이

공공부문에 마케팅의 개념 및 기법의 도입에 대한 학자 및 실무가들의 입장은 긍정적 견해를 가진 학자들과 부정적 견해를 가진 학자들로 나누어지고 있다.

먼저 공공부문에 마케팅의 적용 가능성을 비교적 낮게 평가하는 학자들의 주장은 마케팅이란 이윤을 추구하고 고객에게 수요를 창출하는 조작적인 측면을 강조하는 개념인데, 만약 공공부문에 마케팅의 개념을 도입하면 공공부문에서 중요시하는 민주적인 가치와 권리라는 가치를 폄하하며, 또한 시민의 공공부문에 대한 수요증가는 정부에 예산급증의 부담을 야기시킨다고 주장한다. 반면에 이와 다른 견

---

9) 이 책은 3편으로 구성되어 있다. 제1편은 시민의 니즈를 충족시키고 공공분야의 성과를 제고하는 방법과 마케팅사고를 이해할 필요성에 대해 기술하고 있으며, 제2편은 마케팅믹스 전략을 구사하는 데 핵심요소인 4P(제품, 가격, 촉진, 유통) 등을 공공분야에 구체적으로 적용하는 방법 및 공공부문의 사업수행을 위해 전략적 파트너를 구하는 방법, 제3편은 공공부문의 업무성과에 대한 모니터링 및 평가방법과 마케팅조사방법 그리고 공공부문에서 마케팅기획의 방법 등에 대해서 설명하고 있다.

해도 있는데, 이들의 주장은 공공부문에 마케팅의 개념을 적용하는 일은 시민의 중요성(the primacy of the citizen)을 강조함으로써 민주적 가치와 일관성을 유지한다고 한다.[10] 공공부문에 마케팅의 도입을 반대하는 또 다른 주장은 마케팅이 대표민주주의에서 강조하는 정치적 거래(political transaction)의 중요성을 손상시킨다는 것이다. 가령 Loveday(1991) 같은 학자는 공공의 토론을 통해 여론을 형성하고 이익집단의 조직화된 정치적 행위를 순화시키는 데 정치적 거래를 대체할 것은 없다고 주장하면서, 공공부문의 마케팅적용 가능성에 대해 비판적 입장을 보이고 있다.

Brown(1991: 201~204)은 공공부문이 갖는 독특한 사명(mission)과 정신(ethos)을 고려하지 않고 공공부문에 소비자중심주의(consumerism)를 포함하는 서비스개념을 적용하는 것은 무리라고 주장한다. 즉, 그는 고도로 개별화된 수요에 대한 반응이 제품의 품질을 결정하는 시장의 서비스모델로 공공부문이 이동하는 것은 공공서비스 전달의 중요한 목표인 형평성(equity)과 사회문제의 효과적 해결이라는 중요한 목표에 손상을 준다는 것이다. 한편 Sethi 등도 공공부문에 마케팅의 도입을 반대하고 있다. 그는 공공부문에 마케팅개념의 도입이 공공부문에서 프로그램의 효율성을 높일 것이라고 주장하면서도, 결국 공공부문 프로그램의 지배적인 합리성은 정치적인 것인 데 비해, 민간부문에서 주장하는 마케팅의 목표는 비용을 최소화하는 것이라고 한다. 즉, 공공부문에서 경제적 합리성은 정치적 합리성에 비해 우선순위가 밀린다는 것이다.

이러한 주장에 대해 반론을 제기하는 학자들로는 Mokwa(1978) 등

---

10) Roberto, E. L.(1991), "Applying Marketing Model in the Public Sector" (eds.), O'Faircheallaigh, C et, al, Service Delivery and Public Sector Marketing, (Sydney: MacMillan & Co.).

이 있는데, 그들의 주장은 다음과 같다. 먼저 그들은 일부의 정책결정
자들이 대부분의 사회·정치적 시장이나 공공제품에 대해 타당한 정
의나 특성을 제대로 알아보지도 않고 마케팅을 포용하고 있다고 한
다. 이들은 공공부문에서 마케팅을 도입하기 위해서는 제품에 대한
관심과 시민을 정부의 고객으로 인정하는 데에서부터 출발해야 한다
고 주장한다. 이들은 공공부문에 마케팅의 관점 및 기술을 도입함에
의해서 공공부문의 수요나 욕구를 훨씬 효과적으로 충족시킬 수 있
을 것이라는 말로 공공부문에 마케팅의 도입을 지지하고 있다.

한편 Chapman과 Cowdell(1998)은 공공부문에 마케팅개념 및 방법의
도입은 다음 몇 가지 이유 때문에 반대되어 왔다고 주장하였다. 그들
이 제시한 이유들로는 첫째, 공공부문의 경우 비용감소와 업적개선의
동기가 결여되어 있다는 것, 둘째 공공부문의 경우 민간부문의 경우
에 비해 정치적 영향과 통제가 더욱 크다는 것, 셋째 공공부문은 민
간부문과는 달리 한정된 예산의 범위 내에서 수요를 창출해야 한다는
것, 넷째 공공부문의 경우 이윤이나 결과측정이 어렵다는 점 등이다.

Pollitt(1993), Kearse와 Varey(1998: 51~60) 등은 신공공관리(NPM) 때
문에 마케팅도입의 필요성을 주장한다. 이들은 공공부문의 환경이 변
화하였기 때문에 환경의 변화에 적응하기 위해 공공부문에 종사하는
관리자 및 전문가들이 조직운영의 중요한 기법인 마케팅의 원리를 터
득해야 한다는 것이다. 특히 Abercrombie(1994), Harris(1999: 915~937)
등은 1980년대 이후 영국을 비롯한 선진국의 경우 사회경제적 환경
이 바뀌어 공공서비스 사용자의 권리가 강해졌고, 공동체주의보다는
개인의 권리가 강해짐에 따라 공공부문에 마케팅의 도입은 더욱 필
요하다고 주장하였다.

그러나 이들의 주장에 반대하는 견해도 있다. 이들은 시장기구(market mechanism)나 소비자 권한(empowerment)이 주요 영향요인으로서 정책 기획과정을 대체하는 상황에서 불확실성을 이해하고 관리하는 수단으로 마케팅개념을 공공부문에 도입하는 것은 더욱 신중하게 고려해야 한다는 것이다(McNulty et al., 1994; Caruana et al., 1997). 이들의 이러한 견해는 마케팅이란 개념에 함의된 거래라는 의미와 마케팅이 협력보다는 경쟁을 강조한다는 측면에서 공공부문에서 제공하는 공공서비스의 정신에는 맞지 않기 때문이라는 것이다.[11]

앞에서 살펴본 학자들과는 달리 공공부문에서도 마케팅의 개념을 받아들이되 공공부문에서는 마케팅기법을 한정적으로 적용하자는 주장도 있다. Walsh(1994: 63~71)는 공공부문의 시장과 민간부문의 시장 사이에는 제공되는 서비스와 윤리 및 조건이 다르다고 주장하면서, 따라서 민간부문에서 발달한 마케팅은 공공영역에 맞게 조정되어 도입되어야 할 것이라고 주장하였다.[12] Butler와 Collins(1995: 83~96)도 이들과 같은 견해를 보이고 있는데, 이들은 마케팅원리 대부분은 공공부문에서도 적용이 가능하다고 주장하면서, 그러나 마케팅원리를 공공부문에 적용할 때에는 공공부문의 맥락에서 조정될 필요성이 있다고 주장하였다.

---

11) 이들이 이러한 견해를 가진 데에는 마케팅이란 개념이 의미하는 용어의 폭과 깊이를 좁게 이해했다는 점과 실제 일선 관료들이 마케팅의 개념을 받아들이기를 꺼려하고 실제의 정책집행과정에서 실패하였다는 점이 작용하였을 것이다.

12) 이러한 주장은 Lamb(1987), Eliassen과 Kooiman(1993)에 의해서 지지를 받았다. 그러나 이러한 주장에 이견을 보이는 학자들도 있다. 가령 Laing(2003) 등은 공공부문이 민간부문과 여러 가지 측면에서 차이가 있는 것은 인정하지만 마케팅의 개념을 근본적으로 다르게 재정의할 필요는 없고, 단지 공공서비스가 공급되는 맥락이나 공공서비스의 특성을 반영하여 마케팅의 핵심개념을 조정할 필요성은 있다고 주장하였다.

제2장

공공마케팅의 적용 가능 영역과 한계

제1절 공공부문 및 공공서비스의 특성

공공부문에 마케팅의 개념 및 기법, 아이디어 등을 적용하기 위해서는 먼저 공공부문과 민간부문 간 특성의 차이에 대해서 검토해봐야 한다. 즉, 공공조직과 민간부문 조직의 구조와 관리방법에 어떠한 차이가 있는가 하는 것과 이들 조직에서 제공하는 제화들 간에는 어떠한 차이가 있는지 등에 대해서 살펴보아야 한다.

먼저 공공부문과 민간부문에서 사용하는 용어 자체에 차이가 있다는 관점이 있다(Farnham and Horton, 1996). 이들은 민간부문에서 사용하는 관리(management)는 조직의 의사결정에 대한 합리적 접근이라고 하면서, 관리자는 자원을 가장 효율적으로 활용하여 조직의 목표와 기업의 성장을 달성하기 위한 대리인(agent)이라고 하였다. 그러나 공공부문에서 사용되는 공공행정(public administration)은 국가기관에 의해 고용된 공공관료들이 자원의 효율적 활용이 제일의 중요성을 가지지 않은 조직에서 법의 틀(framework) 내에서 정치적 권위에 의해 결정된 정부정책을 집행하는 것이라고 하였다. 그러나 이들과는 다른 견해도 있다. 이들은 관리나 행정은 유사한 활동을 기술한 서로 다른 용어에 지나지 않는다는 것이다. 단지 공공서비스를 위해서는 행정이라는 용어를 기업의 운영에 대해서는 관리라는 용어를 사용할 뿐, 의미의 차이는 없다는 것이 이들의 주장이다(Self, 1965). 따라서 민간부문에서 적용하는 관리기법을 공공부문에 적용할 수 있고, 반대의 경우도 가능한 것이다. 이에 관한 세 번째 관점은 최근에 불어 닥친 공공조직의 변화 때문에 전통적인 공공행정과 기업의 경영은 다르다는 견해이다. 한편 Perry와 Kraemer(1983)는 공공관리라는 개념은 전통적인 의미의 공공행정과 기업경영의 도구적 정향이 결합한 것이라고 주장하는데, 이들의 주장은 이러한 견해를 대변한다.

마케팅개념 및 아이디어, 기법 등을 적용함에 있어 민간부문의 조직과 다른 공공부문 조직의 서로 다른 특성들을 구체적으로 살펴보면 다음과 같다(Farnham and Horton, 1996: 28~40).

첫째, 조직의 목표가 다르다. 공공부문의 조직목표는 정치인에 의해서 규정된다. 따라서 민간부문의 조직과는 달리 공공부문의 경우에는 조직의 성공기준도 이윤이라는 기준만을 적용하기 어렵다. 또한 공공조직은 수입을 시장에 의존하지 않기 때문에 파산할 염려도 없다.[13] 공공조직의 목표는 외부로부터 주어진다. 또한 목표가 복잡하고 애매하게 정의되며, 서로 모순되는 경우도 있고 때로는 달성이 불가능한 경우도 있다(Pollitt, 1993). 이러한 공공조직의 특성은 결과에 대한 책

---

13) 물론 우편서비스나 교통서비스를 제공하는 공공조직의 경우 수입을 시장에서 직접 조달하는 공공조직도 있으나, 이들 조직의 경우 이윤을 창출하지 못할 때에는 정부로부터 보조금을 받기 때문에 파산할 가능성은 적고 이러한 이유 때문에 비효율성 및 낭비의 가능성은 그만큼 커진다.

임문제로 연결된다. 민간부문의 조직이 소비자(consumer)에 대하여 책임을 지는 것과는 달리 정치조직으로서의 공공조직은 궁극적으로 공중(the public)에 대하여 책임을 진다.[14] 공공부문이 공중에게 지는 책임은 법적·정치적·소비자·전문가적 책임 등 네 가지 형태로 구분된다. 법적 책임이란 공공조직은 법이 허용하는 활동만을 수행해야 한다는 것, 정치적 책임이란 공공관료들은 선출된 정치인(대통령, 국회의원, 지방자치단체장 등)에 대하여 책임을 진다는 것, 소비자 책임이란 공공조직은 제도를 통해 소비자로서의 공중이 받고 있는 고충·불만 등을 해결해주어야 할 책임, 전문가적 책임은 공공조직에 근무하는 전문직종자들이 그들의 전문직 종사자로서의 자율재량에 도의적·윤리적 책임을 지는 것을 의미한다.

둘째, 민간조직이 경영된다면, 공공조직은 관리된다는 특성을 가지고 있다. 경영(manage)과 관리(administration)는 모두 목표가 있고, 자원을 사용하며, 목표달성을 위해 기획·조직화·조정·통제 등의 기능을 수행한다. 그러나 관리와 경영은 목표를 일반적인 용어로 규정하느냐 구체적인 용어로 규정하느냐, 성공의 기준을 계량적인 목표로 규정하느냐의 여부 및 과정중시의 여부, 자원의 효율적 관리가 제일의 업무인지 아닌지의 여부, 계층구조가 길고 짧음과 역할문화인지 업무문화인지의 여부, 관리자의 역할이 중재나 법 등의 해석인지, 기회창출과 자원확보를 위해 주창자(protagonist) 역할을 하는지 등의 기준으로 구별해볼 수 있다.[15]

---

14) 공중은 공공조직이 무엇을 하는가와 어떻게 하는가에 대하여 특히 관심이 많다. 그 이유는 첫째, 공공기관은 상품 및 서비스의 독점적 공급자이기 때문이다. 둘째, 공공조직은 공공정책에 순응을 확보하기 위해 국민의 자유를 규제할 수도, 벌금을 부과할 수도 있는 권력을 행사하기 때문이다. 셋째, 공공기관은 공공재를 공급하여 국민생활의 질에 직접적으로 영향을 미칠 수 있기 때문이고, 넷째, 국민에게 대해 조세권을 가지기 때문이며, 다섯째, 공공기관은 국민에게 경제적 규제를 할 수 있는 권한을 보유하고 있기 때문이다.

셋째, 공공조직에서 관리적 기능은 관료적, 점증주의자, 배타주의자(particularist) 등으로 특징지을 수 있다. 이러한 공공조직의 특성은 의사결정과정을 지체시키고, 조직관리 절차 및 결과의 표준화로 소비자로서 대중의 요구에 대한 반응을 지연시킬 수 있다. 그뿐만 아니라 기획과정에서 관리자가 장기적인 시각을 갖지 못하도록 하고, 정책결정과정에서 작은 부분만의 변화에 안주하는 행태를 조장할 수 있다.[16]

Laing(2003: 431~435)은 공공부문의 특성을 공공조직에서 제공하는 공공서비스의 특성에서 유추하고 있다. 먼저 그는 공공재(public goods)는 상품(physical products)보다는 서비스(service)로 이루어져 있으며, 서비스는 무형성(intangibility), 비분리성(inseparability), 이질성(heterogeneity), 소멸성(perishability) 등으로 특징지어진다고 주장하였다. 그는 또한 공공서비스의 특성으로 경제적인 목표보다 정치적인 목표가 앞선다는 특성, 소비자보다는 시민을 우선시하는 특성, 다차원의 소비자들에 봉사하려는 특성 등을 제시하였다. 이에 대해 좀 더 자세히 살펴보면 다음과 같다. 첫째, 민간부문에서 제공하는 서비스의 공급이 효율성·이윤 등과 같은 경제적 가치를 중요시하는 데 비해 공공부문에서 제공하는 서비스는 사회정의·형평성·합법성 등과 같은 정치적 가치를 중요시한다. 이러한 견해는 정치는 사회공동체를 위한 도덕적 업무이고, 따라서 효율성은 사회공동체를 위한 권리 혹은 선(good)에 우선할 수 없다는 Walsh(1994: 68)의 주장이나, 공공서비스의 공급을 지배하는 정치적 목표는 시장·표적시장 등과 같은 경제적 바탕에 근

---

15) Keeling D(1973), Management in Government, (London: Allen & Unwein), Klein R(1977), "The Conflicts between Professionals, Consumers and Bureaucrats", The Journal of Irish College of Physicians and Surgeons, Vol. 6, pp.81~91.

16) 공공조직의 이러한 특성은 경제주의적, 합리주의자 등과 대비된다. 즉, 민간조직은 이윤, 효율성, 비용통제, 제품설계, 제품디자인, 제품혁신, 시장잠재력 등으로 특징지어진다.

거한 가치의 공급보다는 사회정의나 형평성 등과 같은 가치를 우선시한다는 Van der Hart(1991: 31~42)의 입장과 견해를 같이한다. 둘째, 민간부문의 조직이 소비자중심주의(consumerism)로 특징지을 수 있다면, 공공조직은 시민권(citizenship)으로 특징지을 수 있다. 그런데 이러한 특성은 서비스 공급자와 이용자 간에 형성되는 관계의 성격에 영향을 미친다. 즉, 공공서비스의 경우 서비스 활용과 행태의 유형이 민간부문과 다른 것이다. 서비스의 이용행태가 시민권에 근거한 공공서비스와 소비자주의에 근거한 일반서비스의 경우는 질적으로 차이가 날 수밖에 없다. 셋째, 공공부문에서 제공되는 서비스의 경우 고객의 개념은 복잡하고 다차원적이다. 이러한 소비자에 대한 개념적 특성은 공공서비스의 경우 개인뿐만 아니라 사회적 편익을 위해서 공급한다는 것과 서비스의 이용과 가격지불이 분리된다는 특성과 관련되어 있다.[17] 먼저 공공서비스의 경우 수혜자가 다양하다. 가령 교육·경찰·사회복지서비스 등의 경우 수혜자는 개인, 가족, 지역사회 등 종류가 다양할 뿐만 아니라, 수혜의 정도 역시 차이가 많다. 이처럼 다양한 내용의 수혜자는 민간부문에서 제공되는 재화와는 달리 비용의 직접지불을 어렵게 하고 교환이라는 개념의 적용을 어렵게 한다.

한편 Chapman과 Cowdell(1998: 40~45)은 공공서비스가 공급되는 시장의 성격을 다음 네 가지로 구분하여 설명하고 있다. 첫째, 공공부문의 시장에서는 제품보다 서비스가 공급된다. 이러한 시장적 특성은 서비스 공급자의 태도 및 관계마케팅(relationship marketing)의 문제가 중요한 것임을 암시한다. 둘째, 공공시장에서는 직접교환 및 간접교

---

17) Walsh, K.(1994), "Marketing and Public Sector Management", European Journal of Marketing, Vol. 28(3), pp.63~71. Lovelock, C. H. and Weinberg C. B.(1975), "Contrasting Private and Public Sector Marketing", in (ed.), Ronald C. Curham(1975), Combined Proceedings, (Chicago: American Marketing Association).

환이 동시에 이루어진다. 셋째, 공공부문의 시장에서는 제품구입에 대한 의사결정이 민간부문의 경우에서 더욱 제한적이다. 즉, 소비자가 선택할 수 있는 폭이 좁다. 넷째, 공공부문의 경우 다양한 시장(주요시장, 보조시장, 정당화시장, 자원배분시장)의 욕구를 충족시켜야 한다.[18]

지금까지 살펴본 공공부문 및 공공서비스의 특성은 민간부문에서 발전되어온 마케팅의 개념과 기법의 적용을 훨씬 더 어렵게 한다.

제2절 마케팅개념이 적용 가능한 공공부문 영역

앞에서 살펴본 것처럼 공공부문은 민간부문의 조직에 비해 훨씬 크고 복잡한 구조적 특성을 갖고 있고, 공공부문의 조직에서 제공하는 서비스 역시 그 종류가 매우 다양하다. 따라서 공공부문의 모든 조직 및 이들이 제공하는 모든 공공서비스의 공급에 마케팅의 개념 및 기법을 도입할 수도 없을뿐더러, 모든 종류의 마케팅기법을 도입할 필요성도 없을 것이다. 여기에서는 먼저 마케팅개념 및 기법을 도입하여 활용이 가능한 공공부문의 영역을 살펴보고, 다음 부분에서는 공공부문의 관리에 필요한 마케팅기법에 대해서 살펴보기로 한다.

Stewart와 Ranson(1988: 1~2)은 조직이 가진 몇 가지의 특성을 기준으로 공공영역과 민간영역을 <표 2-1>과 같이 구분하였다. 그러나 모든 조직이 <표 2-1>에서 제시한 두 개의 영역으로 명확히 구분되기는 어렵다. 즉 대부분의 조직은 민간부문을 한쪽 끝으로 한 모델

---

18) 주요시장이란 공공서비스를 직접 이용하는 사람과 혜택을 입는 사람, 보조시장이란 주요시장이 내리는 결정에 영향을 미치는 사람, 정당화시장이란 서비스 공급자의 의무를 결정하고 규제하는 제도와 기관, 자원배분시장이란 공공서비스 공급에 필요한 자원을 공급하는 사람, 기관 등을 의미한다.

(순수 민간부문)과 공공부문을 다른 한쪽 끝으로 한 모델(순수 공공부문) 사이에 위치해 있을 것이다. 이들이 제시한 순수 민간부문 모델에서는 고전 경제적 의미의 거래적 마케팅(transactional marketing)의 적용이 가능할 것이며, 순수 공공부문 모델에서는 관계 형성에 초점을 둔 관계마케팅(relationship marketing)의 적용이 가능할 것이다.

한편 조직을 이윤동기(이윤을 추구하는 조직인가, 이윤을 추구하지 않는 조직인가)와 성격(민간부문인가, 공공부문인가)이라는 두 개의 변수를 기준으로 매트릭스를 구성해보면 <표 2-2>와 같은 네 가지 유형의 모델이 형성된다.

먼저 Ⅰ의 유형은 이윤을 추구하는 민간부문의 조직으로서 일반기업이 이 부문에 해당된다. 마케팅의 개념 및 기법은 이러한 유형의 조직을 중심으로 발달되어 왔다. 다음으로 Ⅱ의 유형은 이윤을 추구하는 공공조직으로 공기업 등이 이에 해당한다. 이러한 유형의 조직은 이윤추구동기가 매우 강하기 때문에 민간부문에서 적용되는 마케팅기법을 적용하는 데 큰 무리는 없을 것이다. 그러나 이러한 조직은 마케팅기법을 적용함에 있어 정치적 고려를 해야 하기 때문에 민간부문의 조직에 적용되는 마케팅기법을 그대로 적용하는 데에는 약간의 무리가 있을 것이다.

<표 2-1> 민간부문 모델과 공공부문 모델

민간부문 모델	공공부문 모델
· 시장에서 개별적 선택	· 정부조직체 내에서의 집합적 선택
· 수요와 가격	· 자원의 필요
· 사적 행동을 위한 폐쇄	· 공공행동을 위한 개방성
· 시장의 형평성	· 욕구의 평등성
· 시장만족을 위한 탐색	· 정의를 위한 탐색
· 고객주권	· 시민주권
· 시장기구로서 경쟁	· 정치체제기구로서 집합적 행동
· 자극제로서의 출구	· 조건으로서의 발언권

자료: Stewart J. and Stewart Ranson(1988), "Management in the Public Domain", Public Money and Management, Vol. 8.

즉, 이러한 유형에 속한 조직의 최고책임자는 그들이 처한 경제적 환경의 제약하에서 자유로운 의사결정을 할 수 있다. 그러나 Ⅱ의 유형이 Ⅰ의 유형과 다른 점은 Ⅱ의 유형은 정치적인 문제에 훨씬 더 민감해야 한다는 것이다. 즉, Ⅰ의 유형과는 달리 Ⅱ의 유형은 마케팅에 관한 의사결정에 정치적으로 크게 제약을 받는 것이다. 가령 Ⅰ의 유형과는 달리 Ⅱ의 유형은 실업자에 대한 재고용의 대안이 없는 지역에서 조직의 이익을 위해서 대규모공장의 폐쇄를 강행하기는 매우 어렵다.

한편 Ⅲ의 유형은 이윤을 추구하지 않는 민간조직으로서 NGO 등과 같은 비영리조직이 여기에 해당하며, Ⅳ의 유형은 이윤을 추구하지 않는 정부조직으로 전통적인 의미의 정부 관료 조직이 여기에 해당한다. Ⅲ과 Ⅳ의 유형은 마케팅에서 가장 중요시하는 이윤동기가 결여되어 있어 민간부문에서 적용되는 마케팅기법을 그대로 적용하기는 매우 어렵다. 이러한 유형의 조직에서는 동기를 부여하는 힘으로 마케팅의 개념을 채택하지 않는다. 다만 마케팅의 한 부분을 형성하는 기능이나 기법만을 사용할 수 있을 뿐이다. 왜냐하면 NGO 등과

같은 비영리조직이나 정부조직의 경우에는 마케팅에서 제일 중요시
하는 성취동기 또는 이윤동기가 결여되어 있고, 또한 마케팅활동에
대한 성과측정도구가 발달되어 있지 않기 때문이다.

〈표 2-2〉 조직의 유형

	민간(private)	공공(public)
영리(profit)	I	II
비영리(non profit)	III	IV

자료: Graham P(1994), "Marketing in the Public Sector", Journal of Marketing Management, Vol. 10.

임대주택에서 쓰레기수거까지 분야가 다양한 공공서비스를 한 그
룹으로 분류하여 똑같은 마케팅기법을 적용하는 것은 무리라고 주장
하는 Laing(2003)은 고객이 비용을 지불하는 정도와 조직이 대중과 접
촉의 정도를 기준으로 네 가지 유형의 공공서비스를 제시하고 있다
(<표 2-3 참조>).

〈표 2-3〉 공공서비스의 분류

		고객지불의 정도	
		낮음	높음
대중과 접촉의 정도	높음	I	II
	낮음	III	IV

자료: Laing A(2003), "Marketing in the Public Sector", Marketing Theory, Vol. 3.

I의 유형은 공공서비스를 이용하는 고객이 비용을 간접 지불하고,
서비스 제공 주체인 정부가 서비스 객체인 주민과 광범위하고 잦은
접촉의 특성을 보이는 공공서비스로 사법제도, 응급서비스 등이 이에
해당한다. 이러한 유형의 공공서비스를 제공하는 공공조직은 소득 및

생존을 서비스 이용자에 의존하지 않고, 제공되는 서비스 역시 사회적 편익차원에서 공급되기 때문에 마케팅의 개념은 한정적인 적절성을 가진다. II의 유형은 공공서비스를 이용하는 고객이 비용을 직접 지불하고, 서비스 제공 주체인 정부가 서비스 객체인 주민과 다양한 내용의 상호작용을 관리해야 하는 특성을 보이는 공공서비스로 임대주택, 우편서비스, 대중교통 등이 이에 해당한다. 이러한 유형의 공공서비스를 제공하는 공공조직은 소득 및 생존을 서비스 이용자에 의존해야 되고, 제공되는 서비스 역시 시민주권의 차원에서보다는 소비자중심주의 성격이 강하기 때문에 마케팅의 개념은 매우 높은 적절성을 가진다. 또한 이러한 유형의 공공서비스는 유형성이 높고 민간부문의 조직에서 제공되는 재화나 서비스의 특성과 크게 다르지 않기 때문에 마케팅의 개념과 기법을 그대로 적용하는 데 큰 어려움이 없을 것이다.

III의 유형은 공공서비스를 이용하는 고객이 비용을 간접 지불하고, 서비스 제공 주체인 정부와 서비스 객체인 주민과의 접촉 정도도 낮은 특성을 보이는 공공서비스로 환경보호, 국방, 경제개발 등의 공공서비스가 이에 해당한다. 이러한 유형의 공공서비스는 개별적 소비보다는 집합적 소비의 성격이 강하고, 서비스의 소비자보다는 공급자의 판단이 중요하기 때문에 마케팅의 개념이 매우 제한적으로 적용될 가능성이 크다. IV의 유형은 공공서비스를 이용하는 고객이 비용을 직접 지불하고, 서비스 제공 주체인 정부가 서비스 객체인 주민과 접촉의 정도도 매우 낮은 특성을 보이는 공공서비스로 관세, 소비세 등과 같이 공공편익이 주를 이루는 공공서비스가 이에 해당한다. 이러한 유형의 공공서비스는 소비자주권 우선주의보다는 합법적 판단이나 강요의 개념이 우선하여 마케팅의 개념 및 기법의 적용이 비교적 어렵다.

지금까지 살펴본 바와 같이 일부의 공공서비스와 민간부문에서 제공하는 서비스가 비슷한 특성을 보이고는 있지만, 그러나 완전히 동질적이라고는 할 수 없어 민간부문에서 발달하여온 마케팅의 개념·아이디어·기법 등을 그대로 적용하는 데에는 많은 문제가 발생할 수 있다. 이에 관한 내용을 다음 절에서 좀 더 자세하게 살펴보기로 한다.

제3절 공공부문에 적용 가능한 마케팅의 개념 및 기법

민간부문에서 발전된 마케팅의 개념·기법·아이디어들 중에서 공공부문에서 적용이 가능한 개념 및 기법들을 살펴보면 다음과 같다.

1. 마케팅의 주요개념

① **마케팅전략:** 마케팅전략이란 기업의 사업방향, 고객의 규정 및 욕구식별, 경쟁기업의 장점과 약점의 식별, 경쟁기업들과 경쟁을 위한 전략을 수립하는 것 등을 의미한다. 마케팅전략이란 개념은 경쟁적 상황에서 공급되는 공공서비스의 경우 대부분 적용이 가능한 개념이다. 물론 모든 공공서비스가 경쟁적으로 공급되는 것은 아니지만, 신자유주의가 대세인 오늘날 경쟁에서 자유로운 공공조직은 많지 않다.

② **시장세분화(segmentation)와 표적시장(targeting):** 세분화란 비슷한 성향을 가진 고객들을 다른 성향을 가진 고객들과 분리하여 하

나의 집단으로 묶는 과정을 말한다. 세분화의 유형으로는 지리적 (geographical) 세분화, 인구 통계적(demographic) 세분화, 심리적(psychographic) 세분화, 행태적(behavioral) 세분화 등이 있다. 표적시장이란 조직이 그들의 특정 마케팅 프로그램을 가지고 수행하여 욕구를 만족시키고자 하는 특정 시장부문이나 고객집단을 의미한다. 고객집단을 어떤 특성에 맞게 하위그룹으로 분류하여, 그들 중 일부그룹을 집중공략 대상으로 선정하는 과정이 세분화와 표적시장인 것이다. 세분화 및 표적시장개념은 대부분의 공공서비스의 공급에 적용이 가능한 개념이다. 가령 국립대학이 지역적 세분화를 통해 특정지역을 대상으로 특화된 교육서비스를 제공하거나, 정부가 인구 통계적 세분화를 통해 저소득계층에 임대주택 서비스를 제공하는 사례들이 이에 해당한다.

그러나 공공부문의 경우 시장세분화는 다음과 같은 문제를 야기한다. 첫째, 시장세분화에 대한 반대가 심하다는 것이다. 즉, 형평성의 개념을 중요시하는 공공서비스의 경우 시장세분화에 의해 피해를 입는다고 생각하는 집단이 시장세분화에 반대할 가능성이 있는 것이다. 또한 시장세분화는 정부가 그들의 고객인 국민을 동등하게 취급해야 한다는 평등주의 철학(egalitarian and anti-discriminatory philosophies)에도 어긋난다고 반대집단들은 주장한다. 둘째, 공공부문의 경우에는 시장세분화를 위해 필요한 고객에 대한 정확한 정보와 자료가 부족하다는 문제가 있다. 셋째, 시장세분화가 때로는 세분대상의 격렬한 저항을 불러일으킬 수 있다.

③ **관계(relationship)마케팅:** 관계마케팅이란 기업이 그들과 거래 관계에 있는 고객들과 유대관계를 형성·유지하고, 대화하면서 관계를 강화하고 상호이익을 극대화할 수 있는 마케팅이다. 즉, 관계마케

팅은 기업과 고객 또는 이해관계자들과 신뢰에 바탕을 둔 장기간의 관계 형성을 통해 상호의 이익을 증대시키기 위한 마케팅이다. 교육, 사회보장, 건강보호 등과 같은 공공서비스의 경우 서비스 공급자인 정부와 서비스 이용자들은 장기간의 관계 형성이 서비스공급의 핵심사항이다. 따라서 민간부문에서 적용되는 관계마케팅의 개념, 아이디어 및 경험 등은 공공서비스의 효율적 공급에 많은 도움을 줄 수 있을 것이다.

2. 마케팅믹스(mix)

마케팅믹스란 기업이 목표시장에서 원하는 세일즈 목표를 달성하기 위해 사용하는 제어 가능한 마케팅변수의 믹스를 의미한다. 일반적으로 경영학에서는 마케팅활동을 4개의 마케팅믹스로 분류하였다. 이에 대해 구체적으로 살펴보면 다음과 같다.

① **제품(products)**: 제품이란 효용의 묶음 또는 조합을 의미한다. 공공부문에서 생산되는 제품은 서비스 · 제약(constraints) · 의무(duties) · 시설(facilities) 및 공공재(public goods)로 구성되어 있다(Butler and Collins, 1995: 86). Enis(1981, 343)는 광범위한 의미에서 정부의 모든 활동은 판매될 수 있는 제품으로서 인식될 수 있다고 주장하였다. 그는 제품을 구매자가 만족을 기대하는 품질(qualities), 과정(processes) 및 능력(capabilities: goods, services, ideas)이라고 정의하고, 제품의 효용을 기준으로 연속선을 구성하고 한쪽 끝을 좋은(good) 제품으로, 그리고 반대편 끝을 나쁜(bad) 제품으로 구분하였다. 그는 공공부문에 의해서 판매되는 다수의 제품은 경찰 · 국방 · 교육 서비스 등과 같은 좋은 제

품으로 모든 시민들이 제품에 대한 지불능력에 관계없이 매우 선호하는 제품이라고 하였다. 반면에 나쁜 제품에 속하는 것으로는 부모들에게 그들의 어린아이에게 전염병 예방주사를 맞히라고 하는 활동이나, 혈압을 체크하라는 활동, 또는 약물 과다사용의 위험을 인식하라고 독려하는 활동 등으로, 이러한 제품은 비용이 너무 높아 국민의 지불능력이 아무리 뛰어나다 할지라도 허용되지 않는 제품이다.

한편 공공부문에서 생산하는 많은 제품은 이러한 양 극단 사이의 어느 지점에 위치하게 되는데, 사회가 이러한 제품에 대해서는 소비의 필요성을 강조하지도 또는 금지하지도 않는 제품이다. 이러한 제품의 소비는 개개인이 소비에 드는 비용과 편익을 고려하여 결정하면 된다. Enis(1983)는 이러한 제품이 민간부문에서처럼 작용하기 때문에 마케팅기법의 적용이 가능하다고 주장하였다. 따라서 민간부문에서 발전되어온 제품의 수명주기에 따른 마케팅전략, 신제품개발의 성공사례, 신제품 개발과정에서 활용 가능한 기법 등은 공공부문의 경우에서도 신제품 개발과정에 많은 도움을 줄 수 있을 것이다.

② **가격(price):** 가격이란 제공되는 상품 및 서비스를 대가로 구매자에게 요구되는 금액이다. 정부부문에서나 민간부문에서 제품을 생산하여 가격을 산정할 때, 일반적으로 원가에 적정한 이윤을 가산하여 가격을 책정한다. 그런데 제품의 원가산정방식과 적정한 이윤의 부과방식에서 공공부문이 훨씬 더 복잡하고 어렵다. 가령 민간부문에서 제품의 원가를 산정하기 위해 노동비용을 산정할 때, 각종의 보험료와 투자금액의 정상이자율을 모두 계산에 넣는다. 그러나 공공부문에서 생산하는 제품은 민간부문과는 달리 정부예산에서 자금을 조달하기 때문에 적정한 이자율을 계산하지 않거나, 또는 보험료를 계산

하지 않는 경우가 많다. 그뿐만 아니라 적정한 이윤을 산정할 경우에
도 어느 정도가 적정한가에 대한 사회적 합의가 중요하다. 즉, 제품의 가
격산정에 경제적 합리성보다는 정치적 합리성이 중요시되는 것이다.[19]

민간부문에서 적극적인 판매전략으로 개발되어온 촉진가격전략,
도덕적 가격전략 등의 기법은 공공부문에서 제공하는 서비스(교통서
비스, 전력서비스, 체육시설)의 경우에서도 많이 활용되고 있는 가격
전략 기법이다.

③ **촉진**(promotion): 촉진이란 조직이 생산하는 상품·서비스·아
이디어를 소비자가 구매하도록 유도할 목적으로 소비자를 대상으로
상품·서비스·아이디어 등에 대한 정보를 제공하거나, 설득하려는
마케팅 노력의 일체를 말한다. 촉진에는 광고·PR·인적판매(personal
selling)·판매촉진(sales promotion) 등의 활동이 포함된다. 기업에서 수
행되는 촉진활동은 공공서비스 공급과정에서도 대부분 그대로 수행
되고 있다. 즉, 경쟁적 시장에서 제공되는 공공서비스의 경우나, 사회
마케팅(social marketing)의 경우 일반기업에서 수행하는 촉진활동의 개
념 및 기법 대부분을 활용하여 고객(대중)이 서비스를 이용하도록 촉
진하고 있다. 그러나 공공부문의 경우 촉진은 민간부문의 경우와 그
목적이 다르다. 민간부문이 촉진활동을 수행하는 근본적인 목적은 마
케팅을 담당하는 조직이나 개인의 이익을 추구하는 것인 데 반해, 공
공부문의 경우 촉진활동의 목적은 조직의 이익, 표적청중 또는 일반

---

19) 민간부문에서 제공하는 상품 및 서비스의 비용은 이의 소비자가 직접 제공하는 데 비해서, 공공부문에서
제공하는 제품의 비용은 이의 이용자가 직접 지불하지 않는 경우가 많다. 즉, 공공부문의 경우 어떤 종류
의 서비스는 이것이 필요한 대상자를 정부가 적극적으로 찾아내어 이들에게 무료로 제공하는 경우도 있
다. 그뿐만 아니라 이들에게 재정적으로 도움을 주는 기능을 수행하기도 한다. 이처럼 구매력의 결여(선호
에 따라 지불하는 능력의 결여)는 공공부문에서 효율적인 시장의 성장과 발전을 저해하는 요인으로 작용
한다. 가령 정부는 저소득층의 자녀를 찾아내어 이들에게 무료로 교육 및 의료서비스를 제공한다.

국민의 이익 등이 혼재되어 있다. 따라서 공공부문에서 제공하는 많은 서비스의 경우 이의 성패 여부를 재정적 이득의 견지에서 측정할 수 없는 경우도 많다. 이러한 특성은 공공부문 촉진활동의 편익과 비용의 측정을 어렵게 하며, 또한 프로그램의 성공과 실패에 대한 평가를 어렵게 한다.

④ **유통**(place): 유통은 상품과 서비스가 생산자로부터 소비자에게 전달되는 과정을 의미한다. 공공부문의 유통과정은 세 가지의 경로로 구성되어 있다. 첫 번째 경로는 공공서비스가 생산자(정부)로부터 소비자(국민)에게로 직접 전달되는 경우로서 지방자치단체가 국민을 대상으로 각종 서류를 발급하거나, 철도를 통해 교통서비스를 제공하는 일 등이 이에 해당한다. 두 번째 경로는 공공서비스의 생산자가 소매상을 통해 궁극적으로 소비자에게 공공서비스를 전달하는 경우로서 보건복지부가 다수의 종합복지관, 장애인복지관 등을 통해 사회복지서비스를 국민에게 제공하는 일 등이 여기에 해당된다. 세 번째 경로는 공공서비스가 생산자에서 중간상(intermediary)을 통해 최종 소비자에게 제공되는 경우로서, 정부가 몇 개의 국립대학을 통해 교육서비스를 소비자에게 제공하는 경로가 이에 해당한다.

유통경로를 설계할 때 수평적으로 몇 개의 중간상 및 소매상을 둘 것인지 하는 문제와 수직적으로 몇 개의 계층을 둘 것인지를 선택하는 문제가 중요하다. 소비자의 접근 가능성을 높이기 위해서는 중간상 및 소매상의 규모를 늘리는 것이 중요하나, 비용의 측면을 고려하면 규모를 줄이는 것이 바람직하다. 공공서비스를 직접 제공하는 것과 중개상이나 소매상을 활용하여 간접적으로 제공하는 것도 각각의 방법에 따른 장단점을 비교하여 선택해야 한다.

제품을 소비자에게 효율적으로 전달하기 위해 민간부문에서 발전되어온 유통에 관한 다수의 기법들은 공공서비스 전달과정에서 그대로 적용될 수 있다. 그러나 공공서비스 전달에 관한 유통경로를 설계하는 과정에서 고객서비스의 질을 중요시할 것인지 또는 비용을 우선시할 것인지를 결정해야 할 때, 공공조직의 이윤보다는 서비스 이용대상자인 국민의 동의를 얻는 것이 중요하다는 사실이다. 일반적으로 공공서비스를 공급하기 위한 유통경로의 폭에 대한 결정은 소비자를 우선적으로 고려하여 결정하는 경우가 많다.

제3장

공공부문의 시장과 구매과정

제1절 공공부문의 시장

　민간부문의 시장도 복잡하지만 공공부문의 시장 역시 매우 복잡하다. 따라서 시장세분을 이해하기에 앞서 공공부문 시장의 다양한 성격과 그들이 갖는 함축적 의미를 이해할 필요가 있다. 상업적 조직은 오직 두 종류의 시장, 즉 주주와 고객을 만족시키려고 노력하는 데 비해, 공공조직들은 동시에 여러 시장을 위해 봉사할 필요가 있다. 상업적 조직이 측정 가능한 금전적 목표를 추구하는 데 비해서, 공공부문의 조직들은 복수의 비금전적, 질적인 목표를 동시에 추구한다. 공공조직들은 사용자, 자금제공자, 정치인, 공무원 등과 같은 여러 부문의 요구에 동시에 반응하도록 되어 있다. 따라서 서비스의 공급과 사용에 직접 영향을 미치는 여러 세력을 이해하고 범주화할 필요가 있는 것이다.

　공공부문에서 복수시장 개념을 성공적으로 적용시킨 예를 Theodossim의 대학교육에 대한 연구에서 찾아볼 수 있다(Chapman & Cowdell, 1998).

복수시장에는 1970년대 이후 공공서비스 마케팅의 핵심부문으로 되어있는 내부시장(internal market)이 포함된다.

1. 주요시장

주요시장(primary market)은 서비스를 실제로 사용하는 사람 또는 서비스의 혜택을 입는 사람으로, 가령 의사의 환자 또는 대학교의 학생이 여기에 해당한다. 즉, 배가 아파서 병원에 찾아가 진찰 및 처치를 받은 환자가 있다면 그가 바로 주요시장인 것이다. 그러나 그가 할 수 있는 선택의 범위는 제약을 받는다. 그 환자는 많은 이유로 그 병원을 선택한다. 가령 병원이 집에 근접해 있다든가, 병원직원들이 친절하거나, 의사의 평판이 좋든가 등의 이유들로 인하여 환자는 그 병원을 선택한다. 그러나 환자가 실제 병원을 이용할 때에는 선택의 여지에 크게 제약을 받는다. 예를 들면 응급상황이 발생하여 치료에 빠른 시간이 필요하다든가, 또는 건강보험 이용에 제약이 따르면 환자는 선택의 여지가 크게 제약을 받게 된다. 따라서 공공부문에서 주요시장이 행사할 수 있는 선택의 기회는 많은 제약을 받는다. 교환과정에 대한 개인의 통제는 여러 요인에 의해 제약된다.

주요시장이라는 용어는 서비스를 직접 사용하는 사람과 혜택을 입는 사람 둘 다를 가리키거나, 또는 그중 하나를 지칭하기 위해 사용된다. 이들이 최종 사용자이거나 또는 소비자인 것이다. 이들 서비스 사용자들은 개인적인 혜택을 입는 사람들이거나, 또는 직접적인 수혜자로 의도되었던 사람들이다. 때때로 서비스 제공자와 사용자를 구별하기가 어려운 경우도 있다. 어떤 상황에서는 직접적인 공급자(국공

립 병원 의사)와 사용자(환자)는 지원 자금의 수혜자와 사용자로 비칠 수도 있다. 그러나 주요시장의 표적고객인 최종 사용자를 확인하는 일이 그리 어렵지 않은 것이 보통이다.

2. 보조시장

보조시장(secondary market)은 거래대상의 선정에 영향을 미치는 지위에 있는 사람으로, 환자의 배우자, 학생의 가족 또는 교사 및 친구 등이다. 보조시장은 촉진자(facilitator)시장으로 묘사될 수도 있다. 주요시장이 내리는 결정에 영향을 미치는 모든 사람들이 여기에 해당한다. 그들의 영향력이 강력할 수도 있다. 의사나 병원의 도움이 필요한 환자를 설득할 수 있는 사람들이 여기에 포함될 수 있을 것이다. 가령 부인의 신경질이 엄지발가락에 난 종기 때문이라고 믿고 있는 남편은 중요한 보조시장인 것이다. 또한 상황이 종합병원 전문의 상담을 요구하는 정도에 이르면, 1차 진료기관의 의사가 2차 전문병원의 보조시장 역할을 하는 것이다.

사회적 혹은 문화적 요인과 관련이 깊은 보조시장은 사태를 처리하는 방법과 구체적인 가치체계를 대표한다. 이는 교환이 일어나는 장소와 환경에 기반을 두고 있다. 예를 들어 대체의학(alternative medicine)이라는 용어는 지금의 서양의술에서는 인정되기 어려운 치료기술이며, 또한 우리를 치료하는 의술은 서양의술이라는 사실을 강조하기도 한다. 이러한 문화적 태도가 중요한 제약이 되기도 한다.

3. 정당화시장

정당화시장(legitimize market)은 서비스가 정해진 질적 기준에 따라 승인된 방식대로 제공되고 있다는 것을 보증하기 위해 존재하는 개인이나 단체로 식품의약품안전청, 의사회, 변호사회 등이 여기에 속한다. 정당화시장은 공급자의 의무를 규정하고, 규제를 행하는 제도와 기관을 가리킨다. 모두는 아니지만 많은 정당화시장은 법으로 정하게 되어 있다.

예를 들어 의사가 일정 수준의 서비스를 제공하지 못하면 의무 소홀로 소송을 당할 수도 있다. 규제기관으로서 의사회는 의료사고를 낸 의사의 면허를 취소할 수도 있을 것이다. 일정 수준으로 의료수준을 끌어올리기 위해서 의과대학에 규제가 가해진다. 주요시장은 많은 경우 정당화시장에 대한 선택권이 없고, 정당화시장은 공급에 대한 최소한의 기준을 보증하기 위하여 활동한다.

4. 자원배분시장

자원배분시장(resourcer market)은 서비스 제공에 필요한 재원을 배분하는 기관이다. 기획재정부, 행정자치부, 상급기관 및 단체 등이 여기에 해당할 것이다. 자원배분시장은 공공서비스에 대한 재원을 공급하는 역할을 수행한다. 공공부문에서 이는 보통 예산배정으로 결정된 자원수준의 형태로 나타난다. 의사들이 재원을 사용하는 데에는 많은 제약이 따른다. 의료제도를 비판하는 사람들은 의사가 상충되는 경험을 하게 된다고 한다. 최선의 질적인 서비스를 공급해야 하는 의사의 역할(환자들의 욕구를 최선으로 충족시킴)은 재원관리자로서의 역할(서비스공급을 위한 비용대비 효과가 가장 큰 수단을 찾아냄)과 양립하지 않을 수도 있다. 여기에도 공공부문과 민간부문에는 근본적인 차이가 있다.

개인병원 의사는 더 많은 수입으로 더 많은 환자를 진찰하고 치료한다. 그러나 국립병원 의사들은 자기가 받는 재원의 수준에 의해 제약을 받는다. 의사는 예산제도가 허용하는 금액의 범위 안에서 행동한다. 배정받은 예산을 일찍 사용해버리면, 회계연도 말까지 쓸 돈이 남지 않는다. 많은 경우 재정적 제약을 피할 수 없는 것이다.

〈표 3-1〉 마케팅전략 수립을 위한 복수시장분석

시장	확인 내용
주요시장 ○ 주요 사용자는 누구인가? ○ 서비스혜택을 받는 사람은 누구인가? ○ 최종 사용자는 누구인가? ○ 이 시장은 어떤 편익을 원하는가?	
보조시장 ○ 제공되는 서비스를 결정하는 데 누가, 어떤 영향을 주요 시장에 미치는가? ○ 이 시장은 어떤 편익을 원하는가?	
정당화시장 ○ 누가 서비스의 성격, 기준, 품질을 규제 또는 통제하는가? ○ 이 시장은 어떤 종류의 편익을 원하는가?	
자원배분시장 ○ 서비스 제공에 필요한 재원으로 누가, 무엇을 제공하는가? ○ 이 시장은 어떤 편익을 원하는가?	

5. 내부시장

내부시장(inside market)이란 같은 조직 내에서 소비자와 공급자로서 계약을 맺고 있는 시장이다. 이들 중 몇몇은 그들의 선택이 제약되고 있다는 점에서 포획시장(captive market)이라 불릴 수도 있다. 내적 이동도 역시 내부시장의 제품인 것이다. 1980년대에는 공공부문 내의 내부시장 개발에 역점이 주어졌다. 이는 공공부문의 경쟁력을 강화하기 위해서였다. 그렇게 함으로써 효율성을 높이고, 비용을 낮추며, 또한 고객의 선택 폭을 넓히려 하였던 것이다. 경쟁은 제품을 다양화하고 고객에게 이익이 돌아가도록 질적 수준을 제고시키는 데 기여해 온 자유시장에서 아주 중요한 내용이다. 그러나 공공부문 내부시장에서 가장 중요한 편익은 비용절감으로 나타나는 저축인 것이다. 비용절감은 효율성(어떤 업무가 얼마나 잘 수행되는가의 문제)을 높이기는 하지만, 효과성(결과가 얼마나 구체적인 상황의 요구에 들어맞는가의 문제)에 흠을 내기도 한다.

<표 3-1>은 어떤 조직이 마케팅전략을 수립하기 위한 기초로서 이용될 수 있다. 조직은 이들 시장수요를 충족시키기 위한 마케팅전략을 수립할 것이다. <표 3-1>에서처럼 조직환경을 확인하는 수단으로 우리는 쉽게 이해관계자와 복수시장분석을 시도해볼 수 있다. 점점 더 불확실성이 증가하고 있는 상황에서 끊임없이 변한다는 사실을 이해하는 것은 매우 중요하다. Williams 등에 의하면, 자기의 외적 환경을 중시하는 조직이 내적 환경을 중시하는 조직보다 자기의 문화를 쉽게 변화하면서 생존할 수 있다(Williams, Dobson and Walters, 1989). 환경변화가 더욱 극심해지고 조직의 생존에 많은 영향력을 미치기

때문이다. 이러한 내용은 1960년대 이후 조직관리에 관한 문헌들에 의해 널리 인정되고 있다. 예를 들면 Morgan의 저서에서도 중요한 문제로 다루어지고 있다(Morgan, 1989). 1970년대 이후에는 변화가 제일 중요한 문제로 부각되고 있는 것이 사실이다. 비영리 행정서비스에 시장원리, 경쟁 및 관리문제를 도입한다는 것은 환경을 이해하고 민감하게 적응하는 것이 중요하다는 것을 시사하는 것이다. 환경은 공공서비스의 성격과 복잡성을 급격히 변화시키고 있다. 조직의 관리자는 조직에 영향을 미칠 것으로 예상되는 변화의 함축에 끊임없이 주목해야 한다.

제2절 기본적 욕구의 유형

오늘날 보편적으로 사용되고 있는 인간욕구에 대해 가장 영향력이 있고, 인기 있는 모형은 Maslow의 모형일 것이다. 그의 계층이론은 마케팅전략을 기술하려는 것으로 개발된 것이 아니고 관리자의 입장에서 개인 행태를 이해하기 위해 개발된 것이지만, 소비자의 욕구(needs)와 요구(wants)를 검토하려는 구매행태 이론가들에 의해 널리 사용되어 오고 있다.

Maslow에 의하면 인간이란 무엇인가를 원하는 동물로서 완전히 만족해하는 일이 없고, 설혹 만족한다손 치더라도 극히 일시적으로만 만족한다. 하나의 욕구가 충족되면 다른 욕구가 샛별처럼 새로이 등장하는데, 이 욕구가 충족되면 또 다른 욕구가 나타난다. 이 과정은 계속되는 것이 보통이다. 이처럼 인간에게는 생애를 통해서 무엇인가를 추구하려는 특성이 있다.

인간은 생애 동안 자기만족을 추구하도록 동기를 부여하는 여러 가지 욕구들을 경험하고 배운다. 그러나 이 욕구들에는 성취에 대한 완급의 우선순위가 있는 것이다. 또한 욕구들은 피라미드 형태의 계층을 이루는데, 생존 관련 욕구가 가장 낮은 자리를 차지한다. 욕구는 최소한 5개 범주의 상향적 순위로 배열된다. 이러한 내용을 좀 더 자세히 살펴보면 다음과 같다. 첫째, 생리적 욕구로서 여기에는 음식물, 물, 공기, 성 등과 같이 인간의 생존과 재생산에 필수적인 것이 포함된다. 둘째, 안전에 대한 욕구로서 이는 거처 및 외부로부터의 보호를 의미한다. 셋째, 사회적 욕구이다. 사회적 욕구란 인간이 어떤 집단에 소속되고 싶고, 또한 다른 사람들과 친한 관계를 형성하고 싶은 욕구를 의미한다. 넷째, 존경에 대한 욕구로서 인간은 누구나 다른 사람으로부터 인정을 받고, 또한 존경을 받고 싶어 한다. 다섯째, 자아실현 욕구로서 이는 인간이 자기성취를 지향하는 욕구를 의미한다.

위의 순서가 처음 발생하여 성취되기를 원하는 인간욕구의 순서라고 Maslow는 주장한다. 첫 번째 단계의 욕구가 충족되면 그 사람은 다음의 욕구충족을 위해 노력할 것이다. 만약 하위단계의 욕구가 위협을 당하게 되면, 그 사람은 즉각적으로 그 욕구충족을 위해 온갖 주의를 기울인다. 이 모형을 공공부문의 상황에 적용시켜보면, 공공서비스의 대부분은 하위의 두 단계인 생리적 및 안전 욕구를 충족시키기 위해 배치되어야 할 것이다.

1. 생리적 욕구

역사적으로 많은 자선기관의 사업내용이 보건문제, 식수공급, 식량 등과 관련되어 있다는 사실은 생리적 욕구충족이 얼마나 중요한가를 말해준다. 결혼에 의한 자녀생산의 장려, 편부모 가족과 노인에 대한 경제적 지원 등은 생리적 욕구를 지원하기 위한 것이다. 기본욕구 충족이 위협을 받게 되자, 이의 회복을 위해 복지입법으로 소득이 낮거나 없는 사람들에게 식량과 의복이 공급되고 있다. 기본욕구 충족을 위한 범국가적인 노력이 다각도로 행해지고 있다.

서구에서 1950년대 이후 도시오염에 대응하기 위해 제정된 대기오염방지 법률은 기본욕구를 회복하려는 대표적인 움직임이다. 생존을 위해 필수적이면서도 대체재가 없는 수돗물 사업에 이윤을 부가시키는 문제, 수입 축산물에 묻어 들어오는 015균 및 쓰레기나 음식물 소각에서 배출되는 다이옥신, 맑은 물 공급, 환경오염, 소음공해, 식료품·의약품의 위생문제, 전염병 예방문제, AIDS 등도 생리적 욕구를 위협하기 때문에 자주 부각되는 이슈인 것이다. 정치가나 공공부문 관리자들은 이들 문제의 중요성을 이해해야 할 것이다.

국민의 기본적 욕구충족을 위해 전면적으로 나선다고 하더라도 정부나 국가의 힘만으로는 역부족이다. 각국 정부는 국민에게 스스로 각자의 상황에 맞는 계획을 세우도록 설득하려고 노력하고 있다. 국가가 개입하는 상품이나 서비스에 대한 사용자－공급자의 관계는 활동(적극)적인 사용자가 마음 내키지 않은 공급자를 대하는 관계일 것이다.

2. 안전욕구

안전욕구와 관련된 것으로 공공부문이 제공하는 상품이나 서비스는 사회기반구조(social infrastructure)에 해당하는 것과 소비자 기반구조(consumer infrastructure)에 해당하는 것으로 분류된다. 사회기반구조에 속하는 서비스는 도로, 고속도로, 공공건물, 방위, 경찰 등으로, 이들은 지역사회의 운영과 안전에 필수적이다. 이들 서비스의 부실한 공급이 시민들에게 큰 불만을 야기할 수 있지만, 이들이 개인에게 미치는 영향은 직접적이지 않다. 이에 대한 반응은 시민들이 관련 기관에 항의하는 진정을 제기하는 수준에 그칠 수도 있고, 정기적인 선거에서 집권당이나 관리자들에 대한 반대 또는 지지의 철회로 나타나기도 한다.

소비자 기반구조에 해당하는 서비스에 대하여는 개인들이 그것을 사용할 것인지 또는 사용하지 않을 것인지에 대한 결정을 하게 되는데, 여기에 해당하는 서비스의 실례는 주택과 특수폐기물 처리 등이다. 안전의 범주에 속하는 서비스로 초중등 교육, 커뮤니케이션, 전기 및 가스 등이 있다. 이들 중 상당 부문이 최근 민영화되고 있다.

3. 소속욕구

여기에 해당하는 심리적 욕구에는 집단에의 소속 및 애정 등이 있다. 국가 및 지방자치단체가 주관하는 각종 축제, 스포츠행사 개최, 각종 홍보, 캠페인 등은 소속 국민 및 주민의 소속감과 애정을 증진시키려는 것이라 할 수 있을 것이다. 여기에 속하는 사회적 보호 서비스는 기초적 생리욕구를 훨씬 능가하는 보호와 애정을 공급할 필요에서 발생하는 것이다.

4. 존경욕구

존경 혹은 자존욕구에 대한 이해는 모든 마케팅담당자들에게 매우 중요하다. 공공부문 마케팅에서 개인적인 지위가 중요한 요소인데, 이것이 개인들의 공적 조직과 공적 공급에 대한 지각부족 때문에 그런 것은 아니다. 1960년대 이후 경제가 어느 정도 성공을 거두게 됨에 따라, 공영주택 거주자의 지위가 낮게 평가되는지도 모른다. 이처럼 시간이 흐를수록 사람들은 단순히 거주할 곳을 찾는 것이 아니라, 생리적 욕구가 아닌 심리적 욕구와 관련된 요소를 찾는다. 말하자면 1960년대에는 거주할 곳으로서 공영주택을 찾았지만, 이제는 그간 향상된 개인적 지위에 어울리는 빌라, 맨션, 또는 고급 아파트를 그것도 유명세 있는 지역에 갖고 싶은 것이다.

공공부문 마케팅의 어떤 부문은 고등교육과 같은 지위문제와 관련이 있다. 대학의 학위는 지위와 함께 존경을 가져온다는 연구가 있다. 말하자면 핵심욕구와 관련된 공급이 잘 이루어질수록 심리적 욕구 쪽으로 중심이 이동하는 것이다.

몇몇 상품과 서비스가 역할을 변경시킨다는 사실은 흥미로운 일이다. 예를 들면 사람들은 수돗물 가격이 비싸다고 불평을 하면서도, 시판되는 병에 담긴 물에 그것이 갖는 지위함축 때문에 훨씬 비싼 가격을 기꺼이 지불한다. 그와 같은 행태는 안전성 때문에 합리화되기도 하는데(예를 들면 병에 담긴 물이 건강에 좋다), 반대되는 증거가 심심찮게 제기되는 경우를 우리는 경험하고 있다.

5. 자아실현욕구

모든 저차원의 욕구가 충족되고 있는 선진국에서는 자아실현욕구가 크게 동기를 부여한다. 여기에는 자존심도 해당한다. 자아실현욕구는 육체를 풍요롭게 하기보다는 마음을 풍요롭게 하는 일과 관련이 있는데, 이 욕구는 급격히 늘어나고 있는 수많은 연예프로그램에 의해 충족된다. 그러나 공공부문이 많은 예술활동을 후원하기도 하지만, 이 욕구를 충족시키는 것이 공공서비스의 주요 부분은 아니다.

공공부문과 민간부문에서 마케팅을 담당하는 사람들이 개별 소비자의 행태를 이해하기 위해서 무엇보다 먼저 해야 할 일은 앞에서 언급한 욕구들의 동기부여 수준을 이해하는 것이다. 그러나 소비자 행태에 관한 다른 사안에 주목할 필요가 있다. Maslow 모형이 소비자의 동기부여에 대한 광범위한 지표를 제공해주기는 하지만, 이것들이 실제에 적용되려면 이에 관한 더욱 정교한 이해가 수반되어야 한다.

제3절 준거집단의 종류

1. 준거집단의 역할

앞에서 살펴본 것처럼 개인은 의사결정을 할 때 누군가로부터의 영향을 받는다. 즉, 선택에 있어 개인은 누구도 완전히 독립적이지는 않다. 본질적으로 준거집단의 역할은 이 개념의 확장이다. 준거집단이란 '한 개인의 행태와 태도에 크게 영향을 미치는 사람 혹은 사람의 집단'이다. 준거집단은 소비자 행태에 다양한 방법으로 영향을 미친다. 준거집단은 개인의 사회화과정에서 중요한 역할을 수행하고, 개인이 자기 이미지와 정체성을 발전·유지시키는 데 활용되기도 한다. 즉, 준거집단이 벤치마크(benchmark) 역할을 하게 되는데, 개인들은 이를 기준으로 하여 끊임없이 자아를 평가하고 수정하는 것이다. 이 평가는 준거집단에 속하는 다른 사람들이 자기가 준거집단에 발표한 자아를 인정할 것인지, 혹은 인정하지 않을 것인지에 대한 지각과 밀접히 관련되어 있다. 자기성찰(self−reflection)의 기준으로서 준거집단은 개인이 집단규범을 수용하도록 만든다.

준거집단에서 공공마케팅이 얻을 수 있는 이익은 집단기준이 어떤 행태패턴 혹은 사용과 연계될 수 있는 방법으로부터 파생하는 것이다. 만약 한 조직이 어떤 준거집단과 긍정적인 제휴관계를 맺을 수 있고 그 준거집단이 구성원들의 지지를 얻을 수 있다면, 바로 이것이 그 조직이 경쟁적 우위를 차지하거나 혹은 지각의 개선을 얻는 방법이 될 수 있을 것이다. 이 개념이 공공마케팅에서 차지하는 중요성의 정도는 상품이나 서비스가 얼마나 현저하게 소비, 또는 사용되는가에 의해 결정된다. 그 사용이 현저하면 할수록, 준거집단의 마케팅과정에의 적절성은 더욱 큰 것이다.

한 준거집단이 어떤 소비자에게 하는 역할은 그 소비자가 집단과 갖는 연합의 수준, 관계가 구조화되어 있는가 여부 그리고 집단영향력의 형태가 어떤가에 따라 크게 다르다.

2. 준거집단의 종류

1) 제휴집단

어떤 개인에게 가장 큰 영향력을 갖는 집단은 개인이 그 집단과 어떤 관계를 맺고 있는 제휴집단(associative groups)이다. 제휴집단은 주요집단과 보조집단으로 구분된다.

주요집단(primary group)은 단결력이 있고 동기부여가 잘 된 조직으로 그 구성원들은 많은 신념을 공유하고 비슷한 방식으로 행동한다. 개인들이 관계를 맺고 있는 사교모임, 스포츠 혹은 이익집단, 업무 관련 집단, 가족집단과 협회 등이 여기에 속한다.

① **가족집단:** 가족과 가까운 친척이 상당한 영향력을 행사할 수 있다. 가족의 영향력은 개인의 평가기준과 평생 지속하는 신념에 영향을 미칠 경험기반을 형성한다. 가족은 상품과 서비스의 구매에 관한 의사결정과정에 영향을 미친다. 그들의 소비행태에 영향을 미치는 가족성원들 사이의 차이는 그들이 조직화되어 있는가 여부에 있는 것이 아니라, 그들이 어떻게 조직화되어 있는가에 있다.

② **업무 관련 집단:** 조직 안에 조직문화를 반영하는 행위형태가 있을 것으로 기대되는 집단이다. 이것이 조직구매에 중요한 영향을 미칠 수 있다.

③ **사회집단:** 사회집단에는 규범이 있는데, 이 규범은 집단과 문화에 따라 다양하기 때문에 다른 집단의 규범들 간에 충돌될 가능성도 있다.

보조집단(secondary group)은 개인이 다른 조직의 성원들과 대면하여 (face to face) 상호작용을 하는 집단으로, 이 집단의 영향력은 주요집단의 영향력보다 약하다. 보조집단에는 노동조합, 정당 및 전문가조직

등이 있다. 그러나 제품이나 서비스의 성격과 집단 내에서의 그것에 관한 지각에 따라 보조집단의 개인 행태에 대한 영향력은 상당히 클 수도 있다.

2) 열망집단

열망집단(aspirational group)의 영향은 개인행태의 조건형성에 매우 중요하다. 일반적으로 개인들은 자기가 속하기를 열망하는 집단의 규범과 가치에 대하여 지각한 바를 채택하고, 이들 집단에 소속하려고 한다. 욕구계층을 통하여 개인들이 발전하는 것과 마찬가지로, 열망집단의 규범은 의식적으로가 아니라 무의식적으로 채택되는 것이다. 민간부문 마케팅에서 구매습관을 통하여 잠재적 구매자로 하여금 열망적 규범을 채택하도록 만드는 것은 잘 알려진 기법인데, 이때에는 흔히 유명인 혹은 상류층의 보증방법을 활용하여 판촉을 한다.

3) 분열집단

열망집단의 반대편에 분열집단(dissociative group)이 있다. 이 집단의 영향력은 부정적이고 개인들은 이 집단과 관계를 맺지 않으려고 피한다. 예를 들어 일본의 정치가나 국수주의자들이 한국에 대한 일본의 침략전쟁을 부인하는 발언을 하거나, 또는 정신대에 끌려간 위안부들이 자발적으로 협력한 것이므로 일본으로서는 아무런 책임이 없다는 발언을 할 때 한국인이 느끼는 일본은 분열집단에 속할 것이다.

3. 개인고객의 구매과정

개인고객은 다음과 같은 몇 개의 단계를 거쳐 상품 및 서비스를 구매하게 된다.

1) 욕구의 환기

제품구매의 첫 번째 단계는 어떠한 상품 및 서비스에 대해 호기심을 가지는 단계이다. 욕구의 환기는 다음 세 가지 문제, 즉 어떠한 요소가 처음으로 제품 카테고리에 대해 흥미를 불러일으켰는가(흥미요인), 소비자가 제품 카테고리에 대해 흥미를 가졌을 때 어떠한 깊은 욕구와 가치관이 거기에 작용을 하였는가(기본적 욕구), 그리고 이러한 기본적인 욕구로부터 어떠한 특수한 욕구가 활성화되었는가(욕구의 특수화) 등으로 세분화된다.

2) 정보수집

고객이 당면하는 제품 카테고리와 정보의 필요성 정도에 따라 정보수집도 달라질 수 있다. 이 단계에서 마케팅관리자는 다음 두 가지 문제에 대하여 관심을 가져야 한다. 첫 번째, 소비자가 제품 카테고리에 대한 의사결정을 하기 전에 얼마나 많은 정보를 수집하고 있는가(정보의 필요성과 그 양), 두 번째, 소비자는 어떠한 정보원을 활용하며 또한 그 정보원들의 상대적인 영향력은 어떠한가(정보원) 등이다.

3) 정보의 평가

정보수집과정에서 소비자는 어떠한 것들이 더욱 실현 가능한 대안인지 분명히 인식하게 된다. 세련된 정보를 접하면서 그는 어떤 대안들을 배제하고 점점 더 가능성이 큰 대안으로 범위를 좁히고, 급기야는 그들 중 한 가지를 선택한다.

4) 구매결정

평가단계에서 소비자로 하여금 선택세트 안에 있는 대체적 제품(alternative products) 중에서 선호서열을 설정하도록 한다. 보통 소비자는 가장 선호하는 제품을 구매하려 한다. 즉, 구매의도가 형성되는 것이다. 그러나 구매의도와 실제의 구매결정 사이에는 세 가지 요인이 개입한다.

첫 번째는 보조시장에 속하는 사람들의 태도이다. 가령 대학을 선택하고자 하는 고등학교 졸업생 K군은 B대학을 매우 희망하지만, 부모가 A대학을 선호한다면 K군이 B대학을 선택할 가능성은 다소 떨어진다. 구매의도는 두 번째 요인인 예상되는 상황요인(anticipated situational factors)에 의해서도 좌우된다. 소비자는 예상되는 가족의 수입, 예상되는 제품의 총비용, 예상되는 제품으로부터의 편익 등을 토대로 구매의도를 형성한다. 세 번째, 구매하려 할 때 예상하지 못한 돌발상황이 발생하여 소비자의 구매의도를 방해할 수도 있다. 예컨대 K군이 선택하려는 대학에는 장학제도가 부실하다는 사실을 최종단계에서 확인했거나, 캠퍼스를 방문해본 결과 캠퍼스의 분위기에 실망하였다든가 또는 희망대학 교수를 만나보고 실망하였다든가 등의 요인이 최초의 구매의도에 영향을 미친다.

5) 구매 후 평가

소비자는 제품구입 후 또는 사용 후에 제품에 대한 만족 또는 불만족을 경험한다. 이러한 소비자의 행위는 마케팅관리자에게 많은 것을 시사해준다. 구매 후 구매자에게 만족, 보통, 불만족 등과 같이 상이한 감정을 갖게 만드는 결정요인은 무엇인가? 여기에 관해서는 두 가지의 중요한 이론이 있다.

첫 번째 이론은 기대-성과이론이다. 소비자의 만족은 소비자의 제품에 대한 기대의 정도와 제품에서 소비자가 지각 또는 경험한 성과 간의 함수관계라는 것이다. 만약 성과가 기대에 부응하면 소비자는 만족하고, 기대 이상이면 매우 만족하며, 기대 이하이면 불만감을 가질 것이다. 기대는 판매자와 각종 정보원으로부터 보내온 메시지와 소구를 토대로 형성되는 것이다. 판매자의 과장광고는 소비자의 기대감을 부풀게 하겠지만 결국 불만감만 크게 느끼게 할 것이다. 이것은 대학에서도 예외가 아니다. 예를 들면 A대학에서 K군이 기대한 성과를 거두지 못하면 그는 대학에 대한 태도를 바꾸어 자퇴, 타 대학으로 편입학, 또는 나쁜 구전을 형성할 것이다. 그러나 이와 반대로 대학에서 그의 성과가 크다면 그의 만족도 또한 크게 향상될 것이다.

소비자의 만족 또는 불만족이 크면 클수록 기대와 성과 간의 갭 (gap)도 커진다. 여기에서 소비자의 대처방안이 나온다. 어떤 소비자는 제품이 불완전할 때 그 갭을 확대시킴으로써 매우 큰 불만을 갖는가 하면, 또한 갭을 최소화시켜 불만감을 줄이는 사람도 있다. 이 이론은 판매자에게 구매자가 만족감을 갖도록 제품의 예상효과를 성실히 표현할 것을 요구하고 있다. 판매자에 따라서는 소비자가 제품으로부터 예상 이상의 만족감을 얻을 수 있도록 효과수준을 일부러 낮추어 표현할 때도 있다.

두 번째 이론은 인지적 불협화이론이다. 대부분의 구매에서 소비자는 구매 후 무엇인가 불만을 갖는 것이 보통인데 문제는 그 불만의 정도와 그에 대한 대처방법이라는 것이다. 이에 관해 Festinger는 다음과 같이 서술하고 있다. "사람은 한 가지 또는 그 이상의 대체물 중에서 선택을 할 경우, 자신이 행한 결정에는 무엇인가 이점도 있고, 동시에 불이익도 있음을 인식하기 때문에 불가피하게 불협화의 감정이 발생한다. 이 불협화는 대체로 모든 구매결정 후에 발생하므로 사람은 그것을 경감시킬 방안을 강구한다."

이 이론에 의하면 K군은 그가 선택한 진학대학에 관련해서 무엇인가 구매 후의 불협화를 느끼고 있다고 예상할 수 있다. 교수의 학문적 질과 연구의욕, 성의와 열의가 있는 강의, 동료학생들의 수준, 학교의 분위기 등과 같은 문제에 관해 자신의 선택이 타당했는지 의문을 가질 가능성이 있다. 그는 그러한 불협화를 줄일 행동을 취할 것이다.

구매 후 소비자의 만족 또는 불만족은 그 이후의 행동에 환류된다. 만약 소비자가 만족하면 다음 기회에도 그 제품을 재구매할 가능성이 높다. 따라서 마케팅에서는 "가장 좋은 광고는 만족하는 고객이다"라고 말하고 있다. 불만을 품은 소비자의 반응은 만족한 소비자의 반응과 다르다.

제4장

마케팅철학과 고객중심적 조직

제1절 마케팅철학의 진화

현대적인 마케팅관리를 이해하기 위해서는 지난 100년간 민간부문에서 있었던 분명한 세 가지 정향을 이해할 필요가 있다.

1. 제품정향(product orientation)

시기적으로 1800년대에서 1900년대로 전환하는 시기로서, 이 무렵에 라디오, 자동차, 전깃불이 나왔다. 이 시기에는 마음에 드는 제품이 시장에 나오면 소비자들이 앞다투어 구매하였다. 마케팅에 대한 제품정향을 다음과 같이 정의한다. 제품정향은 마케팅관리자들이 생각하기에 일반고객에게 좋을 것이라고 생각하는 상품과 서비스를 시장에 출하하는 조직에 성공이 돌아간다는 입장을 취하는 정향이다. 오늘날에도 제품정향을 가지고 있는 조직들이 많기 때문에, 제품을 조금만 바꾸면 고객에게 호소력이 있을 것 같은데도 불구하고 기존 제품을 고집하는 경우가 많다. 대학들이 외국어를 가르치고 있지만 대부분의 학생들에게는 시간 낭비만 초래할 뿐인 경우가 허다하다. 박물관들이 매년 꼭 같은 제품 몇 개에 비중을 두어 전시함으로써 아무도 이에 관심을 두지 않는다. 많은 교회들이 수백 년 동안 전통이라는 명목으로 일요일마다 똑같은 형식의 의식을 거행하고 있다. 고객들의 변화하는 관심을 무시함으로써 참석자들이 점점 줄어들고 있다.

2. 판매정향(sales orientation)

1930년대 대공황기에 이윤지향적인 마케팅관리자들이 입은 타격은 막대하였다. 좋은 제품을 값싸게 만들어 시장에 널리 유통시키는 것은 그것을 구매해줄 소비자들이 있는 한 성공에 이르는 지름길이다. 그러나 공장과 유통경로마다 재고가 쌓임에 따라 공장들은 과잉생산능력을 갖게 되었다. 마케팅담당자들은 자기들의 목표를 경쟁적인 용어로 바꾸게 되었다. 더 이상 생산비가 적게 드는 창의적 제품을 대량으로 생산하여 유통시키는 것이 불가능하였기 때문이다. 이때 일어난 일로서 핵심적인 내용은 자기들이 제공하는 상품이나 서비스를 구매하는 것이 구매하지 않거나, 또는 경쟁사의 상품이나 서비스를 구매하는 것보다 이익이라고 소비자들을 설득하는 것이었다. 이 무렵에 광고와 인적판매(personal selling)가 늘어나게 되었다.

마케팅에 관한 판매정향은 자기조직이 생산한 상품이나 서비스를 구매하는 것이 경쟁자의 상품이나 서비스를 구매하거나, 또는 아무것도 구매하지 않는 것보다 이익이라고 고객을 가장 잘 설득하는 조직에 성공이 돌아간다고 생각하는 정향이라 정의할 수 있다. 판매정향은 오늘날에도 널리 유행하고 있다. 몇몇 조직들은 자신들의 판매노력을 증가시킴으로써 시장규모를 상당히 늘릴 수 있다고 믿고 있다. 이들은 자신들의 제품을 좀 더 매력적으로 만드는 대신, 광고·인적판매·판촉 및 기타 수요자극 활동에 대한 예산을 늘리고 있다. 대학신입생이 줄어들면 총장들은 입학처의 인원보강에 필요한 예산을 늘리고, 소개책자를 그럴듯하게 만들어 배포함으로써 대처한다. 판매정향의 행동이 단기적으로 소비자 수를 늘리는 것이 사실이기는 하나, 장기적으로 판매고를 늘리는 것은 아니다.

3. 고객정향(customer orientation)

고객정향이 앞의 두 정향과 다른 점은 마케팅기획으로 업무를 시작한다는 것이다. 첫 번째 정향은 가장 저렴하거나 또는 가장 좋은 제품을 판매하는 조직으로 고객이 돌아온다고 하였다. 두 번째 정향은 조직이 정말로 좋은 제품을 판매한다고 고객을 설득하는 조직이 시장에서 승리한다고 생각하였다. 경제가 대공황에서 벗어났을 때 소비자들의 생활상태가 그전과는 달랐다. 그들은 부유해졌고, 취향이 세련되어 있었다. 그뿐만 아니라 소비자들은 까다로워졌고, 그들의 취향에 맞는 제품에만 관심을 보이고, 구입해달라는 설득이 먹혀들지 않았다.

조직의 마케팅담당자들은 주인의 입장에서 자기들이 제공하는 제품을 고객들이 선호하도록 그들을 변화시키려고 노력하였다. 그러나 끝내 고객이 주인의 자리로 돌아오고 말았다. 왜냐하면 고객이 무엇을 구매하기로 결정하느냐는 바로 어느 조직이 성공하느냐를 결정하기 때문이다. 거래가 일어나는 시기도 마케팅담당자가 결정하는 것이 아니라 고객이 결정한다. 마케팅담당자들은 사태가 이렇게 변하였으므로 마케팅기획은 조직이 아닌 고객으로부터 시작되어야 한다는 사실을 깨닫게 되었다. 외부-내부 마케팅이 내부-외부 마케팅을 대체하는 시기가 온 것이다.

현대 마케팅의 핵심은 간단하다. 조직의 입장에서 고객을 중심에 두는 마케팅 심리구조(marketing mind-set of customer-centeredness)는 다음을 요구한다. 조직은 체계적으로 서베이, 초점집단 및 다른 방법을 활용하여 고객의 욕구(needs), 요구(wants), 지각, 선호 및 만족에 대하여 연구해야 한다. 조직이 끊임없이 고객의 욕구충족을 향상시키기 위해 이러한 정보에 맞추어 행동해야 하는 것이다. 직원들을 선발하여 그들이 조직의 책임자를 위해 일하는 것이 아니라 고객을 위해 일하고 있다고 느끼도록 훈련시켜야 한다. 고객정향은 그 조직의 전화교환원이 전화에 응답하는 친절 속에, 또는 고객문제를 해결하는 데 있어 다양한 직원들의 도움이 되는 행동 속에 스며 있는 것이다. 마케팅지향 조직에서 일하는 직원들은 자기들이 봉사하기로 되어 있는 구체적인 표적시장의 욕구를 충족시키는 팀으로서 일하고 있는 것이다.

마케팅에 대한 고객정향을 다음과 같이 정의할 수 있다. 고객정향이란 표적고객의 지각, 욕구 및 요구를 가장 잘 파악하여 적절하면서도 경쟁력이 있는 제품을 설계하고 생산하여, 적정한 가격을 책정하여 고객에게 이를 알려주고 전달함으로써 고객을 만족시키는 조직이 성공한다고 생각하는 정향이다. 이와 같은 철학적 정향이 비영리 마케팅사업 계획에 시사하는 바 크다. 고객정향을 택한다는 것이 많은 비영리조직의 관리자들이 걱정하는 것처럼, 모든 고객들의 변덕스러운 요구를 다 충족시켜주어야 한다는 것은 아니다. 그것은 마치 교향악단의 지휘자 혹은 극장 매니저가 자신의 예술적 통찰력을 포기하는 것과 마찬가지이다. 이것은 또한 의료기관이 자신들의 전문가적 기준을 포기하거나 혹은 대학교수가 강의실 연기자가 되어야 한다는 것과 마찬가지이다. 다시 한번 강조하지만 고객정향의 철학적 의미는 마케팅기획이 반드시 고객에 대한 지각, 그들의 욕구(needs), 요구(wants)로부터 시작해야 한다는 것이다. 고객의 욕구에 따라 조직이 제공하는 제품과 서비스는 기술되고, 가격이 책정되고 포장되며, 또한 전달되어야 하는 것이다.

비영리조직들이 어떻게 고객 지향적으로 변모해갔는지에 관한 두 가지 사례를 들어보기로 하자. 첫 번째 사례로 버펄로 필하모닉(Buffalo Philharmonic)은 청중을 증가시키는 데 어려움을 겪고 있었다. 교향악단은 프로그램을 약간 바꾸려고 하였으나 궁극적으로 음악의 본질을 바꿀 수는 없으므로 모차르트(Mozart)는 어디까지나 모차르트이어야 했고, 또 고객들도 자신들의 태도와 행태를 바꾸어야 했다. 그 이후 1970년대 초에 많은 고객들이 음악회에 참석하고 싶어도 분위기가 너무 공식적이라서(formal) 참석하지 않게 된다는 대학의 연구결과가 보고되었다. 잠재적인 표적고객들이 다음과 같이 말했다. '우리는 음악회에 입고 갈 적당한 옷이 없어서 음악회에 가고 싶어도 못 갑니다. 옆자리에 정장차림의 옷을 입은 사람들이 앉아 있으면 마음이 편치 않아요. 교향악단은 우리와는 아무런 관계없이 멀리 있는 것 같고(distant), 아주 공식적이고(formal), 마치 못 들어오게 하는 것(forbidding) 같이 느껴집니다.'

일단 잠재고객집단을 인식한 후에 교향악단은 악단 자체와 음악회 참석 경험이 아주 인간적인 것이 되게 하려고 노력하였다. 교향악단은 인근 주거지역과 지방의 야외음악회에서 가벼운 옷차림으로 연주하기 시작하였다. 음악회 광고는 초등학교와 중학교를 통해 이루어졌다. 신임지휘자 Michael Tilson Thomas는 지방의 TV 방송에 출연하여 음악회의 청중들과 비공식적인 대화를 하기도 하였다. 이제는 음악회에 참석하여도 이질적으로 느껴지는 공식성은 느껴지지 않았다. 참석 인사들은 분명히 새로운 고객중심 정향을 반영하고 있었다.

두 번째 사례는 미국 전역에 걸쳐 일어난 일이다. 수년 동안 미국에서 흡연으로 인한 사고를 줄이려고 노력하였던 기관들은 사람들이 담배를 끊지 못한 주요 이유가 계속적인 흡연이 가져오는 결과를 이해하지 못하거나, 또는 이를 이해하고 있다면 금연의 효과를 잘 모르고 있기 때문이라고 믿었다. 그 결과 마케팅 프로그램은 표적 흡연자들에게 흡연의 위험을 대대적으로 알리는 데 노력을 집중하였다. 말하자면 그들은 금연의 아이디어를(그들이 생각하기에) 무식한 사람과 주의력이 부족한 사람에게 전파하려 하였던 것이다.

고객들이 흡연이 몸에 나쁘다는 사실을 이미 알고 있다는 점을 인식하게 된 것은 고객에 대한 대규모의 조사가 있은 다음이었다. 8명 중 7명은 금연을 원하거나 혹은 이미 몇 차례 금연시도를 하였던 것으로 조사결과가 나왔다. 추가적인 연구결과 금연에는 두 가지 중요한 장애가 있음을 알게 되었다. 첫째, 고객들은 자기들에게 효과적인 금연기법이 무엇인지 모른다고 느꼈다. 둘째, 방법을 어렴풋이 알고 있더라도 자기들이 금연에 실패할 것이라고 예상하기 때문에 고객들은 금연의 시도를 꺼려했다. 그들은 금연에 실패한 사람들의 이야기를 많이 들었거나 혹은 자기들이 실패했던 것이다. 그래서 그들은 금연 캠페인에 귀를 기울이지도 않고, 이 캠페인은 자기들에게 또다시 실패해보라고 권하는 것이나 마찬가지라고 여겼던 것이다.

고객의 관점을 이해하게 되자 미국 국립암연구소와 자매기관들은 마케팅계획을 전혀 다르게 수정하였다. 새로운 젊은 잠재 흡연자들의 흡연을 저지하기 위해 흡연의 위험에 대한 경고는 계속되었다. 두 가지 기법이 마케팅에 사용되었다. 첫째, 새로운 금연기법을 개발하기도 하고, 여러 가지의 금연기법을 적용하였다. 둘째, 미국 국립암연구소와 암 학회는 의사들과 의료 종사자들을 설득하여 흡연자들이 금연기법을 실행하는 데 도움을 주도록 하였다. 새로운 고객중심 캠페인의 담배소비에 대한 효과는 괄목할 만하였다.

제2절 조직중심조직과 고객중심조직의 마케팅관리 특징

1. 고객중심조직

앞에서 살펴보았던 Buffalo Philharmonic 교향악단과 미국 국립암연구소의 사례는 단지 조직의 필요에 따른 것이 아니고 고객의 욕구, 요구 그리고 지각에 반응하여 개발된 마케팅 프로그램이다. 그러면 왜 이 조직들이 이와 같은 해결책을 좀 더 일찍 마련하지 못했을까? 아마도 그러한 조직에 속하는 사람들의 마음속에 진정한 고객중심의 심적 구조가 충만해 있지 않기 때문일 것이다. 고객중심조직을 다음과 같이 정의할 수 있다. 고객중심조직이란 주어진 예산의 범위 내에서 자기들의 고객과 공중의 여러 욕구와 요구를 알아내어 봉사하고, 만족시키기 위해 필요한 노력을 다하는 조직이다.

고객중심조직의 한 가지 특징은 그 조직과 접촉한 사람들이 개인적으로 만족스럽다고 보고하는 점이다. 그들은 이렇게 말한다. '이 교회는 내가 지금까지 다닌 교회들 중 제일 좋다', '우리 대학은 정말 좋다(교수들이 잘 가르치고, 학생들을 잘 보살핀다)', '이 병원은 정말 맘에 든다(간호사들은 친절하고, 음식도 좋으며, 병실은 깨끗하다).' 이러한 고객들이 조직을 구전으로 광고하고 다닌다. 결과적으로 조직이 고객중심적 조직이기 때문에 마케팅목표를 효과적으로 달성할 수 있는 것이다.

그러나 많은 조직들(특히 비영리조직)은 고객중심적이지 못하다. 여기에는 다음과 같은 세 가지 유형의 그룹이 있다.

첫째, 조직이 좀 더 고객중심적으로 되고 싶어도 필요한 예산이나 직원에 대한 권한이 없다. 이처럼 예산의 제약을 받는 조직은 좋은 직원(전문가)을 선발하여 훈련시키고, 동기부여하며, 또한 그들의 성과를 모니터링하기 어려울 것이다. 직원들이 공무원이거나 자원봉사자여서 그들이 고객에게 반응적이지 못할지라도 그들을 징계하거나 파면시킬 수 없을 경우, 관리자들이 그들에게 좋은 서비스를 제공하라고 명령을 하기는 어려운 것이다.

둘째, 조직이 고객을 만족시키는 것보다 업무에 집중시키고자 하므로 조직이 고객중심적으로 되기 어렵다. 많은 박물관들은 골동품의 수집에만 관심을 기울이고 있을 뿐이지, 수집품을 방문객에게 어떻게 이롭게 전시할 것인지에 대해서는 관심이 없다. 조직이 존속하도록 강요되거나 경쟁이 없을 때 그들은 보통 고객들에게 관료적으로 행동한다.

셋째, 자기가 봉사하기로 되어 있는 공중에게 의도적으로 반응적이지 않는 경우도 있다. 왜냐하면 그렇게 하는 것이 조직구성원에게 편리하기 때문이다.

2. 조직중심조직의 마케팅관리 특징

공공기관 및 비영리조직의 관리자들과 이야기를 나누어보면 그들은 한결같이 고객중심적이 되려고 노력하고 있고, 그들의 표현대로라면 사실상 많은 경우 그들은 이미 고객중심적이다. 그러나 실제로는 그렇지 않은 경우가 많다. 그 이유는 다음과 같은 그들의 잘못된 인식구조에서 찾아야 할 것이다.

첫째, 공공조직 및 비영리조직의 마케팅관리자들은 자신들이 제공하는 상품 및 서비스 내용이 본질적으로 바람직한 것으로 생각하는 경향이 있다. 공공부문이 어떤 상품이나 서비스를 공급하고자 할 때, 그것의 가치에 대하여 후원자들이 아주 강력한 발언권을 갖는 것이 보통이다. 그들은 자신들의 후원행위를 매우 바람직한 것으로 생각하기 때문에, 누가 이러한 분위기를 반전시키기는 대단히 어렵다. 이처럼 자기조직에서 제공하는 제품이 바람직한 것이라는 단순한 개념적 수준을 극복한 기관이 미국의 국립암연구소(National Cancer Institute: NCI)이다. 유방암 자기진단(breast self-examination)은 유방암을 조기에 발견하는 아주 좋은 방법으로서 많은 사람들이 자기진단을 어떻게 하는지 방법을 알고 있다. 그러나 대부분의 사람들이 자기진단을 하지 않는다. 극소수의 여성들만이 자기진단을 실시한다. 무엇이 문제였을까? 자기진단을 실시하여 문제가 없는 것으로 드러나면 처음 몇 번은 안심이 된다. 그러나 이내 싫증이 난 나머지 자기진단을 그만둔다. 동시에 문제의 발견 가능성은 대부분의 다른 여성들을 놀라게 만들 것이기 때문에 여성들은 유방암 자기진단을 그만둔 것이었다. NCI는 표적청중들이 자신들에게 이로운 행위를 하는 데 대한 장애가 있다는 것을 이해한 후에 고객 지향적 마케팅사업 계획을 개발하기 시작하였던 것이다. NCI의 기본입장은 많은 경우 자기진단으로 발견된 종양은 악성이 아니기 때문에 유방암과 싸우는 과정에서 치료가 된다는 것이었다.[20] NCI의 이러한 태도 변화는 많은 미국 여성들로 하여금 유방암 자기진단에 참여하도록 하였다.

둘째, 고객의 무지와 부족한 동기부여를 조직이 마케팅에 성공하지 못하는 장애물로 인식하고 있다. 누구나 좌석 안전벨트를 착용해야 한다는 주장을 많은 사람들이 당연한 것으로 받아들인다. 그러나 이러한 마케팅의 내용을 수용하지 않는 경우에는 다음 두 가지의 이유가 있다. 먼저 고객이 그(상품이나 서비스) 내용을 이해하지 못하였거나, 다음으로 그것을 행동으로 표현할 만큼 동기부여가 되어 있지 않은 경우이다. 이에 대해 마케팅관리자들은 그러한 서비스의 편익에 대한 의사소통방법을 찾아내지 못하였거나, 잠재고객들의 타성을 극복할 유인책을 찾아내지 못했다고 결론짓는다.

비영리기관의 마케팅관리자들은 고객들에게 적대적인 견해를 가지고 있는 경우도 많다. 이러한 경우는 국립공원 매표소 직원들, 국립박물관 및 도서관의 직원들, 모금활동에 참여하지 않는 사람들에 대해 분개한 표정을 나타내는 기부금 모금자 등과 같은 고객들과의 대

---

20) 또한 자기진단을 주기적으로 계속하게 되면 간혹 종양이 생긴다 하더라도 처음에는 양성인 경우가 많기 때문에 손으로 만져서 이를 느끼기 전에 치료되는 경우가 많을 것이다.

면적 접촉에 시달리는 일선관료(street level bureaucrats)에게서 많이 감지된다. 이러한 태도를 가진 조직관리자의 기본 가정은 마케팅업무는 고객을 조직에 적응하도록 변화시키는 것이다. 즉, 마케팅과정에서 조직이 변화하기보다는 고객이 먼저 변해야 한다는 입장을 취하고 있는 것이다. 이들은 다음과 같은 사실을 이해하지 못하고 있다. 첫 번째, 관리자들이 조직을 통제할 수는 있지만, 고객들을 통제할 수는 없다. 두 번째, 많은 비영리 마케팅상황에서 고객들을 변화시키기가 대단히 어려운 데 비해서 조직은 변화하기 쉽다. 세 번째, 만약 철저히 집행된다면 고객들을 수용하기 위하여 조직이 변화함으로써 고객 욕구를 충분히 파악하여 실행에 옮기는 것이 가능할 것이다.

셋째, 고객에 대한 욕구 및 요구에 대한 조사를 경시한다. 미국 국립암연구소의 흡연연구에서 살펴보았던 것처럼, 소비자의 무지와 동기부여의 결여 때문에 마케팅이 실패한다는 주장은 적절하지 않은 경우가 많다. 그럼에도 불구하고 많은 조직중심 마케팅관리자들은 고객의 무지를 조사를 통해 찾아내려 하지 않는다. 그들이 실패 원인을 고객 탓으로 돌리는 것으로 보아 이에 관한 어떠한 조사가 필요하다고 할 수 있다. 조직이 제공하는 서비스에 대해 너무 많은 고객들이 모르기 때문에, 고객 무지의 성격과 정도 및 무지한 고객의 성격을 조사해야 할 것이다. 다음으로 고객의 동기부여가 문제이기 때문에 그들이 왜 소극적이면서 동기부여가 되지 않는지를 이해하기 위한 조사가 필요하다. 이런 조사를 해보면 행위로 이어질 동기부여에 필요한 실마리를 찾을 수 있을 것이다.

그러나 비영리조직에서는 고객에 대한 조사가 아주 드문데, 여기에는 몇 가지 이유가 있다. 많은 비영리조직 관리자들은 조사에는 비용이 많이 든다고 생각하거나, 또는 대규모의 의사결정을 할 때에만 조사가 필요하다고 생각한다. 어떤 조사자들은 조사를 성가신 통계학 및 컴퓨터와 연관시키기도 한다. 또한 그들은 조사를 해보아도 그 결과는 자기들이 이미 알고 있는 것을 말해줄 뿐이라고 평가하기도 한다. 이처럼 믿을 수 없는 생각들이 중요한 고객정보의 효과적인 활용을 방해하고 있다. 비교적 간단한 조사로도 큰 도움을 얻는 경우가 있다. 실제 조사를 해보면 관리자들이 고객들에 대해 가지고 있는 생각과는 크게 다른 것을 알게 된다. 그 실례의 하나가 바로 고객들은 흡연의 위험을 모를 것이라는 금연운동가들의 가정인 것이다.

넷째, 마케팅을 판매촉진으로 정의한다. 마케팅이 무지를 없애고 동기부여를 증가시키는 수단이라면, 그것은 의사소통에 중점을 두게 된다. 관리자들은 다음과 같은 것들을 필요로 할 것이다.

○ 훌륭한 광고문안 작성자와 광고문안 작성
○ 더 좋은 안내책자
○ 새로운 이미지
○ 훌륭한 판매자
○ 더 많은 장소에 더 많은 포스터
○ 싸구려 시간대가 아닌 황금시간대의 광고
○ 더 많은 그리고 더 좋은 기사 제공
○ 신문, TV 등과 같은 언론기관과 더 좋은 관계유지
○ 새로운 광고대행기관

마케팅을 이처럼 인식하면 적정한 가격책정, 제품의 새로운 디자인, 고객에게 더욱 편리한 유통 등과 같은 마케팅믹스의 다른 요소들은 진정한 문제점이 아닌 것처럼 보인다. 고객의 무지와 동기의 부족 때문에 마케팅에 문제가 발생한다고 보는 것의 결과에 대한 좋은 사

례를 헌혈에서 찾을 수 있다. 많은 혈액 수집기관의 책임자들은 사람들로 하여금 헌혈에 참여하도록 하는 가장 좋은 방법은 기증자의 혈액이 할 수 있는 좋은 일을 고객에게 알리거나, 또는 헌혈이 사회적 의무라는 점을 강조하는 것이라 믿는다. 그들은 고객들이 헌혈의 가치를 모르기 때문에 혹은 두려워하기 때문에 헌혈을 하지 않는다고 믿고 있는 것이다.

위에서 예로 든 메시지가 일부의 사람들에게는 적절한 것이기도 하지만, 중요한 세분시장은 공식적 의사소통에 기반을 두지 않은 다른 접근방법에 반응을 보일 수도 있다. 많은 헌혈사업은 단순하게 배분전략을 바꿈으로써, 또는 기증자들이 헌혈기관에 찾아오는 것이 아니라 그들에게 찾아감으로써, 또는 헌혈시간을 의료진들에게 편리하게 정하지 않고 헌혈자가 편하도록 정함으로써 더욱 성공할 수 있었다. 어떤 사람은 남성다움을 과시하기 위해 헌혈을 하기도 하고, 어떤 사람들은 동료들에게 이타심을 과시하려고 헌혈을 하기도 한다. 대부분의 헌혈자들은 헌혈을 함으로써 자신에게 돌아오는 편익 또는 대의명분을 위해서 헌혈을 한다. 조금 낯설게 느껴지지만 헌혈의 비용이 클수록, 그 과정에서 겪는 고통이 클수록 편익은 클 수 있다. 이러한 경우에는 마케팅의 핵심도구로서 설득보다는 비공식집단의 압력이 더 적합할 수도 있다.

다른 한편으로 사회적·동료 집단적 및 교회집단 성원들이 헌혈의 동기를 부여할 수 있다. 혈액수집 방문 시 '우리 모두 참여하자'는 분위기가 조성되기도 한다. '어떤 사람이 참여하지 않으면 외로움을 느낀다', 또는 '네가 안 가면 우리 모두 가지 않는다' 등과 같은 동료애에 그들은 반응을 보인다. 인간은 집단 속에서 다른 사람들이 필요로 하는 존재가 되고 싶고, 그들로부터 사랑을 받고 싶은 욕망을 가진 존재이기도 하다.

다섯째, 하나의 세분시장에 좋은 전략은 다른 모든 세분시장에도 좋은 것으로 간주한다. 비영리조직의 관리자는 고객정향 마케팅관리자가 하는 것처럼 시장과 밀접하게 접촉하지 않기 때문에, 그는 시장을 세분화(segmentation)하지 않고 단일시장으로 간주해버린다. 대부분의 비영리조직은 하나 또는 두 개의 마케팅전략이 가장 분명한 시장세분(청소년, 가족, 노인)을 지향하는 것으로 생각한다. 이러한 관리분위기는 대안적인 전략들 또는 미묘한 시장세분들의 다양성을 실험적으로 검토하지 못하게 만든다. 이러한 관점에서 문제는 정보전달 및 동기부여이고, 도전적으로 기다리고 있는 일은 모든 표적고객에게 정보를 전달하고 동기를 부여하는 일이다.

위와 같은 접근법을 더욱 부추기는 것은 기업적 배경이 없는 사람들이 비영리조직의 관리자가 되는 것이 보통이라는 점과 그들이 위험부담을 피하려 한다는 점이다. 직업의 유지와 예산 및 인원의 점진적 증가가 이들의 가장 큰 관심사이기 때문이다. 이들은 공식적 회합보다는 비공식적 회합에 더욱 반응적이고, 급류를 타는 것보다 안정된 일상을 선호한다. 자기조직의 손실을 모금이나 정부자금으로 충당하는 조직은 안정된 생활과 위험회피를 추구하기 마련이다. 그런 경우 공격적 전략은 정말 필요하지 않다.

여섯째, 일반적 경쟁은 없는 것으로 생각한다. 민간부문에서는 상표 간 경쟁으로부터 일반적 혹은 기본적 욕구 수준에 이르기까지 다양한 수준에서 조직들이 경쟁한다. 비영리부문에서는 경쟁을 하기는 하지만, 그들의 상품이나 서비스가 추상적이거나 또는 특별한 형태의 변화를 강조하기 때문에, 많은 조직들은 분명한 경쟁자를 가지고 있지 않다. 헌혈이나 산불예방과 같은 마케팅이 직면하는 경쟁자가 누구인지 분명하지 않다. 그러므로 기초 수준에서는 마케팅관리자가 경쟁을 무시한다 하더라도 그리 놀랄 일은 아니다. 그러나 혈액과 같은 상품수준에서 혈액 수집가는 다른 자선단체(기금모금)와 고객을 서로 차지하기 위해 경쟁하게 된다. 심지어 쉽게 경쟁자를 확인할 수 있는 조직들도 보통의 경우라면 생각하지도 못할 분야에서 제품 경쟁자가 나타나는 경우가 종종 있다. 박물관은 수족관과 가족 나들이 고객을 차지하려고 경쟁하기도 하고, 서점 및 교육방송과 경쟁하기도 하며, 사교장소로서 영화관 및 식당과 경쟁하기도 한다.

비영리 마케팅의 주요대상이 행위의 변화이기 때문에, 관리자가 당면하는 가장 심각한 경쟁이 되는 것은 현상유지이다. 기존의 행위가 고객에게 중요한 보답을 해주기 때문에 그렇게 하는 것이다. 마케팅을 하는 데 있어 가장 큰 도전은 마케팅내용의 진실성을 믿지 않거나 또는 기존의 형태를 지속하는 것이다. 10대들에게 마약을 하지 않으면 더 건강해지고 감옥에 갈 가능성도 줄어든다는 말로 마약을 하지 말라고 주장하는 프로그램보다, 오히려 마약을 복용하면 만족감을 얻을 수 있다는 점을 인정하는 프로그램이 더욱 효과적일 수도 있다. 마약은 소속감(폭력집단 등)을 안겨준다. 그것은 자신을 아주 특별한 사람으로 또는 엄마와 아빠와는 다른 사람으로 정의하는 데 도움을 줄지도 모른다. 그것은 일상의 지루함을 완화시킬 수도 있고, 진절머리 나는 가정생활이나 학교생활에서 오는 고통과 고민을 완화시켜 줄지도 모른다. 이런 경우 현상유지에 대한 동기부여가 강렬할 것이다.

따라서 비영리조직의 마케팅이 의도한 효과를 거두기 위해서는 마케팅담당자가 추천하는 행동과정이 그 표적청중이 가지고 있는 욕구를 충족시킨다는 점을 보여주어야 한다. 마케팅대상자의 문제 해결에 효과적인 대안 없이 단지 그러한 행동이 미래에 해로울 것이라는 경고는 마케팅의 목표달성에 별다른 도움을 주지 못할 것이다.

3. 고객중심조직의 마케팅관리 특징

비영리조직에서 관찰할 수 있는 마케팅관리의 특징은 다음과 같다.

첫째, 고객중심적이다. 정교한 마케팅조직에서 모든 마케팅분석과 기획은 고객으로부터 시작하여 고객으로 끝난다. 고객지향 조직은 항상 다음과 같은 의문을 제기하고 이를 해결하기 위해 노력한다. ㉠ 우리는 누구에게 팔려고 기획하는가 ㉡ 그들은 어디에 있고, 무엇을 좋아하는가 ㉢ 현재 그들의 지각, 욕구 및 요구(perceptions, needs and wants)는 무엇인가 ㉣ 우리들의 마케팅전략이 집행되고 나면 그들의 지각, 요구 및 욕구는 달라질까 ㉤ 우리 조직이 제공하는 제품이나 서비스로 어떻게 우리 고객이 만족하는가.

둘째, 기획에 의존한다. 고객이 중심적 위치에 있기 때문에 마케팅관리자들은 그들이 고객의 지각, 욕구 및 요구를 깊이 있게 이해하고 또한 이들의 미묘한 변화에도 능동적으로 반응할 수 있도록 이들의 변화를 추적하지 않으면 안 된다고 생각하고 있다. 조직이 반응적일 뿐만 아니라 능동적으로 전략적 기획을 구사하기 위해서는 관리자들이 고객의 지각, 욕구 및 요구를 예측할 수 있는 능력을 갖추고 있어야 한다.

기획을 위해 많은 연구비용이 필요한 것은 아니다. 고품질의 유용한 연구가 비교적 저렴한 비용으로 상상력이 풍부한 관리자들에 의해 수행될 수 있기 때문이다. 이러한 편익을 얻기 위해 제일 요구되는 사항은 적절한 심리구조이다. 진정한 고객중심적 관리자는 끊임없이 연구를 생각해야 한다. 관리자는 자기가 믿는 바가 언제나 옳은 것은 아니라고 생각해야 한다. 직관, 가끔 하게 되는 관찰, 또는 단순한 상식이 건전한 마케팅전략과 전술적 결정에 참고할 자료가 될 수는 없는 것이다.

셋째, 세분화를 지향한다. 고객중심 마케팅관리자가 프로그램을 기획하기에 앞서 고객에 대한 욕구조사를 하는 것처럼, 시장세분화를 항상 생각해야 한다. 어떤 마케팅 프로그램을 설계하려고 할 때, 비영리조직의 관리자는 각각 분리된 마케팅 프로그램을 시행할 가치가 있는 아주 많은 하위 세분들(sub-segments)로 시장이 구성되어 있다고 가정해야 한다.

교향악단의 관리자들은 그들의 고객이 저소득가구보다는 고소득가구에 많고, 교육수준이 낮은 계층에서보다는 높은 계층에 많고, 남성보다는 여성 쪽에 많다는 사실을 알고 있다. 이러한 주요 고객층을 이해하고 나면 그들이 어디에 예산을 집중해야 하는가는 분명해진다. 그러나 많은 조직은 주로 고소득가구를 겨냥한 유일 최선의 사업계획(a single best program)에 예산을 투입한다. 그러나 시장에 더욱 미묘한 시장세분 가능성이 있음에도 불구하고 이것이 무시되는 사례가 많다. 교향악단 참여자에 대한 좋은 예측지표는 소득 및 교육과 같은 전통적인 인구특성이 아니고 실질적인 참여태도, 과거 경험, 어린 시절 이 분야의 교육을 받았는지 여부 등의 생활형태 요소(life style factor) 등이라고 하는 연구결과가 보도되었다.

교향악단 참석과 관련해서 두 가지의 생활유형이 제시되고 있다.

하나는 전통적인 문화생활유형집단(cultural life style group)이다. 이들은 여가활동의 대부분을 문화활동을 하면서 보낸다. 그들은 극장, 오페라, 박물관 및 교향악단을 후원한다. 그들은 또한 프로그램의 내용 및 공연에 참여하는 예술인에 관심이 있고, 그 분위기나 가격에는 크게 관심이 없다. 그들은 문화적 경험을 위해 참여한다. 이 집단은 극장과 교향악단 마케팅관리자가 유일·최상품(a single best program)을 설계할 때 고려해야 할 집단이다.

다른 하나의 집단은 생활유형이 외향적인 사회적으로 능동적인 집단(socially active group)이다. 첫 번째 집단과는 다른 이유로 교향악단에 자주 참여한다. 그들은 교향악을 감상하러 가기도 하지만, 여러 가지 사회적 행사를 위해 참여한다. 그들은 파티를 열기 위해 저녁을 대접하기도 하고, 또는 친구들의 파티와 만찬 초대에 응하기도 한다. 그들에게 있어 교향악단 연주회 참석은 사회적 경험인 것이다. 그때 친구를 만나서 필요한 많은 정보를 교환하는 것이다. 연주회를 계기로 그에 앞서 만찬을 계획하고, 또한 연주회가 끝난 다음에 디저트나 칵테일 모임을 갖기 위해 연주회가 활용되는 것이다. 이들에게는 밖으로 나가는 계기가 중요하다. 프로그램 내용에 무엇이 들어가 있는가 하는 것보다 자기 친구들 중 누가 참석하는지, 연주회 전에 어떤 레스토랑에서 무엇을 먹을까 등등에 마음이 쓰인다.

마케팅관리라는 측면에서 보면 이들 두 집단에 접근하는 방법은 다르다. 중요한 것은 한 집단의 관심을 끌기에 적합한 프로그램은 다른 집단으로부터 배척된다는 점이다. 예를 들어 교향악단 관리자가 프로그램 요소를 강조하여 세분화를 무시하고 전형적인 유일·최상의 전략을 만든다고 가정해보자. 광고전단, PR자료, 고객들 중의 예술가 및 악단 참모와의 인터뷰 내용은 연주될 작품(예를 들면 어느 곡이 그 지역에서 처음 연주된다든지, 전도가 촉망되는 젊은 신인의 데뷔, 프로그램 중의 어떤 곡의 난이도 혹은 창의성, 그 연주회의 주연 작곡가의 평생 역작을 지휘자가 잘 소화하고 있다는 등)을 강조하고 있을 것이다. 이러한 내용은 문화적 생활 형태의 집단에는 호소력이 있을 것이나, 사회적으로 능동적인 집단에는 호소력이 떨어질 것이다. 후자 집단은 그 연주회를 공식적이고 딱딱하다고 생각하고, 그 프로그램은 전문가들을 위한 것이므로 자기들이 이해하고 즐기기에 적당하지 않다고 생각할 것이다. 따라서 친구들이 참석하지 않을 것으로 생각한다. 결국 이 집단은 유일·최상품 전략에 등을 돌리게 되는 것이다.

반대로 청중과 행사의 비공식성을 강조하고, 가끔 있을 수 있는 야간행사의 분위기를 조성하며, 주차의 편리성을 고려하고, 또한 누구나 참석할 수 있다는 암시를 보이는 마케팅전략이 선택될 수도 있다. 이러한 프로그램은 사회적으로 능동적인 잠재적 참여자들에게 매력적일 것이다. 동시에 문화적 집단은 여기에 별다른 매력을 느끼지 못할 것이다. 사회적으로 능동적인 참여자들에게 마케팅 프로그램은 별 의미가 없고 연주회가 잘 진행될 것 같이 느껴지기도 할 것이다. 심지어 문화적으로 세련된 집단들에게 이 프로그램은 아무것도 모르는 사회적으로 능동적인 집단들이 참석하여 옷을 아무렇게나 걸치고, 실수로 잘못된 연주에 손뼉을 쳐댈 것이라는 인상을 줄 것이다.

이러한 가상적인 사례를 통해 우리가 알 수 있는 교훈은 분명하다. 마케팅관리자가 보통 생각하는 것보다 훨씬 세련된 방법으로 더욱 정교하게 시장은 세분화될 수 있다. 단지 마케팅관리자가 고객 및 세분화 지향적인 철학을 분명히 마음속에 가지고 있을 때, 그가 이와 같은 가능성을 찾아낼 수 있다. 시장세분화 가능성을 무시한다는 것은 조직이 지금 다가가지 못하고 있는 새로운 고객을 끌어들일 기회를 잃어버리고, 또한 조직에 상당한 호소력을 갖게 될 중요한 고객을 내쫓는 것이 되고 만다.

넷째, 경쟁을 포괄적으로 정의한다. 조직 중심적 마케팅관리자들은 '다른 조직들이 우리를 좋아한다'는 식으로 경쟁을 정의한다. 그러나 고객으로부터 시작하면 경쟁에 대한 정의는 사뭇 달라진다. 가장 기본적인 의미에 있어서 경쟁을 한다는 것은 고객이 생각하는바 그것이 되는 것이다. 만약 어떤 세분화된 고객들이 어떤 의료문제 처리를 생각하고 있다면 그것은 병원이나 진료소의 경쟁인 것이다. 잠재적인 기부자가 자선기관에 돈을 지불하는 대신 주말 스키여행에 지불할 수도 있다면, 그 스키여행이 경쟁대상인 것이다. 교향악단 연주회에 가는 대신 정원을 돌보거나 또는 친구들과 그동안 밀렸던 이야기나 나누는 것을 생각하고 있다면, 이들 활동이 경쟁대상인 것이다. 만약 마약의 중단이 폭력배 생활의 청산을 의미한다면 이 문제는 특별히 다루어져야 할 것이다.

다섯째, 마케팅믹스(marketing mix)의 모든 요소를 충분히 활용한다. 마케팅을 고객을 설득하려는 의사소통전략으로 보는 사람들과는 달리 세련된 마케팅관리자들은 마케팅기능을 아주 다양하게 인식하고 있으며, 또한 마케팅목표를 고객의 욕구와 요구에 반응하는 것으로 보고 있다. 마케팅 프로그램을 기획할 때에는 의사소통뿐만 아니라 서비스나 제품의 성격, 표적청중이 쓰는 비용 및 활용 가능한 채널에 주의를 기울여야 한다. 진정한 마케터의 심리구조는 조직이 제공하는 상품과 서비스가 고객의 욕구에 적합해야 한다는 신념을 갖고 있는 것이다. 마케팅담당자는 상품 및 서비스, 또는 고객이 반응을 보여야 한다는 생각 자체를 기꺼이 바꿀 수 있어야 한다. 의회에서 예산이나 법률을 심의할 때 비록 자기 의견이 옳은 줄 알고 있더라도 상대방과 타협하고 조정하면서 자기 입장을 바꾸는 것과 비슷하다고 할 수 있을 것이다. 경우에 따라서는 서비스 제공비용과 이행장소도 기꺼이 바꿔야 한다.

4. 공공조직 고객 욕구 수용의 한계

공공조직이 고객정향을 채택하는 경우 그들의 요구는 어느 정도까지 들어주어야 하는가? 일반적으로 조직이 제공하는 상품이나 서비스를 고객의 욕구와 요구에 맞출 때 그러한 조직의 마케팅은 성공할 수 있다. 그러나 많은 전문가들은 공공부문처럼 비영리조직이 대중이 원한다면 무엇이든지 해주어야 하는가의 문제에 대해서는 매우 회의적이다. 즉, 그들은 고객 만족이라는 사명감 때문에 병원, 박물관, 어린이 보호정책, 또는 대학의 기본사명이 양보되어 버리지 않을까 두려워하고 있다.

궁극적으로 마케팅은 목표를 달성하는 데 있어 조직을 지원해주는 역할을 수행한다. 이 일은 조직이 아니라 고객으로부터 시작하는 전략을 개발해야 문제가 잘 해결될 수 있다. 마케팅은 조직이 하고자 하는 것을 도와주는 도구(철학으로 포장된 하나의 과정과 도구들의 세트)이다. 마케팅을 활용하여 고객 지향적으로 변화되는 것을 목적으로 생각하는 것은 잘못된 생각이다. 마케팅은 목적을 달성하기 위한 수단이기 때문이다.

마케팅은 관리의 하부영역이다. 조직의 최고 지위에 마케팅이 있어야 하는 것은 아니다. 분명하면서도 중요한 것은 조직의 최고 관리자가 어떤 역할을 마케팅에 배당할 것인지 결정할 책임이 있다는 점이다. 마케팅에 별다른 주의를 기울이지 않은 채로 어떤 결정이 이루어질 것이라고 말하는 것은 관리층의 특권이다. 말하자면 극장의 관리 층은 감독들의 관심에 의존하는 상연 프로그램을 결정하고, 감독들은 희곡과 연기자를 선정하는 데 있어서 과거의 계획과 연기력을 고려할 것이다. 그 후 마케팅에는 주어진 사업계획안에서 관객의 수입을 극대화하라는 임무가 부여된다. 그러나 마케팅이 무엇인가를 직접 판매하는 심리구조를 의미하는 것이 아니라는 것을 인식해야 한다. 어떠한 행위변경 사업계획을 어떻게 기술하고, 포장하며, 또한 가격을 책정하고 배분할 것인가에 관한 의사결정을 하는 데 있어서 마케팅기획은 반드시 고객으로부터 출발해야 한다는 것을 의미한다. 마케팅담당자는 사업계획이 변경될 수 없다는 점을 인식해야 한다. 본질적인 조직의 목적이 마케팅을 위해 변경될 수는 없는 것이다. 이와는 정반대로 극장의 관리자가 고객의 요구에 의존하는 결정을 할 수도 있다. 관리자가 신중하게 잠재고객을 조사하고 과거의 수입과 청중의 반응을 고려하며, 또한 어떤 예술가와 희곡이 미래의 청중을 극대화시킬 수 있는지 고려하는 조사를 할 수도 있을 것이다. 이 조직은 그다음에 예술적 목적의 성취에는 주의를 덜 기울이는 상품이나 서비스를 생산하는데 이것이 매출액을 극대화시킬 수도 있다. 위에서 알아본 두 방법은 모두 고객 지향적이라는 데 주목해야 한다. 그들간에 차이점이 있다면 그것은 최종 목적달성을 위해 취하는 관리목적이 다르다는 것이다. 그러므로 그들이 항상 최종적으로 마케팅을 고객중심적으로 한다고 하더라도, 기획을 어떻게 고객중심적으로 할 것인가를 결정하는 데 있어 극장 관리층은 아주 많은 신축성을 가질 수 있다. 다른 조직들에도 그들이 제공하는 서비스가 어느 정도 고객 지향적인가의 정도에는 다소간의 신축적인 폭이 있다.

한편으로는 판매가 사실상 유일한 목적이기 때문에 마케팅에 중요한 역할을 부여하는 조직이 있다. 자선단체, 동창회, 그리고 주요 목적이 고객으로부터 자금, 시간 및 재원을 받아야 하는 조직들이 여기에 속한다. 또 다른 한편으로 자기조직에서 제공하는 상품이나 서비스의 기본요소가 바로 그 조직의 정체성(who they are)을 말해주는 것이기 때문에 이를 바꿀 수 없는 조직이 있다. 종교조직과 연구기관들이 여기에 속한다. 다시 말하면 고객의 요구를 어느 정도 들어주어야 하는가는 언제나 관리자의 통제하에 있는 변수인 것이다.

마케팅은 다른 목적을 위한 단순한 수단에 불과하기 때문에, 다른 목적을 보호하고자 하는 사람이 마케팅을 두려워할 이유가 없다. 마케팅이 관리층에 의해 통제되어야 하지만, 마케팅이 진정으로 효과적으로 되기 위해서는 마케팅의 효과를 의심하는 사람들에 의해 방해를 받아서는 안 될 것이다.

제5장

핵심 마케팅전략

제1절 공공부문과 핵심 마케팅전략

1. 핵심 마케팅전략의 필요성

고객 세분화를 대상으로 공공부문에 마케팅개념을 도입하려 할 때 어느 정도의 정치·사회적인 반대가 있는 것이 사실인데, 이와 관련해서 다음 두 가지 사항에 대해서 검토를 해야 한다.

첫째, 국민에게 정서적 호소력이 크면서 비교적 자주 쓰이는 '국민' 또는 '시민'이라는 개념의 부분집단인 세분(segment)을 대상으로 마케팅전략을 구사하는 것이 적절하지 않다는 점이다. 먼저 공공서비스를 다루어야 하는 구체적인 정책 상황에서 국민·시민과 같은 개념은 정서적 호소력에 비해서 정책적인 시사점을 제공해주지 못하는 경우가 많다. 그러나 개별시민들은 유사한 사회적 지위, 관심이나 또는 가치체계를 가진 사람들끼리 집단화하려는 속성을 가지고 있다. 이러한 측면에서 보면 사회는 무수히 많은 서로 다른 집단으로 구성되어 있는 것이다. 즉, 각각의 집단은 그들 자신의 문화와 생활방식, 공통된 유형의 행태, 공통의 아이디어 및 신념을 가지고 있다. 이러한 집단을 준거집단이라 한다. 공공부문에서의 시장세분화는 유사한 시민을 동일한 고객(준거)집단으로 분류하고 이들 사용자 집단의 욕구가 무엇인지를 파악하고 이해하며, 이러한 이해를 바탕으로 이들에게 만족할 만한 서비스를 제공하는 것을 의미한다. 예를 들면 쓰레기 수거전략을 구사하는 데 있어서도 주택가, 아파트 밀집지역, 공장지역에서의 방식이 다르고 또한 도시와 농촌이 여러 가지 점에서 다르다. 그 외에도 노약자, 빈민, 비행청소년, 마약문제 등에 대처하려는 각종의 사회복지정책도 모든 시민을 동일한 정책대상으로 다루지 않고 비슷한 대상을 하나의 집단으로 묶어서 다루는 것이 효율적이라는 사고방식도 시장세분화 기법을 도입한 실례라 할 수 있다.

둘째, 공공부문의 시장세분화와 관련하여 또 하나 어려운 점은 '평등성(equality)', '형평성(equity)'이라는 개념과 어떻게 조화를 이루느냐 하는 문제이다. 모든 인간은 권리의 측면에서 평등하게 태어났다는 것이 1789년 프랑스 대혁명 이후 서구 선진국가들이 채택하고 있는 공통의 규범이요, 법의 정신이다. 따라서 모든 사회구성원은 기본권을 가지고 있으며 또한 정부에 의해서 평등한 취급을 받을 권리가 있다. 그러나 정책수요를 관리해야 하는 측면에서 보았을 때, 형평성의 개념은 이와는 다른 의미를 가지고 있는 것이 사실이다. 즉, 형평성을 수평적 형평성(horizontal equity)과 수직적 형평성(vertical equity)으로 구분할 수 있는데, 사회 정책적인 의미에서 형평성이란 '서로 다른 여건에 있는 사람들을 서로 다르게 취급'하는 수직적 형평성에 그 비중이 실린다. 따라서 공공부문의 경우 사회적 지위가 낮은 사람들을 하나의 집단으로 세분화하고 이들을 대상으로 한 공공서비스를 공급할 때, 다른 시민들이 똑같은 서비스를 요구하는 경우 시장세분화는 어려움에 봉착할 가능성이 크다. 그러나 실제의 상황에서는 별다른 어려움이 없이 노약자, 빈민층 등 사회적 지위가 낮은 시민들을 대상으로 한 공공서비스가 제공되고 있는 것이 현실이다.

마케팅이론은 모든 사람은 동일하지 않으며 상이한 욕구를 가지고 있다는 것을 전제로 한다. 공공기관이 고객을 만족시키느냐의 여부는 대중 속에서 비슷한 욕구를 가지고 있는 사람들을 다른 사람들의 집단과 분리하여(시장세분화: market segmentation), 그들의 욕구에 적합한 상품이나 서비스를 공급하는가에 달려 있다. 따라서 공공부문에서도 시장세분화를 전제로 한 마케팅전략은 필수적인 것이다.

2. 핵심 마케팅전략의 특징

어떠한 조직이라도 핵심 마케팅전략을 전략적 마케팅계획 과정의 초기 단계에서 수립한다. 이 단계에서 조직의 사명과 목표, 시장환경의 변화추세, 핵심고객의 성격, 조직의 현재 강점과 약점 등은 이미 파악되어 있다고 보아야 한다. 따라서 이때 마케팅관리자는 마케팅의 사명, 목표 그리고 목적을 설정해야 한다. 핵심(표적) 마케팅전략은 조직이 시장의 도전에 어떻게 대응해나갈 것인가를 설정한 기술서인 것이다. 한편 핵심 마케팅전략이 효과적이려면 다음과 같은 조건을 갖추어야 한다.

첫째, 고객중심적(customer centered)이어야 한다. 이것은 핵심 청중의 욕구와 요구를 만족시키는 데 초점을 맞추어야 함을 의미한다. 즉,

마케팅담당자가 마케팅을 단순히 고객에게 판매하기 위한 생각으로 프로그램과 이미지를 구성해서는 안 된다는 것이다.

둘째, 미래지향적(visionary)이어야 한다. 조직이 현재 어디로 가고 있으며, 또한 조직의 목표가 달성되었을 때 획득할 수 있는 것이 무엇인지 제시할 수 있어야 한다.

셋째, 경쟁 관계에 있는 주요조직과 차별화되어야 한다. 이렇게 함으로써 조직은 목표시장에 대해 자기의 상품과 서비스를 선호할 분명한 이유를 설명할 수 있을 것이다.

넷째, 지속적(sustainable)이어야 한다. 전략은 진공상태에서 수행되는 것이 아니다. 만약 조직이 성공하려면 경쟁자의 반응에 대비하여 준비에 완벽을 기하여야 한다.

다섯째, 의사소통이 쉬워야 한다. 그래야만 전략의 중요한 요소들이 핵심고객과 조직구성원들에게 명확히 전달되어 모호성을 줄일 수 있다.

여섯째, 조직구성원들에게 동기를 부여할 수 있어야 한다. 성공적 전략이란 그것을 수행할 사람들이 열성을 다해 일하도록 동기부여를 할 수 있어야 한다.

일곱째, 신축적이어야 한다. 미래의 불확실한 상황에 구성원들이 충분히 대응할 수 있을 정도로 전략은 신축성과 다양성을 구사할 수 있어야 한다.

3. 공공조직의 마케팅전략

조직은 동일한 시간에 한 가지 이상의 핵심적 전략을 시도해서는 안 되고, 그 핵심적 전략은 조직유형, 조직문화 그리고 리더십스타일

(leadership style)에 따라 달라야 한다. 가령 헌혈시장에서 활동하는 어떤 조직도 모든 고객에게 소구할 수 없다는 것을 경험을 통해서 깨닫게 될 것이다. 이러한 것은 헌혈시장에만 국한된 것이 아니라 어떠한 시장에서도 동일하다. 그 이유는 소비자의 수가 너무 많고 넓게 분산되어 있으며, 욕구 및 선호도가 다양하기 때문이다. 따라서 조직은 모든 시장에 접근할 것이 아니라 효율적으로 활동할 수 있고, 또한 가장 매력적인 시장이 어떤 것인가를 명백히 하여야 한다. 비영리조직에서는 시장에서 고객을 어떻게 세분할 것인가에 대해 고려할 때 다음 네 가지 단계를 거친다.

① **대중 마케팅(mass marketing)**: 비차별적 마케팅(undifferentiated marketing)이라고 부를 수도 있는 것으로, 대중 마케팅은 한 가지 제품을 대량으로 생산하여, 유통시킴으로써 이용 가능성이 있는 잠재고객을 모두 끌어들이려는 마케팅전략이다. 마케팅에 대한 제품정향(product orientation)이 여기에 해당한다. 예컨대 서울시나 부산시가 버스만을 교통수단으로 제공하여 통근자 및 통학자 모두의 수요에 부응하는 경우가 이에 해당한다. 전체 교인에게 한 가지 종류의 종교서비스를 제공하는 교회, 청중에게 동일한 내용으로 연설하는 정치인, 가임 여성에게 일률적으로 피임을 권장하는 가족계획조직 등도 여기에 포함된다.

대중 마케팅을 수행하는 담당자(marketer)는 소비자 기호의 차이에는 주의를 거의 또는 전혀 기울이지 않는다. 따라서 이러한 전략을 사용하는 경우 의례 대중유통경로나 대중광고매체를 이용하게 되며, 광고의 주제도 대중에게 널리 소구될 수 있는 보편적(universal)인 것이 사용되기 마련이다. 그러나 이러한 비차별적 마케팅전략이 반드시 비합리적인 것은 아니다. 사실 이러한 전략은 표준화와 대량생산에 의한 규모의 경제로 생산, 연구, 마케팅, 훈련 등에서 이루어지는 비용절감을 활용하여 대규모시장을 창출할 수 있는 것이다.

그러나 이러한 전략은 전체시장 내지 대부분의 세분화된 시장을 대상으로 하기 때문에, 여러 조직이 경합하게 되는 경우 격렬한 경쟁이 발생하기 쉬운 반면, 소외된 세분시장의 욕구는 충족되지 못한 상태로 남게 될 가능성이 있다.

② **제품 차별화 마케팅**(product differentiated marketing): 이것은 마케팅에 대한 제품정향과 일맥상통하는 전략으로, 전체시장에 두 가지 이상의 상품이나 서비스를 제공한다. 이들 서비스나 상품은 특징, 형태, 질적 수준에서 다른 것이 보통이다. 예를 들면 서울시가 교통서비스로 버스 이외에 지하철을 제공하고 시민들로 하여금 둘 중에서 하나를 선택하도록 하는 것이다. 마찬가지로 박물관이 정규 관람코스 이외에 어린이관을 추가로 마련한다. 이렇게 함으로써 다양한 문화사에 관심이 있는 사람의 욕구를 충족시킬 수 있을 뿐만 아니라, 고도의 예술적 경지에 있는 사람의 욕구도 충족시킬 수 있다. 가령 병원이 몇 가지 종류의 서비스 세트를 마련한 후 첫째, 노인 환자들에게는 간호사들의 친절한 보살핌을 강조하고, 둘째 젊은 전문가 그룹의 환자들에게는 국가적으로 최고 수준의 명성이 있는 의사 수준을 강조하며, 셋째 생업에 종사하고 있는 일반 환자들에게는 전반적인 운영의 효율성을 강조하는 전략을 구사하는 것이다.

제공되는 서비스나 상품은 상이한 집단을 위해 제공되는 것이 아니고, 시장에 있는 사람 모두에게 선택 대안의 하나로 제시되는 것이다. 시장을 차별화함으로써 전체적인 매출규모를 늘리는 데 목적이 있으나 이에 대한 비용은 상승하게 된다. 따라서 이러한 마케팅전략은 매출액과 함께 비용도 증가하기 때문에 일률적으로 유용하다거나, 또는 유용하지 못하다고 말하기는 어렵다. 그러나 고객의 다양한 욕구에 비추어 볼 때, 공공조직과 비영리조직의 대부분은 차별화된 마케팅전략조차도 전개하지 않는 점이 문제점으로 지적되어야 한다.

③ **표적 마케팅(target marketing)**: 이 전략은 고객정향(customer orientation)을 갖는 조직에 적합하다. 이 전략은 시장을 구성하는 여러 세분시장을 구별한 후 몇 개의 세분시장을 선택하여, 그 세분시장들의 욕구충족에 적합한 상품이나 서비스의 마케팅믹스를 개발한다. 가령 서울시가 비록 요금이 비싸기는 하지만 깨끗하고 편안하게 출근할 수 있는 전차를 투입하고, 동시에 시내의 단거리를 저렴한 가격에 자주 왕래하는 소형(마을)버스를 투입하는 경우가 이에 해당한다.

④ **적소 마케팅(niche marketing)**: 이 전략은 재원이 부족한 조직에 적합한 것으로서 고객지향적인 전략이다. 부족한 재원을 여러 세분시장에 투자하기보다는 그 조직이 전적으로 집중할 수 있는 한두 개의 세분시장을 선정하여 공략한다. 여러 세분시장들 중 어떠한 시장을 선택할 것인가는 자기조직의 강점, 충족되지 못한 시장의 욕구, 경쟁조직의 약점 등에 달려 있다. 적소 마케팅은 세분시장의 욕구와 행태에 관한 지식을 활용한다. 서울시나 뉴욕시가 제한된 소수의 시간에 쪼들리는 고위지위에 있는 사람들의 교통 욕구를 충족시켜주기 위하여 유람선이나 헬리콥터를 투입하는 것이 실례가 될 수 있을 것이다. 이 밖에도 아프리카 예술에 특화하는 박물관, 소음문제에 집중하는 환경단체, 오직 교통문제에 관한 연구에만 연구비를 지원하는 민간재단 등도 좋은 사례가 될 수 있다.

적소 마케팅을 추구함으로써 세분시장 내에 확고한 지지자를 확보할 수 있고 생산, 유통 및 촉진에 특화함으로써 경제적인 운용을 꾀할 수 있는 이점이 있다. 그러나 적소 마케팅은 해당 시장이 갑자기 망하거나 소멸해버릴 가능성이 있다는 점에서 큰 위험을 안고 있다. 가령 미국의 소아마비재단이 백신(vaccine)의 개발로 조직의 소멸 직전까지 이르렀으나, 다행히 기존의 설비와 기금을 다른 의료목적으로 전환하여 사용함으로써 그 존립근거가 마련된 사례가 이에 해당한다.

앞에서 살펴본 네 가지의 마케팅전략은 많은 조직들에 의해 사용되고 있으나, 시간이 흐를수록 대중 마케팅전략과 차별화 마케팅전략은 표적 마케팅전략과 적소 마케팅전략으로 전환되고 있는 실정이다.

4. 시장선정 전략의 채택

1) 마케팅전략의 선정기준

실제적인 마케팅전략의 선택은 그 조직이 당면하는 상황에 좌우된다. 만약 조직이 충분한 재원을 가지고 있지 못하다면 그 재원으로 전체시장을 커버할 수 없기 때문에, 또는 모든 세분시장의 구체적인 욕구를 충족시킬 수 없기 때문에 핵심 마케팅전략을 채택해야 할 것이다. 그리고 만약 시장고객의 욕구와 요구가 동질적인 경우에는 차별적인 서비스를 제공한다고 하더라도 얻을 것이 별로 없을 것이기 때문에 비차별적 마케팅전략을 사용하는 것이 유리하다. 만약 어떤 조직이 여러 세분시장에서 지도적인 지위를 누리고자 한다면, 차별적인 마케팅전략을 채택할 것이다. 만약 경쟁자들이 몇 개의 세분시장을 제외한 모든 시장에서 우월한 지위를 누리고 있다면, 나머지 세분시장 중 하나에 집중적인 마케팅전략을 펴는 것이 유리할 것이다.

많은 조직들이 처음에는 비차별적 혹은 집중적 마케팅전략으로 시작을 하여 성공하게 되면 차별적 마케팅으로 전략을 바꾸게 된다. 만약 집중전략과 차별적 전략을 채택했다면, 어떤 세분시장이 가장 크게 기여하는지 평가해야 할 것이다. 개별 세분시장은 그 시장이 다른 시장에 비해서 상대적으로 유리한 점에 대해서, 성공을 위해 필요한 사항이 무엇인지에 대해서, 또는 효과적으로 경쟁하는 데 있어서 조직이 가지고 있는 강점과 약점에 관해서 평가되어야 한다.

2) 핵심 마케팅전략의 이점

핵심 마케팅전략은 다음과 같은 이점이 있다. 첫째, 시장기회를 찾아낼 더 유리한 기회를 잡을 수 있다. 현재의 시장에서 제공되는 서비스로 욕구를 충족시키지 못하는 세분시장에 주목할 수 있는 것이다. 둘째, 마케팅관리자는 시장 욕구에 일치하도록 자기들의 상품과 서비스를 잘 조정할 수 있다. 그들은 핵심시장과 인터뷰 등을 통해 마케팅에 관한 자료 수집을 하여 그들의 욕구가 무엇인지 알아내고, 또한 이 욕구가 어떻게 변화하는지의 추세를 알 수 있다. 셋째, 가격, 유통, 촉진믹스 등을 잘 조정할 수 있다.

모든 잠재고객을 권총전략(short-gun approach)으로 끌어들이려 하기보다는 구체적인 핵심시장을 겨냥하여 분리된 마케팅전략을 구사할 수 있다[장총전략(rifle approach)이라 부른다].

3) 핵심 마케팅전략의 단계

정교한 핵심 마케팅전략을 구사하기 위해서는 다음 두 단계의 절차를 거쳐야 한다.

첫째, 핵심 대상으로 삼고자 하는 집단을 확인하고 기술하는 개념화 및 연구단계이다. 이를 가리켜 시장을 세분화(segmenting markets)한다고 한다. <그림 5-1>에서 볼 수 있는 것처럼 시장을 세분화하려면, ㉠ 세분화를 위한 기반을 확인하고, ㉡ 만들어질 세분시장의 프로필을 개발하고, ㉢ 각 세분시장의 장점을 측정할 수단을 개발한다.

둘째, 핵심시장 단계이다. 하나 또는 둘 이상의 세분시장을 선택하고, 각 세분에 대한 포지셔닝과 마케팅믹스를 개발하는 것이다.

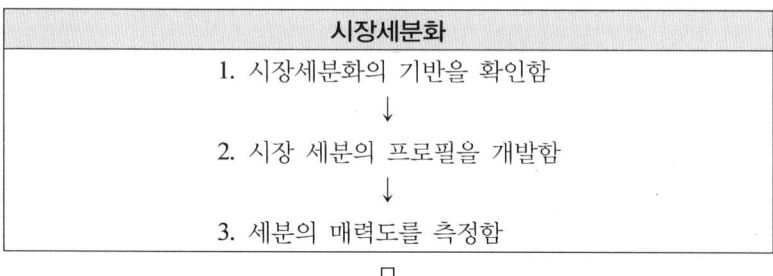

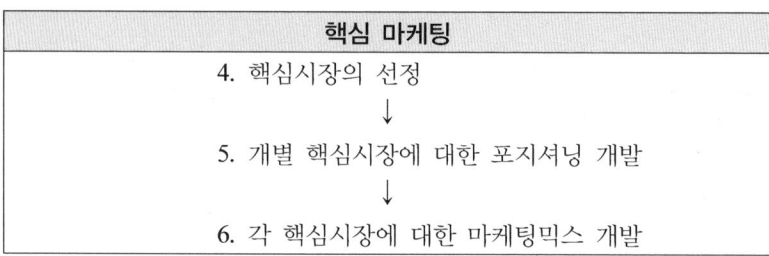

〈그림 5-1〉 시장세분화와 핵심 마케팅의 단계

제2절 시장세분화

1. 시장세분화의 개념

일반적으로 시장은 이질적 욕구를 가진 다양한 고객들의 집합으로 구성된다. 그러나 고객들 개개인은 모두 상이하지만 특정 서비스에 대한 태도·의견·구매행동 등에서 비슷한 경향을 보이는 집단들이 존재하고 있다. 이처럼 비슷한 성향을 가진 사람들을 다른 성향을 가진 사람들의 집단과 분리하여 하나의 집단으로 묶는 과정을 시장세분화(market segmentation)라고 한다. 세분화 결과 확인된 집단 하나하나를 시장세분 또는 고객세분이라 하는데, 이들 세분을 대상으로 하는 마케팅전략이 성공적으로 이루어지려면 세분시장 상호 간에는 이질성이 극대화되어야 하고, 세분시장 내에서는 동질성이 극대화되어야 한다.

안전벨트 착용 캠페인이 자동차 운전자를 대상으로, 자연보호운동이 등산객을 대상으로, 또는 각종 사회복지정책이 노약자와 빈곤층을 대상으로 이루어지고 있는 사례에서 볼 수 있듯이, 시장세분화 기법이 이미 거의 모든 공공정책에서 아무런 거부반응 없이 활용되고 있다. 전체 고객을 동일한 대상으로 보고 마케팅활동을 전개하는 것도 문제지만, 또한 고객 한 사람 한 사람의 욕구와 요구에 맞추는 것도 불가능한 일이다. 모든 고객을 동일하게 취급하는 방법은 규모의 경제를 보장할 수 있는 장점이 있는 반면에, 개별 소비자의 개성을 무시하는 단점이 있다. 반면에 개별 소비자를 개별적으로 취급하는 방법은 지나치게 비용이 많이 들어 비효율적이다.

2. 시장세분화의 기반

시장을 세분화하기 위한 목적으로 시장을 분할하는 방법은 무수히 많다. 이들 중 어떠한 방법을 선택할 것인가를 결정하는 데 있어 제일 먼저 고려해야 할 사항은 '세분화를 하는 이유가 무엇인가' 하는 점이다. 대부분의 경우 다음과 같은 전략적 결정에 도움을 얻기 위해 시장세분화를 하게 된다.

첫째, 수량 결정으로, 개별 시장세분을 위해 얼마나 많은 재정적·인적·지적 자원을 투입해야 하는지 알아야 한다.

둘째, 질적 결정으로, 어떤 상품 또는 서비스의 공급과 관련하여 개별 세분시장은 커뮤니케이션, 유통 및 가격 등과 관련하여 어떻게 접근을 해야 할 것인지를 알아야 한다.

셋째, 시간 결정으로, 특정 시장세분에 구체적인 마케팅 노력을 어느 시점에 집중해야 할지를 알아야 한다. 세분화 방법은 수없이 많으므로 그중에서 최상의 방법을 선정해야 하나, 어느 방법이 최선인지와 관련하여 이론적으로는 매우 간단하다. 시장세분화 결과 만들어진 세분들이 만약 다음과 같은 특징들을 가지고 있다면 그 세분화 기반이 최적이라고 말할 수 있을 것이다.

① 상호 배타성(mutual exclusivity): 세분시장은 상호 간에 중복되지 않고 분리될 수 있어야 한다. 예를 들어 자선모금 기증자를 현재의 기증자와 과거의 기증자로 나누게 되면, 과거에 기증한 사람이 현재의 기증자로 될 가능성이 있기 때문에 매우 혼란스러울 가능성이 있는 것이다.

② 포괄성(exhaustiveness): 모든 잠재적 고객구성원은 어떠한 세분시장이든 간에 반드시 하나의 세분시장에 포함되어야 한다.

③ **측정 가능성(measurability)**: 측정 가능성이란 마케팅관리자가 개별 세분시장의 크기, 세분시장 욕구, 요구, 인식, 선호 등을 측정할 수 있어야 한다는 것이다.

④ **접근 가능성(reachability)**: 접근 가능성은 마케팅관리자가 세분시장에 경제적이고 효과적인 방법으로 접근할 수 있는 수단이 존재하는가를 말한다. 만일 예상되는 마케팅 대상 고객세분이 일정한 지역에 거주하지 않으며, 마케팅관리자와 접촉할 기회도 없고, 언론매체에 노출되지도 않으며, 밤늦게까지 밖에 있고, 술집에 자주 가는 여성이라면 이들과 접촉할 적절한 수단을 찾아내기는 어려울 것이다. 공공서비스 마케팅이 성공하려면 세분시장에 있는 고객들에게 효과적으로 접근하여 서비스를 제공할 수 있어야 한다.

⑤ **실재성(substantiality)**: 시장세분화는 추구할 만한 가치가 있을 만큼 규모가 커야 한다. 여기에서 시장의 크기는 소비단위의 숫자와 소비량의 조합을 의미한다. 하나의 세분시장은 잘 고안된 마케팅 프로그램이 추구할 가치가 있을 만큼 가능한 시장규모가 큰 동질적인 집단이어야 한다.

⑥ **차별적인 반응(differential responsiveness)**: 이것은 아마 위에서 열거한 어떠한 기준보다 중요한 기준이라 할 수 있다. 차별적인 반응이란 각각의 세분시장이 세분시장 마케팅전략 수립 후 구성된 마케팅믹스에 대하여 서로 다르게 반응하는 것을 말한다. 만약 마케팅믹스에 대해 모든 세분시장이 동일하게 반응한다면 세분시장에 따른 차별적 마케팅전략을 구성하는 것이 의미가 없게 된다.

3. 시장세분화의 분류기준

일반적으로 사용되는 시장세분화를 위한 분류기준은 Cunningham이 제시하는 6가지 변수, 즉 인구통계학적 변수, 지리적 변수, 심리 및 태도 변수, 제품편익, 사용률, 라이프스타일 등의 변수가 있다. 시장세분화에 대한 이러한 6가지 기준은 실제적으로 라이프스타일 변수를 제외하고는 엥겔 등이 제시한 기준과 동일하다. 이러한 기준들을 좀 더 정교하게 구분해보면 네 가지로 분류할 수 있다(<그림 5-2> 참조).

객관적 측정이란 독립된 관찰자에 의해 확인될 수 있는 것들로서 나이, 소득, 성별 등이 여기에 해당한다. 추론적 측정이란 응답자에 따라 다르게 나타나는 정신상태로서 지각, 신념, 추구하는 편익 등이 여기에 속한다. 추론적 변수들은 핵심 고객들이 설문지, 연필과 종이, 또는 비슷한 평가도구들을 활용하여 솔직한 협조를 해줄 때만 측정될 수 있다.

일반적 변수는 어떤 교환관계에나 적용될 수 있는 것들이고, 반대로 구체적 변수란 교환의 특수한 형태 또는 계층에 해당하는 것으로 특정 상표의 구매, 특정 병원이나 박물관의 후원 등이 여기에 해당한다. 따라서 개별 소비자가 공격적이거나 또는 위험 회피적인 성격을 갖는 정도는 일반적·추론적 변수이고, 이와는 반대로 현대식 병원에서 간호사들의 친절한 서비스를 받거나 최첨단 의료기계에 의한 진단 절차를 밟을 것 같은 신념은 구체적·추론적 변수인 것이다.

	일반적	구체적
객관적 측정	나이, 소득, 성별, 거주지, 지위, 가족생활주기, 사회계층	과거의 행태, 구매량, 선호도, 충성도, 의사결정의 역할
추론적 측정	개성, 심리 분석적/생활형태 가치	믿음, 지각, 추구편익, 인적 영향, 결정단계

〈그림 5-2〉 시장세분화의 대안적 기준 분류

몇 가지 점에서 마케팅담당자들은 세분화의 기반으로서 추론적 측정보다는 객관적 측정을 선호할 것이다. 여기에는 다음과 같은 몇 가지의 이유가 있다. 첫째, 핵심고객을 확인하기 쉽다. 성별이나 지리적 위치와 같은 객관적·일반적 측정은 어느 때라도 이루어질 수 있다. 교육수준, 직업, 가족규모 및 가족구성과 같은 것들도 비교적 쉽게 측정될 수 있다. 추론적 측정과는 달리 객관적 지표들을 측정하기 위해 언제나 고객의 협조가 필요한 것도 아니고, 또한 질문지의 어구 구성을 잘못하거나, 응답자가 답을 모르거나, 의도적 혹은 비의도적으로 응답내용을 왜곡시킬 가능성도 없다. 둘째, 핵심 고객들을 분명히 분류할 수 있다. 셋째, 측정내용을 연구목적에 맞추어 상황에 따라 변형시킬 수 있다. 넷째, 객관적으로 측정된 자료들은 2차 자료를 활용해도 전혀 문제가 되지 않는다. 따라서 만약 어린아이가 있는 가정이 자선활동에 협조적이라는 믿음이 있으면 국세조사 자료를 활용하여 어린아이가 있는 가정의 비율이 평균 이상으로 나타나는 시(市)를 골라낼 수 있을 것이다.

1) 객관적·일반적 측정

객관적·일반적 측정을 나타내는 세분화의 변수는 인구 통계적 세분화이다. 인구 통계적 세분화(demographic segmentation)는 연령, 성별, 가족구성원의 수, 소득, 직업, 가족생활주기, 교육, 종교, 인종, 국적 등 인구 통계적 변수에 기초하여 시장을 몇 개의 세분으로 분류하는 것이다. 인구 통계적 변수는 고객집단을 구분하는 가장 널리 사용하는 기준이다. 그 첫 번째 이유는 고객의 욕구, 선호, 사용빈도 등이 인구 통계적 변수들과 높은 연관성을 갖기 때문이다. 두 번째 이유는 인구 통계적 변수들이 다른 변수들보다 측정이 용이하기 때문이다. 예컨대 핵심시장이 인구 통계적 변수로 묘사되지 않았을 때 개성유형 변수조차도 핵심시장의 크기와 그것에 효율적으로 도달하는 방법을 알아보기 위해서는 인구 통계적 변수와 다시 연관시켜 보는 것이 필요한 것이다. 여기에서는 어떤 인구 통계적 변수가 시장세분화에 창의적으로 응용될 수 있는지 살펴보기로 한다.

① **연령**: 고객의 욕구와 능력은 연령에 따라 변화한다. 교회들조차도 유아부, 초등학생부, 중등학생부, 청년부, 장년부 등으로 구분하여 종교서비스를 제공한다. 어떤 교회들은 노인을 55～70세 사이의 노인(young old)과 70세 이상의 노인(old old)으로 다시 세분한다. 젊은 노인(young old)에 속하는 노인들은 아직도 힘이 있다고 느끼고 생활에서 도전과 다양성을 추구한다. 이에 비해 나이 든 노인(old old)에 속하는 노인들은 편안한 일상생활에 정착하고 싶어 한다.

② **성별**: 남자대학과 여자대학, 서비스 및 사교클럽, 또는 군대에서 보듯이 비영리분야에서도 성별에 의한 세분화가 널리 사용되고 있다. 동일한 성별 내에서 추가적인 세분화가 이루어질 수 있다. 큰

대학교의 사회교육원은 성인 여성학생을 '집에 있는 사람'과 '밖에 있는 사람'으로 세분화한다. 집에 있는 사람을 다시 세분화하여 '주부'와 '가정부를 두고 있는 주부'로 세분화한다. 주부들에게는 가정을 알뜰하게 꾸려나가는 기술에 매력을 가질 것이다. 반면에 가정부를 두고 있는 주부들에게는 직업준비에 관심이 있을 것이다. 밖에서 일하고 있는 사람을 다시 세분하여 '사무직 여성'과 '관리직 여성'으로 나눌 수 있다. 이들 두세 분은 서로 상이한 동기로 대학교육을 받고 싶어 한다. 두 집단은 서로 다른 문제가 있어서 대학에 등록하고 싶은 것이다. 개별 세분에 서로 다른 문제를 호소함으로써 대학은 이들을 끌어들일 수 있는 것이다.

③ **소득:** 소득에 따른 세분화는 공공부문에서 오랜 역사를 가지고 있다. 자동차 회사에서는 소득을 상·중 등으로 구분하여 소득에 맞는 자동차를 출시한다. 병원에서는 고소득자를 대상으로 특실을 운영하며, 중간 및 저소득자들을 대상으로 다인실을 운영한다. 한편 숙박업소에서는 고소득자를 대상으로 호텔 서비스를, 중간소득자를 대상으로 모텔 서비스를, 저소득자들을 대상으로 여인숙 서비스를 제공한다.

④ **지리적 세분화:** 지리적 세분화는 소비자의 욕구와 반응이 지역적으로 다르다는 가정하에 국가별, 도별, 시·군별 등 지리적 위치에 의하여 시장을 세분화하는 방법이다. 조직은 하나 혹은 몇 개의 지역에서 그 지역의 욕구를 충족시키는 전문화된 조직으로서 운영되거나, 또는 포괄적 목적으로 운영하되 욕구와 선호의 지역적 다양성에 주의를 기울이면서 운영되기도 한다. 최근에는 지리적 위치에 대한 정보가 생활 형태에 대한 정보와 결합되어 전통적인 인구 통계적 변수보다 많은 정보를 제공하고 있다.

지리적 변수로 시장을 세분화하는 경우 비교적 쉽고, 시장에 대한 측정이나 접근도 쉽다. 또한 마케팅전략을 수행하는 데 드는 비용도 저렴하다. 그러나 지리적 변수에만 의존하면 고객의 구매행동을 설명할 수 없다. 한국은 지리적 범위가 좁으므로 대도시, 중소도시 및 농어촌으로 구분하는 방법이 적용될 수 있을 것이다.

2) 복합적인 객관적·일반적 측정

공공부문 마케팅담당자가 객관적인 세분화 변수를 능숙하게 다루는 데는 두 단계를 거친다. 첫째, 그들은 측정을 조작하는(operationalizing) 데 있어 더욱 정확을 기할 수 있다. 예를 들어 소득은 자선시장을 세분화하는 데 자주 사용되는 변수이다. 미국 오클라호마 지역의 다양한 우편번호상에서 기부행태는 소득금액보다도 소득원천과 밀접하게 관련되어 있는 것으로 드러났다. 예를 들면 같은 우편번호 지역에서 이자소득을 받는 가구 수는 소득총액보다 더 정확한 총 기부금액의 예측지표였던 것이다. 기부비율의 예측은 평균 가구소득으로 하는 것보다 주식배당을 받는 가구비율이나 이자소득의 비율로 하는 것이 더 양호하다. 이처럼 신중한 측정으로 하면 얻을 수 있는 통찰력을 보통 하는 식으로 총소득금액을 사용해서는 얻을 수 없는 것이다.

다음으로 단순지수로 되어 있는 객관적인 측정치들을 결합함으로써 복합적 측정을 할 수 있는 것이다. 마케팅에서는 사회계층과 가족생활주기가 널리 사용되는 두 개의 복합적 측정(combined measures)이다.

① **사회계층**: 사회계층이란 계층제적 서열이 있는 사회에서 비교적 동질적이면서 지속성을 지닌 부분으로서 그 구성원들 간에 비슷한 가치, 이해관계 및 행태를 공유한다. 사회과학자들은 소득, 직업,

교육 및 주거형태와 같은 객관적 변수를 사용하여 사회계층을 상상, 상중, 상하, 하상, 하중, 하하 등 여섯 계층으로 구분한다. 공공분야에서 사회계층은 각기 다른 분명한 소비 선호를 나타낸다. 오페라, 영화, 무도회, 교향악단 및 강연은 상류계층을 가장 많이 끌어들인다. 엘리트 이미지를 극복하고자 하면서 동시에 자기들의 예술을 높이 평가하는 하위계층의 고객을 끌어들이려는 문화예술단체들은 개별적인 마케팅 프로그램과 전략을 개발하지 않으면 안 될 것이다.

② **가족생활주기**: 가족생활주기는 사람의 전 생애에 걸쳐서 소비행태에 큰 변화가 일어날 때, 거기에는 중요한 전환점이 있다는 생각에 토대를 두고 있다. 이들 전환점은 결혼 지위, 노동력 지위, 자녀의 유무 및 자녀의 나이와 같은 객관적인 변수로 정의된다. 가족생활주기로서 다음 8단계가 전형적으로 제시되고 있다. ⓐ 독신 청년(40세 이하, 미혼, 자녀 없음), ⓑ 신혼(청년, 결혼, 자녀 있음), ⓒ 보금자리 1(청년, 결혼, 막내 자녀 6세 이하), ⓓ 보금자리 2(청년, 결혼, 막내 자녀 6~13세), ⓔ 보금자리 3(성년, 결혼, 14세 이상 자녀 집에 있음), ⓕ 보금자리 후 1(성년, 결혼, 집에 자녀 없음, 가장 직업 있음), ⓖ 보금자리 후 2(성녀 결혼, 집에 자녀 없음, 가장 퇴직), ⓗ 성년 독신(성년, 독신, 직업 있음 또는 퇴직)이다.

공연예술(음악, 연극)에의 참석자를 분석한 한 연구에 의하면 여섯 가지 형태의 가족생활주기가 공연예술의 참석에 중요한 영향을 미치는 것으로 드러났다. 이들 복수의 공연행사에 참석하는 가구의 비율은 다음과 같다. ⓐ 미혼, 청년(17.9%), ⓑ 청년, 결혼, 자녀 없음 (10.7%), ⓒ 6세 미만 어린이 있음(8.7%), ⓓ 6세 이상 어린이 있음 (12.4%), ⓔ 노인, 자녀 없음(15.4%), ⓕ 나이 많은 노인(8.8%)이다.

분명한 것은 나이 많은 노인에게는 시장성이 낮다는 것이다. 나머지 생활주기 범주에서 관련성은 곡선의 형태를 보이는데, 참여빈도가 생활주기 범주의 끝 부분에서는 높고 중간 부분에서는 낮다. 어린애가 있으면 참여빈도가 낮아지는데 여기에는 몇 가지 이유가 있다. 가령 여가 시간이나 자유롭게 사용할 수 있는 소득이 줄어들던가, 가족의 우선순위가 변하던가, 외출비용의 상승 등등.

가족 생활주기가 유용한 세분화 변수인 것은 사실이나, 그것이 중요한 가족구성원의 일부를 누락하고 있기 때문에 포괄적이지 않다는 점에 주목해야 할 것이다. 예를 들면 노인이 되기까지 결혼하지 않는 사람, 이혼한 사람, 배우자 없는 편부모 등은 가족구성원에서 제외되어 있다. 공공부문의 사회서비스 마케팅 프로그램에서는 이들 가족구성원들이 매우 중요하다.

3) 객관적·특수적 측정

인지행동을 고려하지 않은 고객의 결정에 대한 가장 훌륭한 예측변수는 과거의 행동이다. 마케팅에서 흔히 사용되는 것으로서 객관적이면서 구체적인 변수들에 관해 살펴보면 다음과 같다.

① 계기: 행동하려는 계기에 따라 고객들이 구별된다. 예를 들어 공공교통 수단을 활용하는 출퇴근자는 업무상 여행하는 사람, 쇼핑하는 사람, 놀러다니는 사람, 그리고 친지 방문을 위해 이용하는 사람들이 포함된다. 공공운송기관들은 쇼핑하려는 사람들은 출퇴근 시간을 피해 줄 것을 장려하면서 유인수단으로 요금할인을 해주기도 한다.

항공기 여행을 사업차, 휴가차, 또는 가사 때문에 하게 되는데, 어떤 항공사는 이런 경우(契機) 중 하나를 전적으로 이용하는 고객들을 위해 전문화할 수도 있는 것이다. 이러한 세분화를 '중요한 사건에 의한 세분화'라고 부르는데, 그런 계기는 결혼, 이혼, 사별, 가옥취득, 상해와 병, 직장변경, 정년, 가족성원의 죽음 등이다. 이러한 경우에 결혼상담자, 고용상담자 및 사별상담자 등에 의한 서비스가 이루어질 수 있다.

② **사용자 지위:** 많은 시장은 어떤 제품이나 서비스의 비사용자, 이전 사용자, 잠재 사용자, 처음 사용자, 정규 사용자로 세분화될 수 있다. 이와 같은 세분화 변수는 마약퇴치기관이 교육이나 캠페인 기획을 수립하려는 경우 도움이 될 수 있을 것이다. 그들의 많은 노력은 마약의 잠재 사용자를 찾아낸 다음 설득과 정보전략을 사용하여 그들이 마약을 사용하지 않도록 하는 데 집중되고 있다. 그들은 또한 마약 행위를 그만두려는 중독자들의 사회복귀프로그램을 지원한다. 이때 그들은 업무의 신뢰성을 높이기 위하여 다양한 프로그램상에서 이전 사용자들을 이용한다.

③ **사용빈도:** 많은 시장은 소량, 중량, 다량 사용자로 세분화할 수 있다(수량 세분화). 다량 사용자의 숫자는 적은 일부에 불과하지만 소비량으로 계산하면 큰 몫을 차지한다. 마케팅관리자들은 다량 사용자의 인구 통계적 특징과 의사소통 습관을 밝혀내고 그들을 향한 마케팅계획을 수립하려고 노력한다. 예를 들어 금연운동은 다량 흡연자를 대상으로 펼칠 수 있고, 안전운전 캠페인은 대량사고자를 목표로 행해질 수 있으며, 또한 가족계획 운동은 아이 많은 사람을 대상으로 펼쳐질 수 있다. 불행하게도 다량 사용자들은 행태의 변화에 가장 크게 저항한다. 아이 많은 가족이 산아제한 프로그램에 가장 크게 반발하고, 안전에 둔감한 운전자가 안전운전 캠페인에 가장 크게 저항한다. 따라서 마케팅담당자들은 제한된 예산을 가지고 크게 저항하는

다량 사용자들을 대상으로 마케팅을 할 것인지, 아니면 저항이 적은 소량 사용자를 대상으로 마케팅캠페인을 벌일 것인지 결정해야 한다.

오페라 관객을 정규관람자, 자주 관람하는 사람, 이따금 관람하는 사람 등 세 가지 유형으로 세분한 한 연구에서 중요한 사항이 발견되었다. 정규관람자들은 오랫동안 후원자였고, 결혼한 부부로 관람을 하고, 또한 자신들이 오페라의 팬이라고 생각한다. 자주 관람하는 사람들도 비슷한 특징을 가지고 있으나, 그들은 좀 더 젊고 소득수준이 낮으며, 또한 부부가 함께 참석하는 것이 아니라 친구들과 함께 참석하는 경우가 많다. 이따금 참석하는 사람들은 자신들이 오페라 팬이라고 생각하지는 않으나 인기배우를 만날 수 있거나, 이름난 오페라이기 때문에 참석하는 것이다. 시장세분의 특징을 알게 되면 관객의 숫자와 그들의 충성을 극대화할 수 있는 개별적인 시장전략을 수립하는 데 이러한 정보를 활용할 수 있을 것이다.

④ **충성도:** 충성도(loyalty)란 고객이 어느 실체에 대해서 가진 선호의 강도를 말한다. 충성도의 크기는 영(zero)에서부터 절대적인 수준까지 될 것이다. 우리는 주위에서 특정 상표에 충성을 보이는 사람(하이트 등 특정 맥주, 특정 치약, 특정 전자제품 등), 특정 조직에 충성을 보이는 사람(연세대학, 민주당 등), 특정 장소에 충성을 보이는 사람(뉴잉글랜드, 서울 등), 또는 어떤 사람에 충성을 보이는 사람(박정희, 간디 등) 등을 보게 된다. 충성을 보인다는 것은 다른 것으로 바꿀 경우 커다란 유인이 있음에도 불구하고 바꾸지 않고 특정 대상을 좋아하는 것을 말한다.

4) 추론적·일반적 측정

이 범주에 속하는 대부분의 측정은 일정 범위의 행위에 영향을 미치는 비교적 오래 지속되는 심리 내부적 성향과 관련시켜 고객을 구별하려는 것이다.

① **개성:** 고객 개성은 그가 취하는 시장행태에 반영된다고 많은 사람들이 생각하고 있다. 그러나 지금까지의 연구에서는 개성이 유용하게 활용되지 못하였는데, 그 부분적 이유는 개성을 측정하는 것이 어렵기(즉 연구에 따라 매우 주관적이고 신뢰성이 낮기) 때문에 특정 시장행동과 연계시키기가 매우 어려웠다. 다른 한편으로 지금까지의 연구들은 맥주 선호도 같이 매우 사소한 행태에 초점을 두어왔다. 앞으로는 개성의 측정이 공공부문에서 관심이 있는 고난도의 교환과정에 대한 시장세분화에 결정적인 도움을 줄지도 모른다.

② **가치:** 사람들은 자기가 가지고 있는 가치와 관련시키면서 체계적으로 여러 가지 결정을 한다. 가치는 무엇이 옳은가, 공정한가, 정당한가, 또는 바람직한가에 대해 개인이 가지고 있는 신념들로 구성된다. 가치는 우리가 우리를 다른 사람들에게 어떻게 표현할 것인가, 또는 다른 사람들을 우리와 어떻게 비교할 것인가 등에 영향을 미친다. 이 분야의 가장 유명한 학자 Milton Rokeach는 가치를 도구적 가치(instrumental value)와 목적 가치(terminal value)로 나눈다. 도구적 가치는 우리의 지속적 행위가 어떤 최종상태에 이르도록 인도한다. 목적 가치는 여러 최종상태 중에서 우리가 어떤 것을 선택하도록 인도한다. 두 가지 형태의 가치는 나이, 가족구조 및 생활형태, 인종 및 민족, 그리고 지리적 위치와 같은 다른 세분화 변수와 밀접히 관련되어 있다. 이들 가치는 또한 태도, 성질, 제품선택(자동차), 일하는 시간과

휴식시간의 배분, 다양한 미디어의 사용과 밀접히 관련되어 있다.

가치가 지속적이기는 하지만 개성보다는 덜 지속적이다. 자기 생활을 인도하기 위해 사용하는 가치는 서서히 변한다. 예를 들면 농촌에서 경쟁이 심한 대도시로 이사 온 사람은 사람들과 관계를 가지면서 자신을 개방하는 일에 신중해지는 것이다. 가치는 또한 사회가 변하면서 함께 변한다. 예를 들면 30년 전에는 반동적이라고 비판했을 교도소의 민영화가 현재 와서는 시행되고 있다.

가치에 대한 연구방법은 다양하다. 한 가지 방법은 Milton Rokeach의 가치조사를 한 다음 그것을 핵심시장의 구체적인 태도, 선호, 또는 행태에 연결시키는 것이다. 제2의 방법은 구체적인 선택과 선호로부터 이것으로 인도했던 기본적인 가치를 알아내는 후진적 방법이다. 이를 사다리 타기(laddering)라 부르는데 여기서는 고객에게 좋아하는 것을 물은 다음, 그것을 좋아하는 이유(어떤 편익을 얻기 위해서 또는 비용부담을 줄이기 위해서)를 물어본다. 면담자는 그 과정에서 편익과 비용을 강조하는 이유를 물어본 다음 그 이유에 대한 이유를 물어보는 식으로 계속한다. 이처럼 질문은 사다리를 타고 올라가 마침내 특정 고객이 어떠하다는 기본적 가치에 이르게 되고, 마침내 비슷한 가치를 가지고 있는 고객과 동일한 세분에 자신을 배정하는 것을 허용한다.

③ **생활유형:** 지나치게 일반적인 개성 혹은 욕구 위주의 추론적 세분화에 대한 불만이 생활유형에 의한 세분화를 급성장시키게 되었다. 만약 개성에 의한 세분화가 '우리는 그런 종류의 사람이기 때문에 우리가 하는 것을 한다'는 개념에 기반을 두고 있다면, 생활유형에 의한 세분화는 '그것이 우리가 바라는 생활이기 때문에 우리가 하는 것

을 한다'는 개념에 기반을 두고 있다. 좀 더 부연하면 개성은 거의 일생 지속되는 것으로 볼 수 있는 반면에, 생활유형은 일시적인 것으로서 1년 사이에도 변할 수 있는 것으로 생각되는 것이다.

고객을 생활유형에 의해 세분화하는 방법은 무수히 많다. 그러나 대부분은 고객의 행위, 관심 및 의견(AIOs: Activities, Interests, and Opinions)의 측정에 기반을 두고 있다. 생활유형의 측정은 흔히 심리측정법(psychographics)이라 불리는데 이는 심리적(psychological)이라는 말과 인구 통계적(demographical)이라는 단어의 결합으로 형성되었다.

5) 추론적 · 특수적 측정

① **추구하는 편익:** 제공되는 상품이나 서비스로부터 추구하는 편익에 따라 고객을 세분화할 수 있다. 편익은 어떤 형태로부터 얻으리라고 기대되는 편익과 그 편익에 부여하는 상대적인 가중치로 측정된다. 어떤 고객은 특정 서비스로부터 얻을 수 있는 하나의 편익을 추구하기도 하고, 어떤 고객은 특정서비스로부터 얻을 수 있는 일련의 편익들의 묶음(benefit bundle)을 추구하기도 한다. 많은 시장은 품질구매자(quality buyer), 서비스구매자(service buyer), 그리고 가격구매자(economy buyer) 등 세 개의 핵심적 편익 세분으로 구성되어 있다. 대학시장의 품질구매자는 일류 대학만을 고려하고, 병원시장의 품질구매자는 최고의 병원과 의료진만을 고려한다. 서비스구매자는 가격에 어울리는 최선의 서비스를 추구한다. 서비스추구자는 학교의 명성에 관계없이 좋은 교육과 사회생활을 제공하는 대학을 선정한다. 가격구매자는 우선 비용을 줄이는 데 관심이 있고 비용이 적게 드는 서비스를 찾는다. 가격추구자는 비용을 최저선으로 유지하기 위해 국공

립대학을 선택할 수도 있을 것이다. 편익에 의한 세분화는 편익에 대한 선호가 인구통계 및 미디어 특징과 관련을 맺을 때, 그렇게 함으로써 고객에 대한 접근 가능성을 높이기 때문에 잘 이루어지는 것이다.

② **희생:** 고객은 편익이 비용보다 월등히 클 때만 교환에 응한다. 많은 경우 행동의 장애요인으로 작용하는 것은 비용인데 사람들은 어떤 행동으로부터 발생하는 편익을 높게 평가한다. 지금까지 행해진 헌혈연구에서 보면, 자신들의 행위로부터 발생하는 적극적 성과를 인지하는 사람들 사이에는 이질성이 없는 반면에 소극적 성과를 인지한 사람들 사이에는 많은 다양성이 발견되고 있다. 따라서 성과를 소극적인 것으로 인지한 사람들이야말로 좋은 예측지표로 사용될 수 있는 것이다. 이러한 사례로부터 교훈적으로 얻을 수 있는 것은 몇몇 시장은 개인이 얻은 편익으로서가 아니라 개인이 행동의 장애요인에 부여한 가중치로 유용한 세분화를 할 수 있다는 점이다. 따라서 헌혈의 경우 고객들은 다음의 것들에 민감한 반응을 보이는 집단으로 세분화할 수 있다. 가령 생리적 위험－감염, 에이즈, 아픔; 사회적 위험-다른 사람들 앞에서 용감하게 행동하지 못하는 것; 생리적 공포-주사 바늘 공포, 피 및 병원 등등이다.

4. 조직을 대상으로 하는 시장세분화

공공조직이나 비영리조직은 개별소비자들을 대상으로 마케팅을 할 뿐만 아니라, 조직을 대상으로 마케팅을 할 기회도 가진다. 가령 박물관은 재정적 지원을 간청하기 위해서 적절한 재단을 물색할 필요가 있고, 병원은 다른 병원들에 자기의 혈액은행 서비스를 활용하도록 요청할 필요가 있는 것이다. 이러한 모든 경우에 비영리조직은 다른 조직과 특별한 상품이나 서비스의 교환을 추구한다.

이처럼 조직이 조직을 대상으로 마케팅을 하는 경우 시장을 세분화하기 위한 기준으로는 다음과 같은 것들이 있다.

① **조직규모(organization size)**: 대규모 조직은 더 비싼 구매를 할 여유를 가진다. 그러나 복잡한 구매과정을 거친다. 중소형 조직은 대규모의 조직보다 적은 지출을 한다. 따라서 이러한 조직은 '적소전략(niche strategy)'에 초점을 맞춘다. 가령 박물관은 큰 전시회에 대해서는 대기업에 후원을 마케팅하지만, 소규모 기금모금을 위한 광고지면이나 또는 소책자 제작에 필요한 비용을 위해서는 중소기업이나 현지기업에 마케팅을 한다.

② **구매기준(buying criteria)**: 어떤 조직은 조직의 비용−효과성에 관심을 가지고 있고, 다른 조직은 구성원들에게 위신이 서거나 어떤 이득이 돌아가게 하는 데 관심이 많다. 따라서 조직으로부터 기부를 받고자 하는 박물관은 잠재적 후원자들에게 자세한 회계정보를 제공해야 하는 때도 있고, 때로는 다른 기부자를 공표할 수단을 갖춰야 할 때도 있다.

③ **관심 프로필(interest profile)**: 조직들은 각기 목표가 다르고 구성원을 대우하는 방식도 다르며, 또한 시간에 대한 관념도 다르다. 예술에 깊은 관심을 가진 조직에는 예술품에 조직의 이름을 부착하여 진열해주는 조건으로 여러 해에 걸친 기부금 기탁을 요구하는 것이 좋을지도 모른다. 반면에 조직구성원의 복지에 깊은 관심을 가진 조직에는 구성원들에게 식사를 곁들인 강의와 함께 박물관 관람을 후원하도록 요구하는 것이 좋을 것이다.

④ **구매과정(buying process)**: 어떤 조직은 약정을 하기 전에 많은 서류작업을 요구하고 또한 이를 위해 오랜 시간이 필요하다. 반면에 어떤 조직은 구두로 약속을 하고, 이를 단 며칠 만에 실행에 옮긴다. 또한 어떤 조직은 결정을 하기 위해 위원회를 이용하기도 하고, 어떤 조직은 강력한 지도자에 의해서 이끌리기도 한다. 따라서 박물관 같은 조직은 다른 조직으로부터 지원을 받기 위해 다양한 유형의 구매 유형을 상대할 수 있는 절차를 준비해야만 한다.

⑤ **현지 지점이나 지사의 자율성(degree of local autonomy)**: 국가의 주요기관이나 국제기구들이 현지의 지점이나 지사에게 비영리적인 일에 개입할 수 있도록 허용하는 자율성에는 커다란 차이가 있다. 따라서 박물관은 현지의 의사결정권자들과 교섭할 수 있겠으나, 본부에 있는 유력인사들이 협조할 수 있도록 접촉하지 않으면 안 된다. 본부 인사들은 더 많은 서류작업과 긴 시간에 걸친 검토작업을 할 가능성이 있다.

어떠한 서비스에 대한 세분화는 개인고객 및 기업고객 둘 다에 관련되기도 한다. 각종 청소년 수련시설은 조직뿐만 아니라 개인을 대상으로 서비스를 제공할 수도 있는 것이다.

제6장

마케팅계획

제1절 계획의 의의

일반적으로 많은 조직들이 공식적인 계획(plan)도 없이 운영된다. 가령 새로운 조직은 관리자들이 계획을 수립할 시간조차 없을 정도로 바쁘기 때문에, 소규모 조직의 경영자들은 단지 대규모의 조직들만이 공식적인 계획의 수립이 필요하다고 생각하기 때문에, 그들은 조직의 방향을 설정하기 위한 계획을 수립하지 않고 조직을 운영하는 것이다. 역사가 긴 조직들의 경우에도 많은 조직의 관리자들은 공식적인 계획을 수립하지 않고도 지금까지 잘 해왔으며, 따라서 계획은 그렇게 중요한 것이 아니라고 주장한다. 또한 그들은 시장이 너무 급변하기 때문에 계획이 무의미하며 계획은 애써 쓰레기를 모으는 데 불과하다고 주장한다. 이처럼 이런저런 이유로 많은 조직들이 공식적인 계획수립 시스템을 도입하지 않고 있다.

그러나 좋은 계획의 수립은 그것이 대규모 조직이든 소규모 조직이든, 또는 역사가 일천한 조직이든 오래된 조직이든 모든 유형의 조직에 다음과 같은 여러 가지의 이점(利點)을 제공한다. 첫째, 공식적 계획은 조직의 관리자들로 하여금 체계적으로 사고할 수 있게 하여 준다. 둘째, 공식적 계획은 조직의 목표와 방침을 보다 구체화하고, 조직의 다양한 부서들의 활동노력을 보다 잘 조정할 수 있도록 하여 주며, 또한 통제를 위한 보다 분명한 성과기준을 제공한다. 셋째, 잘 수립된 계획은 조직이 직면하는 갑작스러운 환경의 변화를 보다 잘 예측하고 적응하는 데 도움을 준다. 넷째, 계획은 조직의 효율적 자원배분을 가능하게 하는 투입요소로서의 역할을 수행한다. 즉, 적절하게 짜인 마케팅계획은 조직의 최고관리자로 하여금 마케팅활동의 수행에 필요한 자원의 규모를 파악할 수 있게 하여줄 뿐만 아니라, 마케팅목표 달성에 필요한 자원의 안배를 결정하는 데 중요한 근거자료가 된다. 마지막으로 계획은 그것이 없으면 심히 위협을 받을 상황에서 조직을 건전하게 지켜주는 역할을 수행한다. 이들 외에도 조직의 구성원들에게 방향감각을 갖게 하여 준다는 점, 외부의 공중들에게 조직이 수행하는 사업을 잘 이해시킬 수 있다는 점, 조직의 목적 및 목표를 행동으로 변환시키는 데 도움을 준다는 점, 불확실성을 다루는 데 있어 안내자의 역할을 수행한다는 점 등이 계획이 갖는 이점으로 인식되고 있다.

제2절 기획에 대한 접근방법

기획(planning)[21]에 대한 접근방법에는 여러 가지가 있다. 따라서 조직의 구성원들이 기획활동을 수행할 때에는 조직이 처한 상황에 따라 적합한 접근방법을 선택하여 사용하여야 한다.

조직은 탄생할 때, 그리고 그 후에도 일정 기간마다 전략을 생각해 보아야 한다. 대개의 경우 조직은 주요부서 및 자금부서의 동의를 얻어 그들의 전략의 틀을 완성한다. 전략은 조직의 업무범위, 목적 및 목표를 설정한다. 여기에는 숫자로 표현되는 구체적인 집행수준의 목표가 포함되는 것이 보통이다.

전략적 틀에 대한 동의가 이루어지면, 새로운 조직은 조직의 계획을 완성해야 한다. 이것이 바로 조직의 미래에 대한 전략인 것이다. 전략 틀이 내부에서 운영될 시장세분을 효과적으로 묘사하는 것이라면, 조직계획은 시장세분이 어떻게 다루어질 것인지를 나타낸다. 조직계획에 담긴 생각은 필요한 재원요구의 기초가 되는 것이다. 새로운 계획은 매 몇 년마다 만들어져야 하며, 그렇게 함으로써 조직의 구성원들이 정기적으로 전략을 검토하지 않으면 안 되도록 해야 한다. 조직이 그들의 마케팅활동을 수행하기 위한 전략을 수립함에 있어 도움을 받을 수 있는 접근방법에 대해 구체적으로 살펴보면 다음과 같다.

---

21) 일반적으로 계획(plan)이라는 용어와 기획(planning)이라는 용어는 혼용되어 상용되고 있으나, 기획은 계획을 수립하는 과정이며 계획은 기획을 통해 산출된 결과를 의미한다. 따라서 기획은 절차와 과정을 의미하는 반면에 계획은 대체로 문서화된 활동목표와 수단을 가리킨다고 할 수 있다.

1. SWOT 분석

이 방법은 단순한 점검표(list)에 의한 접근방법으로, 많은 생각이나 아이디어들을 SWOT라는 제목 아래 정렬시킴으로써 일부 생각이나 아이디어들이 손실되지 않도록 하기 위해 고안된 것이다. 여기에서 SWOT는 강점(strengths), 약점(weakness), 기회(opportunities), 위협(threats)의 첫머리 글자로, SWOT 분석이란 일정시점에서 주요 환경요인을 기회와 위협으로 분류하고, 이들을 전략적 관점에서 조직의 강·약점과 결합시켜 효과적인 전략을 수립하는 과정이다. 즉, SWOT 분석이란 강점·약점·기회·위협의 매트릭스를 통해서 바람직한 전략을 수립하는 과정이다. 이때 환경에서 오는 기회와 위협, 조직의 강점과 약점을 평가하는 방법으로는 여러 가지가 있겠지만, SWOT 분석에서는 관리자의 주관적 판단에 의존한다. 따라서 전략수립과 관련 있는 집단이나 관리자들도 평가작업에 참여하여야 주관적 판단에 따른 오류를 감소시킬 수 있다. 이 접근방법은 단순하지만 어떤 전략적 과제나 정책의제를 발견하고자 하는 상황에서 사용될 수 있는 기법이다. 그만큼 단순하면서도 유용한 분석기법이다. 사실상 다른 기법들을 사용하여 얻어진 결과들은 모두 이 SWOT 분석으로 통합, 또는 흡수될 수 있는 것이다.

SWOT 분석에서 주요개념인 장점과 약점은 주로 조직 내부와 관련된 것이고, 기회와 위협은 주로 외부환경과 관련된 개념들이다. 그러나 실제로는 장점과 기회를 구별하는 것이 매우 어려울 때가 많고, 약점과 위협을 구별하는 것도 어렵다. 예를 들어 어떤 조직이 현재 필요한 인력을 충원할 수 없는 상태에 있을 때, 이것을 약점이라고 해야 하는

가 또는 위협이라고 해야 하는가? 이를 구분하는 것은 결코 쉬운 일이 아니다. 그러나 SWOT라는 네 개의 카테고리를 설정한 목적은 여러 가지 생각이나 아이디어들을 빠뜨리지 않기 위한 것이기 때문에 무엇인가 찾아내어 기록할 수만 있다면 이들을 꼭 구분할 필요는 없다.

SWOT 분석은 기본적으로 '브레인스토밍(brainstorming)' 접근방법을 활용하여야 한다. 먼저 최소한 많은 아이디어들을 확인하는 것이 바람직하다. 브레인스토밍에 있어서는 한두 사람에 의해 분위기가 지배되지 않도록 하는 것이 중요하다. 이를 위해서 '브레인라이팅(brain-writing)'을 활용하는 방법이 있다. 브레인라이팅은 토론 진행자로부터 주어진 주제나 문제에 대한 의견이나 해결 대안을 직접 종이에 써서 제출하게 하는 의견수렴 방법이다.

SWOT 분석에서도 개개인들에게 자기의 생각들을 익명으로 종이에 써서 그것을 박스에 넣도록 하는 방법을 활용할 수 있다. 그런 다음 집단 차원에서 박스에 들어 있는 것들을 SWOT의 각각 밑에 모으고, 중복되는 것을 지우는 것이다. 또 다른 하나의 방법은 벽에 큰 종이를 붙인 다음, SWOT를 각각 써 놓는다. 그리고 개개인들에게는 자기의 생각들을 메모지에 적게 한 다음 그것들을 SWOT 각각의 밑에 붙이도록 하는 것이다.

그러나 SWOT라는 네 가지의 범주를 다 기재하는 것은 매우 어려운 일이다. 따라서 하나의 방법은 집단을 네 개의 작은 집단으로 나눈 다음 각 집단에 SWOT의 하나씩을 주어 생각하게 하고, 다음으로 다른 집단들에게 더 생각나는 것이 있으면 추가해서 적도록 하는 방법이 있다. 마지막으로 고려할 점은 현재가 아닌 미래를 반영하는 중요성이다. 현재의 장점인 것이 3년 후에는 약점이 될 수도 있기 때문이다. 이상과 같은 SWOT 분석은 공공조직이 직면하고 있는 전략적 과제를 도출해내는 데 매우 큰 도움이 될 수 있다.

2. 전방주사(forward scanning)

SWOT분석 및 이와 관련된 논의는 조직이 당면한 현재의 상황에 초점을 맞추고 있다. 그러나 조직의 계획수립자는 미래의 상황에 대해서도 충분히 고려해야 한다. 미래에 어떠한 일이 발생할 것인가? 이러한 변화에 우리는 어떻게 대비해야 하는가? 전방주사(前方走査)는 이와 같이 의사결정에 필요한 여러 가지의 투입요소를 제공하고자 하는 것이다.

우리가 사람들에게 미래를 어떻게 생각하는지 단순히 물어보기만 해도 한 가지 곤란한 점이 바로 드러나게 된다. 일반적으로 사람들은 미래에 대해 아주 다양한 견해를 갖고 있다. 이는 한 국가의 경제와 같은 기본적인 문제에 있어서도 그렇다. 다음 호황은 언제 올 것인가 또는 불황은 언제 올 것인가? 내년에는 이자율이 오를 것인가 또는 내릴 것인가? 이러한 문제들에 관해 많은 신문과 잡지 및 전문서적들은 다양한 내용의 도표나 통계수치들을 제공하며 전문가들의 견해를 제시하고 있지만, 결과에 대한 의견의 일치를 보기는 매우 어렵다. 여기에는 두 가지의 관련된 문제점이 있기 때문이다. 첫째, 어떤 경향이 제일 중요한지에 대해서 규범적인 의견일치가 없다. 둘째, 전망이 밝지 않은 판매목표를 잃어버리지 않는 한 판매원들은 낙관적인 견해를 가진다는 점이다.

전방주사는 어떤 구조(structure)를 적용하여 요인을 분리시킴으로써 문제점을 줄여나가는 방법이다. 그 첫 번째 단계는 참여할 사람을 선발하는 것이다. 이들은 특별한 지식을 갖는 사람이거나, 또는 이미 주사적성(scanning aptitude)이 있는 것으로 인정된 사람들이다. 집단의 적절한 규모는 6~20명이다. 이 업무를 담당하기에 가장 적합한 사람은 조직 외부에 있는 촉성자(facilitator)이다. 이 촉성자가 개별 참여자에게 질문서를 보낸다. 일정 수의 요인을 고려할 경우, 미래를 어떻게 생각하는지에 대한 그들의 견해를 알아보는 것이다. 질문서는 참여자들이 미래를 어떻게 생각하는지에 대해 4~6개의 문장으로 답하도록 요구한다. 여기에서 미래란 4년의 기간을 의미한다. 이 설문형태는 '4년이 지나면 상황이 어떻게 될 것이라고 보는지', 또는 '분명할 것으로 보이는 경향은 무엇인가' 등이 된다. 즉, 4년 후의 모습이 무엇인가 하는 것이다. 4년을 선택한 이유는 4년이란 사람들이 깊이 있게 생각하도록 미래의 시간 속으로 멀리 떨어져 있으면서도, 예측에 신뢰성이 부족할 정도로 너무 멀지도 않기 때문이다.

질문지는 4~6개의 요소(factors)로 구성된다. 각각 요소는 응답을 도와주는 설명적 질문으로 이루어진다. 가령 '정치적' 요소가 선정되었을 경우에는 다음과 같은 표본 질문이 될 수도 있을 것이다.

◎ 주요 정치변화는 무엇일까?
◎ 우리는 더욱 지지할/반대할 것인가?
◎ FTA에는 변화가 있을까?
◎ 우리는 우리의 운명을 더 많이/적게 통제하게 될 것인가?

보통 질문으로는 4~6개의 요소가 선정되는 것이 관례이다. 완성된 설문지는 촉성자에게 모이도록 한다. 한편 촉성자(facilitator)는 이러한 과정을 통해 수집된 응답내용을 한 개의 요인당 한 페이지씩이

되도록 정리한다. 즉, 한 개의 요인에 관련된 모든 내용을 한 페이지에 정리하는 것이다. 이제 사람들이 미래의 정보에 대해 기록했다고 여겨지는 20개까지의 문항이 한 페이지 위에 있다. 4~6장이 될 것이다.

〈표 6-1〉 전방주사 요소(가능 요소들)

정치적	기술
· 어떤 변화? · 지지/반대? · 통제의 증가/감소?	· 영향? · 변화/방향? · 추세/혁명?
재정	**경제적**
· 수월해지는가/어려워지는가? · 자본/현금 흐름? · 새로운 형태의 금융? · 더 많은/적은 자율권?	· 일반경제 상황? · 한국/아시아/세계 경향? · 예측/경향? · 우리 조직에 대한 영향?
사회적	**이해관계자**
· 투표자의 기대? · 이미지? · 압력단체? · 환경문제?	· 당시의 이해관계자? · 변화 가능? · 권력과 영향력? · 구조접근
시장	**정보**
· 여전히 경쟁우위를 가질까? · 새로운 경쟁자? · 새로운 시장세분? · 제품개발?	· 무엇이 이용 가능? · 경쟁자들은 어떤 정보를 가질까? · 정보의 원천이 바뀔까? · 내부 정보는 어떨까?
과학	**사회간접자본**
· 기술? · 새로운 강조점? · 연구개발? · 발전?	· 외부 병참채널의 변화? · 내부 병참채널의 변화? · 미래조직구조
지식과 기술	**관리**
· 요구되는 새로운 지식? · 요구되는 새로운 기술?	· 많이 달라질까? · 요구되는 신기술, 지식? · 외부인사 채용? · 성공을 위한 형태, 문화?

다음 단계는 이러한 내용을 종합하여 일치된 의견을 찾아내는 단계이다. 이러한 일을 사무실에서 하게 되면 일상 업무에 의해 중단되는 경우가 있으므로, 참여자와 촉성자는 사무실을 떠나 호텔이나 회의장처럼 격리된 장소에서 회의를 하는 것이 바람직하다. 촉성자와 담당자가 지금까지 수집하여 분석한 내용을 발표한 후에 참여자들을 4~6개의 신디케이트로 나누고, 이들 각각에는 위에서 살펴본 요소를 하나씩 배분한다. 격리된 방에서 각 신디케이트는 그들이 맡은 요소에 대한 응답내용을 일치된 견해로 요약한다. 이 과정에서 언명들(statements)에 대한 선택이 반복적으로 일어날 수도 있으며, 경우에 따라서는 전혀 새로운 것이 일치된 의견으로 나타날 수도 있다.

일단 각각의 신디케이트에서 일치된 견해가 도출되면, 다음으로 모든 신디케이트가 참여하는 전체회의를 열고, 여기에서 각 신디케이트의 대표가 약식보고(mini－report)를 한다. 이 과정에서 몇 가지의 토론이 덧붙여질 수 있으나 전체적인 과정이 단순히 대규모로 이루어지는 데 그치지 않도록 주의해야 한다. 여기에서는 주로 미래의 전략에 대한 합의가 갖는 시사점에 관해서 토의한다.

이처럼 근무지를 벗어나 하루 동안 갖는 회의에서는 철저한 토의가 이루어지는 것이 보통이다. 여기에 참여하는 사람들은 이러한 회의를 극찬하는 것이 보통이다. 이 과정에서 누구나 미래전략에 기여할 기회를 갖게 되고, 양질의 투입으로 이루어진 최종결론은 구성원 모두의 열성이 담긴 결정체라 할 수 있을 것이다.

3. 법령 및 규정재심사(mandates review)

민간분야와는 달리 공공분야에서는 조직활동의 자유가 제약되는 경우가 많다. 즉, 민간기업의 경우에는 업종을 다양화하든가 어떤 업종에서 철수하든가 등에 관한 의사결정을 자유롭게 할 수 있으나, 공공기관의 경우에는 각종 규정들에 의해 제한을 받고 있는 경우가 많다. 일반적으로 정부기관들은 법령 등의 형태로 규정되는 의무들을 가지고 있다. 가령 정부조직의 개편에 따라 정부조직이 책임운영기관으로 전환될 경우에는, 이 기관들의 의무나 활동내역들에 대해 중앙부처의 장과 그 소속기관의 장 사이에 맺어지는 계약에서 정해지게 될 것이다. 이 계약서에는 그러한 의무뿐만 아니라 조직의 목표, 권한위임사항, 기타 필요한 각종 행정사항들이 규정되게 된다.

이처럼 공공기관의 경우에는 법령에 의해 직접적으로 제약을 받기 때문에 공공부문에 종사하는 사람들은 법령의 준수를 가장 중요하게 생각하는 경향이 있다. 어떤 사람들은 업무규정을 사소한 변화도 허용하지 않는 완벽한 것으로 생각하는 경우도 있다. 그러나 이러한 사고방식은 1980년대 이후 세계적으로 일고 있는 시대적 흐름에 역행하는 것이다. 오늘날과 같은 변화와 경쟁시대에는 법령 및 규정재심사가 매우 유용하게 활용될 수 있다. 조직의 업무 재배치를 위해서 혹은 신선한 제품의 개발 가능성을 알아보기 위하여 규정재심사가 활용될 수 있는 것이다.

법령 및 규정재심사는 다음과 같은 세 가지 사항을 명확히 하기 위한 것이다. 첫째, 조직이 반드시 수행해야 할 사항, 둘째 조직이 수행해도 되는 사항, 셋째 조직이 수행해서는 안 되는 사항 등이 그것이다. 여기에서 조직이 반드시 수행해야 할 사항들은 관련 법률, 또는 중앙부처나 기타 감독부처에서 시달되는 지시만 보더라도 비교적 쉽게 알 수 있다. 그러나 여기에서 유의해야 할 사항은 반드시 수행해야 할 사항이 조직활동의 전부라고 인식해서는 안 된다는 것이다. 물론 어떤 경우에는 공공기관들이 법령에서 규정하고 있는 활동들만 수행해야 하는 상황도 있다.

그러나 법령을 지나치게 제한적이고 한정적 성격으로 보는 것은 시대적 변화에도 역행된다. 법령을 너무 제한적으로만 해석하게 되면 공공조직이 아무것도 할 수 없게 될지도 모른다. 오늘날과 같은 변화와 경쟁시대에는 일반 국민에게 증진된 행정서비스를 제공하지도 못하게 할 만큼 법령이 제한적이어서는 안 될 것이다. 예를 들면 법령은 차량검사 서비스와 관련된 사항들을 규정할 수 있지만, 모든 사람들에게 똑같은 비용을 부담시키고 똑같은 서비스를 제공하는 것을 구체적으로 규정할 수는 없다. 가령 자동차 검사장에서 직원들의 근무시간이 아닌 토요일 오후에 자동차검사 서비스를 실시하고 고객들로부터 평일보다 더 많은 비용을 징수한다고 하자. 이 서비스는 고객들에게 시간적 여유가 있는 주말에 검사를 받게 함으로써 고객들에게 편의를 제공하는 서비스인 것이다.

영국의 책임운영기관들은 법령에서 정해놓은 서비스만을 제공하는 종전의 방식에서 탈피하여 이제는 자유롭게 변형된 부가서비스를 제공하고 있다. 예를 들어 특별한 숫자의 자동차 번호판을 만들어 판매하기도 하고, 고객의 거주지 주변의 측량지도를 만들어 판매하기도 한다.

조직구성원들이 '자신들이 수행해도 되는 것'을 알고 있으면, '무엇이 조직의 임무가 되어야 할 것인지'에 관한 가치 있는 토의를 할 수 있게 될 것이다. 전혀 새로운 활동이 아니면서 현재의 활동들을 자연스럽게 연장하여 놓은 것으로 보이는 활동들을 찾아내는 것이 바람직하다. 지금까지 법령 및 규정재심사기법은 변호사들이나 공공 도서관 분석에서 많이 활용되어 왔다. 공공도서관을 분석할 경우 몇 가지 준비가 필요하다. 촉성자가 조직의 최고책임자 및 마케팅담당자 들과 거의 브레인스토밍 방법에 가까운 토의를 해야 한다. 촉성자들 이 외부 고객집단과 토론하는 것도 도움이 될 것이다. 사람들에게 그 들의 결정이 규정에 근거를 두고 있는지, 규정에 근거를 두고 있다면 그 규정이 공식적인 규정인지 혹은 공식적이지는 않지만 그렇게 이 해하고 있는 것인지에 대해 물어볼 필요가 있다. 이것은 하루 정도 근무지를 떠나서 이루어지는 회의방식이 바람직하며, 어떤 이벤트 (event)와 함께 이루어질 수도 있다. 이러한 토의과정에서 판매 가능성 이 있는 제품목록을 마련한다. 이 목록에는 이미 시장에서 잘 판매되 고 있는 제품의 대부분이 포함되어야 한다. 이 목록에는 가능성이 인 정되는 제품뿐만 아니라 거의 생각하기 어려운 제품도 어느 정도 포 함하고 있어야 한다. 이러한 목록을 예시해보면 <표 6-2>와 같다.

〈표 6-2〉 공공도서관 규정분석

활동내역	꼭 있어야 한다	있어도 좋다	있어서는 안 된다
성인소설 구비			
성인 논픽션 구비			
어린이용 책			
참고 서적			
참고용 지도			
대부용 지도			
대부용 비디오 기록물			
대부용 미술품			

문학 관련 특별 전시품			
도서관 내 콘서트			
다른 장소에서의 콘서트 준비			
공휴일 개관			
TV에 도서관 서비스 광고			
도서관 서비스 외부 계약			
2급 이하 도서관 폐쇄			
시내에서 음료판매점 운영			
잉여서적 판매			
시내에서 서점 운영			

공공도서관의 경우 서비스를 '해야 하는 것', '해도 좋은 것', '해서는 안 되는 것'에 대한 판단이 있어야 한다. 이와 더불어 그 서비스가 무료여야 하는지, 또는 유료여야 하는지 등에 대해서도 물어볼 필요가 있다. 실제로 도서관 사서들을 대상으로 조사해보면 도서관이 그 지역의 어느 곳에 위치하고 있느냐에 따라 다른 답변들이 나타난다고 한다. 어떤 사서들은 어느 서비스가 이미 다른 곳에서 실시되고 있는지도 모르고 무작정 그 서비스는 절대 허용되어서는 안 된다고 주장하기도 한다는 것이다. 이렇게 의견이 일치되지 않은 것은 규정이 공식적(formal)일 수도 있고, 비공식적(informal)일 수도 있음을 의미하는 것이다.

법령이나 공적인 계약서, 감독관청 등으로부터의 지시 등과 같은 공식적 규정들은 대부분 '수행해야 하는 것'을 명확히 정하는 적극적 규정들이다. 그러나 현실에 있어서는 불가피하게 '할 수 있는 영역'과 '수행해서는 안 되는 영역' 사이의 경계선이 모호하여 어느 정도의 판단이 이루어져야 할 영역이 있는 것이다.

결국 규정재심사는 다음과 같은 이점을 가져다준다. 첫째, 규정분석은 조직이 반드시 수행해야만 하는 활동을 명확히 확인해준다. 그러한 활동들은 기존의 조직임무 및 목표(aims and core objectives)로 통합되어, 조직의 근본목표(purpose)를 달성할 가능성을 높여주는 것이다. 둘째, 규정분석은 조직의 임무 및 목표를 지나치게 좁게 봄으로써 아주 유익한 활동들을 빠뜨릴지도 모르는 가능성을 피하게 해준다. 셋째, 규정재심사는 사고방식을 변화시키고, 새로운 가능성과 보다 폭넓은 시행방안에 관하여 보다 자유롭게 생각할 줄 아는 사람들을 유치하는 데 도움을 줄 수 있다.

제3절 마케팅계획 수립의 고려요인

조직이 마케팅활동을 수행하기 위해 수립하는 모든 전략은 아래의 두 가지 기본적인 질문에 응답할 수 있어야 한다. 첫째, 우리는 어디로 가고 있는가? 둘째, 우리는 거기에 어떻게 도달할 수 있는가? 마케팅계획은 이러한 두 가지 측면의 물음에 대한 해답을 찾아내는 데 매우 많은 도움을 준다. 공공조직이 마케팅계획을 수립할 때 고려해야 할 요소로는 다음과 같은 것들이 있다.

1. 시장평가

우리 주위에는 시장에 대한 사전지식도 없이 시장에 뛰어들어 대단한 성공을 거둔 사례는 많다. 이러한 성공은 대부분의 경우 참신한 아이디어를 무의식적으로 도입함으로써 얻게 된 경우이다. 따라서 이러한 성공 레퍼토리를 지닌 조직은 대부분이 좋은 아이디어를 가지고 있는 신참 조직인 경우가 많다. 그러나 기실은 이러한 조직활동이 시장에서 성공보다는 실패로 이어지는 경우가 훨씬 많다. 그런데 이처럼 실패한 조직활동의 사례가 공공부문에서 발생해서는 안 된다. 왜냐하면 만약 공공부문에서 수행하는 사업이 실패하게 되면, 이는 공공사업의 비용부담자인 국민에게 많은 피해를 줄 것이고, 또한 유권자나 언론들이 이를 용인하려 들지 않을 것이기 때문이다. 시장평가를 위해서는 다음 항목들이 검토되어야 한다.

1) 과거의 역사

시장의 역사를 연구해보면 어떤 것이 가치 있는 것인지에 대한 영감을 얻을 수 있는 등, 시장에 대해 많은 것을 알 수 있게 된다. 그러나 어떠한 경우에는 처음에 좋은 의도를 가지고 시장조사를 하지만, 그 결과는 오히려 조직의 개혁을 방해하기도 하고, 때로는 개혁에 대한 장애물의 역할을 하기도 한다.

2) 현재의 상황

과거의 역사에는 눈이 밝은 사람들도 조직에 닥친 일이 현재 어떻게 돌아가고 있는지에 대해서는 모르는 경우가 많다. 경쟁자들은 무엇을 하고 있는가? 이전의 경쟁자들은 물러가고 있는가? 새로운 경쟁자들이 나타나고 있는가? 새로운 점은 무엇인가? 가격에는 어떠한 변화가 일어나고 있는가? 수요는 증가하고 있는가 또는 감소하고 있는가? 지금 시장에 떠돌고 있는 풍설(rumours)에는 어떤 것들이 있는가? 마케팅세계에서는 이러한 문제들에 대해서 언제나 촉각을 곤두세우고, 세상이 어떻게 돌아가는지를 세심하게 살펴야 한다.

3) 경향

마케팅담당자가 그 경향에 대해 끊임없이 주목하여 분석해야 할 필요가 있는 부문이 있다(예를 들면 특정분야에 대한 대학의 지원경향). 그런가 하면 어떤 분야에서는 사람들이 혼란과 불안정한 이론의 영향을 받을 수도 있다(유행의 요소를 가지고 있는 어떤 것).

4) 압력

공공부문의 조직들이 새로운 시장을 개척하거나, 또는 신제품을 개발할 때에 많은 이익집단들로부터 강한 압력에 직면할 가능성이 있다. 즉, 공공부문의 조직들은 그들이 새로운 시장에 참여하거나 또는 새로운 상품이나 서비스를 개발할 때, 이들과 경쟁 관계에 있는 다양한 종류의 이익집단들로부터 다양한 내용의 압력을 받게 된다.

5) 미래에 대한 기대

미래에 대한 기대는 앞에서 살펴본 네 가지 요소의 혼합이다. 조직의 전략에 대한 일반적 접근방법을 잘 반영하는 것은 그 전략들이 공식적인가, 그리고 계량적인가 하는 점이다. 마케팅계획을 수립할 때 어떤 조직은 시나리오(scenario building)를 활용하기도 한다. 또 다른 조직들은 모델을 사용하기도 한다.

관리자문을 위한 수리경제모델이 있는데, 이는 기업전망에 대한 전국경제인연합회(혹은 상공회의소)의 설문지 응답에 기초를 두고 있다. 어떤 사람들은 자신의 지식과 경험에서 오는 기대에 기초를 둔 나름대로의 방법(wet finger approach)을 선호하기도 한다. 반면에 공공부문에서 근무하는 사람들은 이러한 방법에 얽매이는 것으로 비치는 것을 원하지 않을 수도 있다. 왜냐하면 만약 일이 잘못되고 또한 상황이 적절하게 고려되지 못했다는 증거가 나타나면 이들에게는 커다란 위험이 따르기 때문이다.

6) 시장세분화

마케팅에서는 시장세분화가 중요한 흐름(major drivers) 중의 하나이다. 세분화는 우리가 무엇을 판매할 것인지, 또는 어디에서 누구에게 판매할 것인지를 구체화시켜 주는 역할을 수행한다. 시장이 많은 분리된 제품으로 구성된다고 유추하여 생각할 수도 있다. 가령 시장을 보건복지부에서 제공하는 제품과 관련시켜 생각해보면, 시장이 지리적 영역 또는 판로에 따라 분할될 수도 있다는 것을 알 수 있다. 마케팅계획에서 시장세분화는 다음 항목에 대한 자료를 수집하고, 그에 관한 의사결정을 해야 한다.

① **규모와 성장:** 최근에 있었던 그리고 앞으로 예상되는 각 세분의 성장과 쇠퇴의 규모

② **경쟁:** 개별 시장세분에 현재 경쟁자가 있거나, 또는 머지않아 경쟁자가 나타날 것이라고 가정해야 한다. 공공부문에서는 이것이 직접경쟁이 될 수도 있고, 또는 간접경쟁이 될 수도 있다. 조직이 선택한 시장세분에서 실제적이든 잠재적이든 그 경쟁의 강점과 효과성은 가능한 기회로 또는 위협으로 나타나게 될 것이다.

③ **시장점유율:** 일부의 시장세분에서는 점유율 규모의 중요성에 대한 논의가 뜨겁게 일고 있다. 시장의 공급자는 충분한 시장점유율(lion's share of segment)을 갖는 시장지도자가(market leader)가 되거나, 앞으로 시장지도자가 되려고 하는 시장추종자(market follower)가 되거

나, 큰 점유율을 갖지 않은 시장경기자(market player)이거나 또는 세분을 안정적으로 점유하면서 좁은 자기 영역에서는 아주 잘 꾸려가고 있는 적소지도자(niche leader)가 되거나 할 것이다. 논의의 초점은 시장세분 우위의 이점이 그를 달성하기 위한 높은 비용을 지불할 만한 가치가 있는가 하는 것이다. 이 논의는 아직도 판가름이 나지 않았다. 공공부문에서 시장점유율 자체는 직접적인 경쟁이 있는 것이 아니라면 그렇게 중요한 고려사항이 아니지만, 공공부문 공급을 위한 구체적인 적소(niche)나 또는 역할을 확인하는 것은 매우 중요한 일이다.

④ **기회와 문제:** 이것은 사람이 앞으로 되고자 하는 세분역할의 형태에 관한 의사결정을 하는 데 도움이 되는, 앞에서 언급된 세 가지 요소의 혼합이다.

2. 제품의 범위

새로운 제품을 시장에 도입하기 전에 그것의 성공 가능성에 대해서 먼저 생각해보아야 한다. 성공 가능성은 제품공급자가 가지고 있는 내부자원과 능력의 함수이며, 또한 외부적으로는 시장반응의 함수이기도 하다. 가령 어떤 병원이 조직이식센터를 새로 설립하거나 또는 기존의 센터를 확장하는 경우를 생각해보자. 이 문제는 외부적으로 볼 때 시장이 확장 중에(즉, 수요가 팽창하고) 있는지, 그리고 자금의 도달 가능성은 매우 높은지에 달려 있다.

한편 내부적으로는 이 사업계획이 공간과 훈련된 의사를 보유하고 있는지의 여부에 달려 있다. 따라서 마케팅계획은 다음 사항들을 고려해야 한다. 첫째, 현재 공급되고 있는 제품의 범위는 무엇이며, 이

범위는 적절한가, 둘째 개별 제품 및 포트폴리오의 수명주기(life cycle), 셋째 제품과 포트폴리오의 강점과 약점, 넷째 기획에 의한 새로운 제품의 개발이다. 제품과 제품개발의 전체적인 문제는 또 하나의 중요한 문제이므로 제7장에서 자세히 살펴보기로 한다.

3. 목적, 목표 및 우선순위

공공조직의 관리자들은 조직이 궁극적으로 지향해야 할 목적과 구체적인 목표를 세워야 하며, 또한 이를 달성할 책임을 져야 한다. 따라서 마케팅계획은 이러한 마케팅목표를 지원할 수 있도록 수립되어야 한다. 마케팅목표란 앞에서 제시한 두 개의 질문 중 첫 번째 질문 즉, '우리는 어디로 가고 있는가?'에 대답하는 것에 해당한다. 다른 대부분의 전략적 사고를 할 때 하는 것처럼, 마케팅목표를 정의할 때에는 '조직의 목적과 목표' 및 '우선순위'를 명문화할 필요가 있다.

조직의 목적과 목표는 가능한 숫자적으로 표현되는 것이 바람직하다. 그러나 경우에 따라서는 달리 접근하는 것이 더 적절할 수도 있다. 특히 공공부문에서는 더욱 그러하다. 공공부문은 수시로 변화할 가능성이 높은 여론이나 정보에 민감해야 하는 경우가 많으므로, 건강증진, 사망자 수의 감소, 또는 인식의 제고와 같은 아주 포괄적인 목표에 만족해야 하는 경우도 있다. 그러나 시장점유율과 같은 목표의 영역에서는 포괄적인 목표가 적절하지 않다. 따라서 가능하면 수리적인 표현을 사용해야 하겠지만, 그렇다고 해서 언제나 수리적인 표현을 사용해야 한다고 고집하는 것 또한 적합하지 않다.

4. 마케팅믹스 분야

일단 조직이 위에서 살펴본 전반적인 마케팅전략을 결정하면 마케팅믹스의 상세한 부분을 계획할 준비를 끝낸 것이 된다. 마케팅믹스는 현대 마케팅의 중요한 개념 중의 하나로서, 마케팅믹스란 조직이 표적시장에서 원하는 반응을 얻도록 하기 위해 사용하는 통제 가능한 전술적인 마케팅수단들의 집합이라고 할 수 있다. 마케팅믹스는 조직이 제공하는 상품, 서비스 및 아이디어의 수요, 또는 수요에 영향을 미치기 위해 활용할 수 있는 모든 수단으로 구성되어 있다.

5. 연차계획

'목적, 목표 그리고 우선순위' 업무는 '우리가 어디로 가고 있는가?'에 대한 질문에 대해 응답을 제시해준다. 그리고 '마케팅믹스'에 대한 업무는 '우리가 거기에 어떻게 다다르는가?'라는 질문에 대한 대답에 이르게 한다. 이제는 일반관리에 대한 사고방식을 단기적인 계획, 예산, 통제, 재심사 및 행동의 문제에 적용시킬 필요가 있다. 실제로 이들 요소들은 이음매 없이 하나로 연결된 전체인 것이지만, 여기에서는 개별요소들을 분리하여 고찰하고자 한다.

공공부문에 종사하고 있는 사람은 누구나 연차계획을 가지고 있다. 연도별 마케팅계획은 보통 전체적인 연차계획과 연합해 있으면서, 또한 그 일부분이 되기도 한다. 그러나 마케팅 연차계획의 세부내용은 보통 분리된 채로 작동하는 문서이기도 하다. 그렇게 하지 않으면 많은 경우 전체 계획이 제 기능을 발휘하지 못하고 혼란하기만 할 것이다.

6. 예산

선진국의 공공부문에 종사하는 대부분의 사람들은 매년 확보되는 정부예산으로부터 많은 편익을 얻고 있다. 지구 상에는 예산을 1년 단위로 확정하는 제도가 확립되어 있지 않은 나라도 있다. 어떤 학자들은 예산일년주의가 갖는 폐해를 보다 크게 부각시키기도 한다. 반면에 민간부문에 있는 상당수의 사람들은 예산일년주의를 지지하고 있다. 사실 정부가 지출하는 예산은 몇 년 전부터 시작되는 심의절차를 거쳐서 확정되는 것이다. 이는 바로 공무원들이 예산의 기본적 성격을 잘 알고 있음을 의미하는 것이다.

마케팅예산을 편성하는 공무원은 개별적인 마케팅구성 요소에 대해 총액규모로 표시되는 구체적인 금액의 예산을 편성해야 한다. 개별 구성요소의 규모는 산출 및 목적으로 하고 있는 것과 관련되어야 한다. 그러나 심지어 민간부문에서조차도 영기준예산(zero base budget)의 형태를 따르지 않고, 전년도의 예산에 예산산정의 기초를 두고 있다는 점을 우리는 인식해야 한다. 그들이 다음 해의 광고예산을 편성하는 것을 보면, 전년도와 마찬가지로 매상고의 몇 퍼센트로 표시하는 경우가 보통이다. 예산을 이런 식으로밖에 편성할 수 없는 데에는 전문직업주의・신뢰・지식의 결여가 한몫을 하기 때문이라고 할 수 있다.

7. 모니터링, 통제 및 심사

공공부문에서 종사하는 사람으로서 이 세 국면에 대해서 모르는 사람은 없을 것이다. 그들은 마케팅활동이 지금 사용되고 있는 MIS의 일부분이 될 것이라고 보고 있다. 추가적인 국면이 있다면 그것은 마케팅목표를 참조하여 매상고, 활동 혹은 결과를 재심사하는 보고체계를 갖추는 것이다. 보통의 경우 '모니터링, 통제 및 재심사'의 결과는 투입의 일부분으로 현재의 활동을 수정할 때 쓰이기도 하고, 다음 해의 자료로 사용되기도 한다.

8. 자원과 행동계획

자원변통이 금전 한 곳에만 관련되는 이야기가 아니라는 것은 누구나 다 아는 사실이다. 자원관리를 하기 위해서는 다음과 같은 의문을 제기해보아야 한다. 첫째, 우리의 필요에 충당될 여러 자원들을 충분히 보유하고 있는가? 둘째, 개별자원의 기준이 충분히 높은가? 셋째, 만약 부족한 점이 있다면, 그에 대응하기 위해 우리는 무엇을 해야 할 것인가? 행동계획은 이들 질문에 대한 응답을 다음과 같은 일련의 연속적인 활동과정에 반영할 수 있어야 한다. ㉠ 마케팅, ㉡ 이자소득과 자본(현금 부분), ㉢ 참모(숫자 및 배치), ㉣ 생산과 배분, ㉤ 효과성(행정의 질), ㉥ 연구 및 개발, ㉦ 근무분위기(사무실, 창고 등), ㉧ 공급업자(공급내용), ㉨ 기술, ㉩ 시스템이다.

행동계획은 단순해야 한다. 즉, 모든 행동들은 하나의 문장으로 표현될 수 있어야 한다.

9. 행동

훌륭한 전략을 계획하는 것은 마케팅활동을 성공적으로 이끌기 위한 출발점에 불과하다. 뛰어난 마케팅전략도 조직이 그것을 적절히 실행하지 못한다면 별다른 성과를 거둘 수 없을 것이다. 여기에서의 행동이란 전략적인 마케팅목표를 달성하기 위해서 마케팅계획을 활동으로 옮기는 과정을 의미한다. 따라서 여기에서는 마케팅계획이 효과적으로 실천되도록 하는 일·월별 활동이 포함된다. 행동하는 데 있어서 사소한 것이기는 하지만 주의해야 할 조건이 하나 있다. 즉, 의회의 시간계획에 주목해야 할지도 모른다는 점이다. 의회가 승인하기 전에 행동하지 않도록 주의해야 하는 경우가 간혹 있다.

제4절 마케팅계획의 수립과정

1. 전략적 마케팅의 기획과정

<그림 6-1>은 공공조직이 마케팅을 성공적으로 수행하기 위해 전략을 수립하는 과정을 나타낸 것이다. 이것은 크게 세 가지의 단계 혹은 하위부문(subsections)으로 구성되어 있다.

첫 번째 단계는 마케팅계획과 프로그램이 집행과정에서 직면하게 될 환경을 분석하는 단계이다. 이 과정은 조직의 내부환경을 분석하는 단계(조직의 사명·목적 및 목표, 문화, 장단점)와 조직의 외부환경을 분석하는 단계(표적고객, 경쟁자, 정치·경제·사회 기술적 거시환경)로 이루어져 있다.

두 번째 단계는 마케팅 노력을 유도할 광범위한 전략을 개발하는 단계이다. 이 단계 역시 두 개의 부문으로 이루어져 있다. 첫째는 조직의 마케팅 사명·목적 및 목표를 설정하는 단계이고, 둘째는 핵심 마케팅전략을 개발하는 단계인데 이 과정에서 표적시장, 포지셔닝 및 마케팅믹스에 관한 전략 등을 수립한다.

세 번째 단계는 집행단계이다. 이 과정에서는 두 번째 단계에서 수립된 핵심 마케팅전략이 구체적인 전술로 전환되며, 이러한 전술을 집행할 체제 및 조직을 설계하고, 또한 성과를 평가하기 위한 기준을 설정하며, 이에 관한 지표를 개발하는 단계이다.

물론 전략적 마케팅계획을 수립함에 있어 모든 조직이 <그림 6-1>에 나타난 바와 같은 모든 과정을 똑같이 거쳐야 할 필요는 없다. 가령 조직의 역사가 길고, 규모가 크며, 잘 정비된 조직과 이제 새로 태어나는 신생조직이 마케팅계획을 수립하는 과정, 또는 중심을 두어야할 단계는 각각 달라질 수 있다.

분석					
조직 내부분석			조직환경분석		
사명, 목적, 목표	문화	강점 약점	공중환경	경쟁환경	사회·경제·기술적 거시환경

전략
마케팅 사명, 목적, 목표의 설정
↓
핵심 마케팅전략의 개발

집행
집행조직과 체계의 설계
집행전술의 수립
성과측정 기준의 설정

〈그림 6-1〉 전략적 마케팅기획 과정

2. 환경분석단계

1) 조직분석

계획을 수립하는 과정은 조직이 현재 또는 기대되는 미래의 환경 속에서 추구해야 할 사명, 목적 및 목표를 결정하는 일에서 출발한다.[22]

(1) 조직의 사명, 목적 및 목표의 분석

① 사명(mission): 모든 조직은 사명과 함께 출발한다. 왜냐하면 사실상 조직은 주로 합리적인 수단을 사용하여 그들의 특별한 사명을 수행하기 위해 구성된 인간들의 집합체이기 때문이다. 따라서 조직의 관리자들은 조직이 표류하고 있을 경우, 새로운 목표를 추구하기 위한 탐색을 재개하기 위해 다음과 같은 내용들을 스스로 질문해 보아야 한다. '우리의 사업은 어떤 것인가?', '누가 우리의 고객인가?', '우리의 고객들은 무엇을 가치 있다고 여기는가?', '우리의 사업이 어떻게 될 것이며, 어떻게 되어야 할 것인가?' 이러한 질문들은 간단하게 들리지만 기실은 조직이 제기할 수 있는 가장 어려운 질문들이다.

특히 공공부문의 조직은 활동과정에서 그들의 중간목표들과 사명의 혼동을 피하기 위해, 또는 이들 간에 일관성을 유지하기 위해 사명을 설정하는 일은 매우 중요한 일이다. 그뿐만 아니라 조직의 사명은 조직이 봉사해야 할 서비스를 하여줄 수 있다는 측면에서 매우 중요하다. 한편 조직이 궁극적으로 지향해야 할 사명을 정립하는 데 고객지향적 심리구조는 매우 유용한 역할을 수행한다.

---

22) 사명, 목적, 목표라는 개념은 다음과 같은 측면에서 구별된다. 사명(mission): 조직이 성취하기 위해 노력하는 기본적 목적, 목적(objective): 시장점유율, 이윤, 명성 등과 같이 조직이 강조할 주요 변수, 목표(goal): 크기, 시간, 책임성 등과 관련하여 구체화된 조직의 목적.

조직은 그들의 사명을 정립할 때 다음과 같은 사항에 유의하여야 한다. 첫째, 조직의 사명은 달성이 가능해야 한다. 즉, 조직은 달성이 불가능한 사명은 피해야 한다. 그래야 조직구성원들의 지지를 받을 수 있다. 둘째, 조직의 사명은 조직구성원들에게 동기를 부여해줄 수 있어야 한다. 즉, 조직의 사명은 조직구성원들 스스로가 조직의 가치 있는 구성원으로 느낄 수 있도록 만들 수 있는 것이어야 한다. 셋째, 조직의 사명은 다른 조직과 구분될 수 있는 것이어야 한다. 조직의 사명은 다른 조직의 그것과 구분이 가능할 때 보다 잘 작동한다. 조직은 다른 조직과 구분되는 사명을 배양함에 의해서 충성스런 고객집단을 유인할 수 있다.

많은 조직들은 그들이 지향해야 할 궁극적 목적을 나타내는 조직의 사명을 나타내기 위해 공식적인 사명문(mission statement)을 갖고 있는데, 이러한 사명문은 조직이 거대한 환경 속에서 성취하고자 하는 것을 나타내는 것이다.

잘 짜인, 분명한 사명문은 조직의 구성원들이 전체적인 조직의 목표를 향해 독립적이면서도, 협동적으로 활동할 수 있도록 이끌어주는 '보이지 않는 손'으로 작용한다. 따라서 조직은 달성이 가능하고, 구성원에게 동기를 부여할 수 있는 사명을 정립하기 위해 노력해야 한다.

② **목적(objectives)**: 목적은 조직이 지향해야 할 광범위한 방향을 의미한다. 반면에 조직의 목표란 이러한 방향을 조작화(가능하면 숫자를 사용하여)한 것을 의미한다. 가령 A라는 국립대학의 목적은 질(質)이 높은 학생의 유치, 학교명성을 높이는 것, 많은 기부금의 유치, 학교시설의 개선, 등록학생 수의 증가 등으로 규정할 수 있다. 반면에 목표는 내년 가을학기에 등록학생 15%의 증가 등으로 표시할 수 있다.

대부분의 조직은 여러 개의 목적을 가지고 있다. 그런데 이러한 목적들은 조직이 갖는 예산상의 한계, 또는 목적들 사이의 양립 불가능성 등과 같은 여러 가지의 이유들 때문에 조직이 동시에 달성할 수 없는 것들도 있다. 따라서 조직은 이러한 목적들 중에서 일부의 것들을 선택해서 집중적으로 추구해야 하며, 일부의 목적들은 무시해야 할 경우도 있고, 어떠한 경우에는 일부의 목적들을 제약요인으로 간주해야 할 때도 있다. 이러한 이유들 때문에 조직의 주요 목적은 조직이 직면한 상황, 즉 조직이 직면한 여러 가지의 문제들 중에서 무엇을 현안문제로 규정하느냐에 따라 매년 달라질 수 있다.

③ **목표(goals):** 선택된 목적은 조작이 가능하고, 측정할 수 있는 목표의 형태로 재언명되어야 한다. 가령 '등록학생 수의 증가'라는 목적은 '다음 해 가을학기 등록학생 수의 30% 증가' 등과 같은 목표의 형태로 재언명되어야 하는 것이다. 이처럼 수리상의 개념으로 파악하기 쉽게 구체화된 목표문(goal statement)은 조직의 계획 및 프로그램의 수립이 가능할 수 있도록 하는 역할을 수행하며, 아울러 조직이 목적을 제대로 추구하고 있는지의 여부를 통제할 수 있게 하여준다.

일반적으로 조직은 많은 세트(sets)의 잠재적 목표들을 가지고 있는데, 이들 간의 일관성을 평가하고 우선순위 등을 조정하여 의미 있고 달성 가능한 목표의 형태로 전환한다. 때문에 조직의 관리자들은 많은 잠재적 목표들을 평가하고, 일관성을 검토한 연후에 한 세트의 목적 및 목표 집합을 선택해야 한다. 조직은 이러한 작업을 완료한 후에야 비로소 구체적인 전략형성 작업에 들어갈 수 있다.

어떠한 경우에는 조직이 대외적으로 표방한 목표와 조직이 실제 추구하는 목표가 다른 경우도 있다. 이러한 경우 마케팅담당자는 조직의 관리자들이 실제 추구하는 목표가 무엇인가를 깨달아야 한다.

한편 조직의 실제 목표와 조직이 대외적으로 표방하는 목표가 서로 상충되는 경우에 마케팅담당자는 조직이 실제로 추구하는 목표에 우선순위를 부여해야 한다.

(2) 조직문화의 분석

다수의 행정 및 경영학자들은 조직이 갖는 특유의 문화가 조직이 성취할 수 있는 것의 가장 중요한 결정요인이라고 주장한다. 이러한 예는 성공한 많은 조직에서 찾아볼 수 있다. 그런데 많은 비영리조직의 경우 그들에게 고유한 문화적 갈등으로부터 고통을 받고 있는 것으로 나타나고 있다. 이러한 갈등은 조직의 마케팅담당자들이 시장에서 그들의 능력을 발휘하는 데 제약요인으로 작용하고, 심한 경우 조직이 분열할 수도 있는 위험을 제기한다.[23)]

문화적 갈등의 가장 심각한 결과는 조직이 직면하는 정신분열증의 증세이다. 즉, 조직에 문화적 갈등이 있는 경우 조직구성원은 조직이

---

23) 이러한 문제는 비영리조직이 발전도상국에서 마약퇴치와 피임에 대한 사회적 마케팅 프로그램을 운영하는 경우를 대상으로 생각해보면 쉽게 이해할 수 있다. 대개의 경우 사회적 서비스 마케팅을 수행하는 조직은 처음에는 개인이나 또는 특별한 집단에 의해서 출발한다. 이들 집단은 초기에는 '사회적 봉사의 문화'에 의해 지배되며, 따라서 이들 조직은 문화적 갈등을 경험하지 않는다. 왜냐하면 이들은 먼저 그들이 사회적으로 유익한 사업을 수행하고 있다는 자부심을 갖고 있기 때문이고, 또 다른 이유는 사업 초기에는 집단구성원들 간에 우정이 매우 돈독하기 때문이다. 무엇보다도 이들이 다른 조직과 경쟁을 하지 않는다는 이유 역시 이들이 집단 내부에 문화적 갈등을 겪지 않는 중요한 요인이 된다. 따라서 이러한 상태하에서의 조직은 비효율, 낭비 등의 문제에 매우 관대하다.

　　그러나 이들이 사업을 수행하는 과정에서 새로운 구성원들이 이 조직에 들어오고, 활동을 수행하는 데 필요한 자원이 부족해지기 시작하며, 또한 적은 보수와 열악한 시설 속에서 근무하게 되는 상황에 직면하게 될 때, 조직의 구성원들은 조직의 비효율적 운영에 대해 불만을 갖기 시작한다. 특히 이들의 불만은 경쟁자가 나타나 조직이 내외적으로 위협을 받고 있을 때 더욱 심각해진다. 이러한 불만을 해결하기 위해 조직의 관리자는 경영전문가와 마케팅에 의존하게 된다. 물론 조직이 직면한 위기를 타개하기 위해 마케팅은 처음에는 유용한 도구가 된다. 왜냐하면 조직구성원들은 도입 초기 단계의 마케팅은 그들의 사명을 완수하기 위한 수단에 지나지 않는다고 생각하기 때문이다. 그러나 이들은 마케팅이란 조직이 오래된(과거의) 조직문화에 의해 지배되는 경우 기대한 것처럼 그렇게 효과적이지 못하다는 것을 깨닫지 못한다. 왜냐하면 훌륭한 마케팅담당자나 또는 사업의 관리자는 '기업문화(corporate culture)'에서 나오기 때문이다. 따라서 마케팅이 그 효력을 발휘하기 위해서는 조직의 문화가 바뀌어야 한다. 이 과정에서 조직은 분열의 위기를 겪게 되는 것이다.

지향하는 방향에 대해 확신을 하지 못한다. 그뿐만 아니라 조직구성원들 사이에는 좋지 않은 감정이 팽배해지고, 불신이 깊어지며 또한 지향하는 가치가 서로 다르게 된다. 이러한 문화적 갈등으로 인해 발생하는 문제를 해결하는 방법에는 다음과 같은 것들이 있다.

첫째, 조직의 주요구성원들은 문화적 갈등의 징후를 인지하는 법을 배워야 하고, 조직 내에 문화적 갈등이 존재하며 이것이 조직을 개인적·전문적으로 쇠약하게 하는 영향이 있다는 것을 받아들여야 한다.

둘째, 조직의 관리자들은 갈등을 해결하기 위해 별도의 시간을 정해야 하며, 이러한 문제를 완전히 해결하는 데에는 많은 시간이 소요되며 또한 일부의 직원이 사임해야 되는 상황이 올 수도 있다는 사실을 인정해야 한다.

셋째, 문제를 해결하기 위한 초기의 토의는 만약 하나의 문화가 조직을 지배하지 않거나, 조직이 지향하는 문화와 다른 문화를 지향하는 구성원들이 지배적인 조직문화에 적응하려 하지 않는다면 조직은 최악의 경우 실패할 운명을 피할 수 없으며, 최상의 경우에도 지속적인 마찰과 유쾌하지 못한 작업환경에 처할 수밖에 없다는 가정하에 전개되어야 한다.

넷째, 조직 내의 모든 정파가 인식적으로 또는 정서적으로 위기에 너무 밀접하게 직면해 있기 때문에, 해결책은 문제에 민감하고 또한 참여자가 직면한 문제를 해결하는 데 도움을 줄 수 있는 기술을 보유한 외부의 촉성자(catalyst)를 활용하여 찾아질 수 있다.

다섯째, 해결책은 모든 주요 조직구성원들이 그들 스스로 느끼는 조직의 기본적 사명, 이를 달성하기 위한 가장 훌륭한 수단, 그들이 느끼고 있는 조직이 사용하기에 부적절한 수단(효율성과 윤리라는 측면에서), 그들이 개인적으로 조직에 참여를 통해 성취하기를 원하는 것 등을 정확하게 기술할 준비가 되어 있을 때에 찾아질 수 있다.

여섯째, 일단 조직구성원들의 인식, 소망, 희망들이 밝혀진 뒤에는 최소한의 간섭과 함께 조직과 참여자들의 목표를 극대화할 수 있는 방법에 대한 탐색이 이루어져야 한다.

일곱째, 이러한 과정의 궁극적인 결과는 문화적 갈등의 해소뿐만 아니라, 참여자들의 가치의 고려를 통해 조직구성원의 감정이입적·생산적 관계를 강화하여 이들 간의 공동행위자로서의 결속력을 높여줄 수 있을 것이다.

(3) 조직의 강점과 약점의 분석

조직 내부 분석의 세 번째 부문은 조직의 강점과 약점을 냉정하게 검토하는 것이다. 많은 경우에 이러한 분석은 조직의 시장환경에서 기회를 평가한 후에 이루어진다.

조직의 약점은 다음 두 가지 형태로 분석해볼 수 있다. 첫째는 조직이 할 수 있도록 허용된 것에 대한 조직적 또는 환경적 제약요인 형태의 약점이다. 많은 비영리조직의 경우 이러한 제약요인에 직면한다. 가령 미국의 국세청이 비영리조직이 그들의 활동과 관련이 없는 곳으로부터 수입을 발생시키는 것에 대해 암묵적인 한계를 설정하였던 일, 기부자들이 그들이 기부한 돈으로 조직이 할 수 있는 일에 대해 제한을 가하는 일, 또는 개발도상국가에서 정부가 민간단체에 공공부문에서 수행하는 활동을 모방할 수 없도록 하는 일 등이 이러한 형태의 약점에 해당한다.

두 번째 형태의 약점은 시정이 가능한 형태의 것이다. 즉, 적절하지 못한 조직의 구조·전략·전술 등의 문제가 이에 해당한다. 놀랍게도 많은 조직의 관리자들은 조직이 안고 있는 이러한 결함에 대해서 모르고 있다. 따라서 조직은 수시로 외부의 전문가를 동원하여 마케팅기능을 포함한 조직 전체에 대해 감사를 실시해야 한다. 조직에 대한 감사는 조직의 내외적 환경을 모두 대상으로 한다. 따라서 감사는 전략적 마케팅기획 과정의 일부로서 비영리조직의 내외적 환경의 분석을 수행하기 위한 중요한 수단으로 활용될 수 있다. 특히 조직이 지닌 문제점을 분석하는 데 외부의 감사(audit)를 활용하는 방법은 개선될 필요가 있는 마케팅분야와 또한 시장에서 성공의 조건을 구성하는 조직능력을 식별할 수 있다는 측면에서 매우 중요하다.

마케팅감사란 조직이 안고 있는 문제와 기회를 결정하고, 조직의 전략적 마케팅업적을 개선하기 위해 하나의 행동계획을 권고할 목적으로, 조직의 마케팅 환경·목적·전략 및 활동 등을 포괄적이고 체계적이며, 독립적·주기적으로 검토하는 것을 의미한다. 마케팅감사는 조직의 마케팅성과를 평가하는 데 중요한 정보를 수집하는 회계감사관들에 의해서 수행된다. 이들이 취급하는 주요 토픽(topics)은 다음과 같다. ⓐ 감사성공의 기준: 포괄성, 객관성, 적시성, 유용성, 명확한 커뮤니케이션, ⓑ 마케팅감사의 절차: 감사에 필요한 기초자료의 조사 → 주요 경영자 측 접촉 → 감사계획 준비 → 제2차 정보의 검토 → 제1차 자료수집 계획 → 현지방문의 실행 → 감사양식의 완성 → 최종보고서의 준비→프레젠테이션→추가조사이다.

2) 외부환경 분석

마케팅담당자는 끊임없이 변화하는 환경 속에서 활동을 한다. 조직 내부의 환경이 마케팅담당자에게 조직에 바람직한 것과 허용되는 것을 규정해준다고 한다면, 조직 외부의 환경은 조직에 가능한 것을 규정해준다. 외부환경은 공중환경, 경쟁환경 및 거시환경 등 세 개의 구성요소로 이루어져 있다.

(1) 공중환경(public environment)

공중환경은 초점조직(focal organization)의 활동에 관심이 있는 집단과 조직들로 이루어져 있다. 여기에서 공중(public)이란 어떠한 의미에서 그들의 실재적 또는 잠재적 수요가 봉사 받아야 할 사람이나 조직의 집단을 의미한다. 공중환경은 지역의 공중들, 활동가 공중(activist), 일반공중, 매체(media)공중, 규제기관 등으로 이루어져 있으며, 이들의 행동은 초점조직의 복지에 영향을 미칠 수 있다.

마케팅담당자들이 외부환경을 검토할 때 그들은 조직이 몇 개의 공중을 포함하고 있으며, 조직은 이들 모두 혹은 대부분을 대상으로 마케팅을 해야 한다는 사실을 깨닫게 된다. 이것이 영리조직과 비영리조직을 구별하는 중요한 차이가 된다. 조직이 그를 둘러싸고 있는 주요 공중을 식별하는 것은 매우 쉬운 일이다. 모든 공중이 동등하게 조직에 활동적이거나 중요하지는 않다. 공중은 그들이 조직과 갖는 기능적 관계에 따라 다음 몇 가지의 유형으로 구별해볼 수 있다.

① **투입 공중(input publics)**: 투입 공중은 주로 조직에 자원을 제공하거나, 제약을 가하는 공중들이다. 이들로는 조직에 필요한 자금 및 자산 등을 지원하는 기증자(donors), 조직에 필요한 상품 및 서비스를

제공하는 공급자, 조직에 활동의 규칙을 부과하는 규제기관 등이 있다.

② **내부 공중(internal publics)**: 최근에 들어와 조직의 외부마케팅 못지않게 중요한 것이 내부마케팅이다. 조직의 내부공중은 조직의 전략을 규정 및 수정하고, 이를 실행하는 역할을 수행한다. 따라서 마케팅이 본래 의도한 목표를 달성하기 위해서는 이들 내부공중들이 마케팅의 심적 구조를 이해하고, 내면화할 수 있어야 한다. 그뿐만 아니라 이들은 마케팅전략을 실행하는 데 도움을 줄 수 있어야 한다. 내부공중은 조직의 경영진, 이사회, 직원, 자원봉사자 등으로 이루어져 있다(공적 기관의 경우에는 자원봉사자가 없고, 이사회로서 정부기관이나 또는 입법위원회를 두는 경우도 있음).

③ **중개 공중(intermediary publics)**: 중개 공중이란 조직이 생산하는 상품 및 서비스의 촉진활동을 수행하는 데 도움을 주거나, 또는 최종소비자에게 이들을 전달하는 데 도움을 주는 개인 및 조직을 의미한다. 가령 도매상, 소매상, 대리인(agent), 촉성자 등이 이에 해당된다.[24] 그뿐만 아니라 조직에 도움을 주는 광고대행사, 운송회사, 마케팅조사 기관, 마케팅컨설팅 기관 등도 중개 공중에 해당한다.

④ **소비 공중(consuming publics)**: 소비 공중이란 조직의 존재 이유가 되는 고객, 조직이 위치하고 있는 지역의 거주자들 및 공동체, 소비자단체, 환경단체, 공익집단, 일반공중, 각종의 매체 등과 같이 조직의 산출물에 관심이 있는 다양한 집단을 일컫는다. 이에 대해 좀 더 자세히 살펴보면 다음과 같다. 첫째, 고객은 마케팅담당자의 제1의 공중으로 소비자, 구매자, 유권자 등 다양한 형태의 용어로 불린다.

---

24) 촉성자(facilitator)란 운송회사, 부동산회사, 매체기업(media firms) 등과 같이 조직이 생산하는 상품·서비스·메시지의 분배를 돕는 일을 하는 조직을 의미한다. 그러나 이들 조직은 상품에 대한 소유권을 갖거나 구매 협상을 하지 않는다. 이러한 촉성자들은 그들이 수행하는 활동에 대해 일정한 수수료를 지불받는다.

가령 죄수들은 교도소의 고객이 된다. 둘째, 지역거주자는 조직이 위치해 있는 지역에 거주하는 사람들이다. 대개의 경우 조직은 몇 개의 지역 또는 국가에 위치하고 있는데, 이때 조직의 이웃에 사는 거주자들이나 공동체가 이에 해당한다. 이들은 조직의 활동에 적극적 혹은 수동적인 관심을 가진다. 조직은 보통 지역공동체를 전담하는 직원을 임명한다. 이들은 지역주민과 밀접한 관계를 유지하면서 그들이 제기하는 질문에 응답하고, 또는 이들과의 모임에도 참여한다. 셋째, 행동주의자(activists)들로 근래에 들어 조직이 소비자단체, 환경단체, 다른 공익집단 등 행동주의자로부터 청원당하는 경우가 증가하고 있다. 이에 대해 조직은 그들의 경영에 관한 의사결정을 함에 있어 사회적 기준을 수용하기 위해 노력하거나, 이 문제를 전담하는 직원을 이들에게 파견하여 이들과 지속적인 접촉을 유지하면서 조직의 사명, 목적 및 목표 등을 이해시키기 위해 노력한다. 넷째, 매체 공중은 TV·라디오·신문·잡지 등과 같은 언론기관을 의미한다. 언론기관은 조직이 그들의 목표를 성취하는 데 매우 중요한 역할을 수행하기 때문에 조직의 관리자들은 이들의 관심에 매우 깊은 주의를 기울인다.

(2) 경쟁환경(competitive environment)

비영리조직의 경우 1990년대까지는 시장에서 경쟁의 존재를 크게 중요시하지 않았다. 즉, 비영리조직에 근무한 사람들은 경쟁을 민간부문 시장의 특성으로 인식하였다. 가령 최근까지도 병원은 다른 병원들을 경쟁자로 보지 않았고, 박물관 역시 다른 박물관을 무시하였으며, 심지어 적십자사의 경우에는 다른 수혈은행을 똑같은 공공목적을 추구하는 기관으로 인식하였다. 그러나 오늘날 비영리조직의 경우에도 경쟁자는 조직의 생존을 위해 매우 중요한 존재가 되었다. 가령 병원의 경우 이웃에 있는 병원은 환자를 유치하거나 의사를 채용함에 있어 중요한 경쟁자가 되고 있고, 혈액은행들은 헌혈자를 유치한다는 측면에서 상호 간에 경쟁을 한다. 경쟁자에 대한 정보는 다음과 같은 다양한 원천(source)으로부터 얻을 수 있다.

① **경쟁자 자신으로부터**: 연례보고서, 뉴스레터, 기획문서, 마케팅 브로슈어, 광고, 연설 및 공적 언명, 규제기관에 대한 보고서, 구인(구직) 광고

② **외부 관찰자로부터**: 공급자, 동업자 단체, 다른 경쟁자, 신문기사, 잡지기사, 주식시장분석, 법원 기록, 유통경로, 광고기관, 금융기관, 근무한 적이 있는 피고용인

③ **자신의 조직으로부터**: 판매 및 서비스 담당자, 인사부서, 경제 또는 시장 연구자

④ **경쟁자의 고객으로부터**: 시장조사, 인터뷰, 서베이조사, 소비자 그룹(focus group)

(3) 거시환경(macro environment)

환경이란 조직의 목표달성에 영향을 미치는 조직의 내부와 외부의 모든 요인의 집합을 의미한다. 거시환경은 이러한 외부요인 중의 하나로서 한 국가 혹은 사회의 모든 조직에 영향을 미친다. 또한 조직의 입장에서 보면 통제가 거의 불가능한 요인으로서 조직의 성장방향, 경영전략 등에 직접적으로 영향을 미칠 뿐만 아니라, 간접적으로 조직에 다양한 기회와 위협요인을 제공한다. 조직의 마케팅전략 수립에 영향을 미치는 거시환경의 구성요인으로는 인구 통계학적·기술적·정치적·법적·사회적·문화적 요인 등이 있다.

이러한 요인들의 성격은 국가에 따라 변화하고, 같은 국가 내에서도 지역에 따라 또는 분야에 따라 영향력의 크기는 달라진다. 가령 이들 요인 중 사회적 서비스를 공급하는 조직의 마케팅에는 인구 통계학적·정치적 요인이 중요한 영향을 미치는 반면에, 경제적 요인은 자선 기관에 중요하며, 기술적 요인은 병원에, 그리고 사회적·문화적 요인은 공원과 레크리에이션 서비스에 중요한 영향을 미친다.

① **인구 통계학적 환경:** 소비자의 연령구조, 소득수준, 라이프스타일, 학력수준 등과 같은 요인들은 조직의 인구 통계학적 환경을 구성하는 것으로서 시장구조에 중요한 영향을 미친다. 인구 통계학적 환경은 사람을 포함하고, 또한 사람이 바로 시장을 구성하므로 이러한 요인은 마케팅담당자가 깊은 관심을 기울여야 할 사항 중의 하나이다.

② **경제적 환경:** 시장이란 단순히 사람들뿐 아니라 구매력으로 형성된다. 경제적 환경은 소비자의 구매력과 소비유형에 영향을 미치는 요인들로 구성된다. 소득·생활비·이자율·저축·차입유형 등과 같은 경제적 변수들은 소비자들의 구매력을 직접 결정하기도 하며, 간접적으로 소비자들의 태도와 가치관에 영향을 주어 궁극적으로 소비행태에 영향을 미치기도 한다.

③ **기술적 환경:** 기술적 환경은 아마도 산업 전반에 걸쳐 가장 극적인 영향을 미치는 요인일 것이다. 시장에 신기술이 도입되면, 이는 오래된 기술을 대체한다. 가령 트랜지스터가 진공관산업을 전자복사기가 먹지산업을 자동차가 철도산업을 대체한 것이 이러한 사례에 해당하는 대표적인 경우이다. 따라서 마케팅관리자는 기술적 환경의 변화와 신기술이 인간의 욕구를 어떻게 충족시킬 수 있는가를 이해할 수 있어야 한다.

④ **정치적 환경:** 마케팅 의사결정은 정치적 환경의 변화와 전개에 크게 영향을 받는다. 가령 어떤 제품 수입국의 정치적 환경이 불안해지면, 관련 산업 전체에 수입이 중단되는 사태가 일어날 수도 있다. 또한 국내의 정치적인 불안도 소비자들의 구매성향을 위축시키기 때문에 판매량을 위축시키고 시장의 경쟁을 더욱 치열하게 만들기도 한다.

⑤ **법적 환경:** 세계 대부분의 국가들에서 조직의 활동에 영향을 미치는 법률이 그동안 꾸준히 증가되어 왔다. 가령 경쟁, 공정한 거래관행, 환경보호, 제품의 안전성, 광고의 진실성, 포장 및 표찰, 가격결정 등과 같은 문제를 다루는 많은 법률이 이에 해당한다.

앞으로도 조직의 시장활동에 영향을 미치는 새로운 법규와 그 집행이 계속 증가될 것이다. 조직의 관리자는 마케팅 프로그램을 계획할 때 이러한 법규의 추세를 주시해야 한다. 기본적으로 마케팅담당자는 경쟁, 소비자 및 사회를 보호하는 법률에 대해 통달해야 할 뿐만 아니라, 지역·국가 및 국제적인 수준에서 이러한 법규들을 잘 이해하여야 한다.

3. 전략개발단계

일단 마케팅관리자들이 전략적 마케팅계획 수립과정의 첫 번째 단계를 끝마쳤으면, 다음 단계에서는 지금까지 수집하였던 자료를 토대로 마케팅을 위한 장기적 전략을 수립하고 이에 근거하여 핵심 마케팅전략을 준비해야 한다. 마케팅을 위한 장기적인 전략을 수립함에 있어 무엇보다도 중요한 사항은 외부환경에서의 기회와 위협을 조직 내부의 강점 및 약점과 비교하는 일이다. 이러한 요인들을 고려하여 조직은 그들 자신이 마케팅을 통해 추구해야 할 진실한 의미의 사명과 목적 및 목표를 정립해야 한다. 즉, 이 단계에서는 마케팅 담당 부서의 사명과 목적 및 목표를 설정해야 한다.

1) 마케팅목적 및 목표의 설정

(1) 마케팅목적

집중된 마케팅전략을 개발하기 위한 첫 번째 단계는 조직 또는 프로그램이 마케팅을 통해 지향해야 할 방향을 결정하는 일이다. 이것은 마케팅목적이 수행하는 역할이다. 마케팅목적은 마케팅관리자가 전략적 마케팅기획이 끝나는 시점에서 존재하기를 원하는 하나 또는 몇 개의 위치를 설정하는 것을 의미한다. 가령 비영리 마케팅조직이나 프로그램의 궁극적 목적은 고객의 행태에 영향을 미치는 것이다. 따라서 이러한 조직의 전략적 기획에서는 다음과 같은 사항에 대해 최소한 1개 이상의 목적을 밝혀야 한다.

○ 표적청중
○ 하나 또는 한 세트의 행태
○ 그러한 행태의 현재 상태
○ 그러한 행태의 제안된 상태(즉, 현재의 행태가 지향해야 할 바람직한 상태)

도서관이라는 비영리조직의 가상적인 사례를 통해 이에 대해 구체적으로 살펴보면 다음과 같다. 가령 A라는 도서관은 매월 도서관을 이용하는 70세 이상 노인들의 수를 앞으로 3년 이내에 급격하게 증가시키는 것을 조직 제1의 마케팅목적으로, 그리고 이들이 도서관을 방문하였을 경우 이용하는 서비스의 수와 다양성의 증가를 제2의 마케팅목적으로 규정할 수 있다. 이러한 목적의 언명에는 다음 두 가지의 특징이 있다. 첫째, 마케팅목적에 한정된 기간의 시간(3년)을 구체화하였다는 점과 둘째 마케팅목적을 제1과 제2의 목적으로 구분하여 선정하였다는 점이다. 조직이 추구하는 마케팅목적이 여러 개 있을 경우에 그들 간에 우선순위를 설정하는 것은 매우 중요한 일이다. 왜냐하면 예산에 제약이 있거나, 또는 프로그램을 집행하는 과정 중에 갈등이 발생하였을 경우 우선순위가 설정된 목적들은 마케팅담당자가 선택을 할 때 도움을 줄 수 있기 때문이다.

때로는 마케팅 프로그램에 제1의 청중 외에도 제2의 청중이 있을 수 있다. 이러한 이유는 마케팅 프로그램이 표적으로 하는 제1의 청중에 영향을 미치기 위해서는 다른 청중의 영향력이 필요하기 때문이다. 가령 70세 이상의 노인을 도서관에 오도록 유인하기 위해서는 이들에게 도서관을 이용하도록 설득할 수 있는 권력을 가진 사람들(양로원의 관리자 등)의 도움이 절대적으로 필요하기 때문이다.

한편 마케팅의 목적은 임시(interim)목적과 최종(final)목적으로 구성될 수도 있다. 예를 들면 도서관에서 제공하는 서비스에 대해 알고 있으면서, 지난 6개월 동안 도서관을 찾지 않았던 70세 이상 노인의 이용률을 증가시킨다거나, 또는 지난 6개월 동안 도서관을 이용하였던 사람들의 도서관서비스에 대한 평균 만족비율을 높이는 것 등은 도서관관리자가 설정할 수 있는 임시목적이 될 수 있다.

(2) 마케팅목표

마케팅목적이 수리상의 척도(numerical benchmarks)로 전환된 것을 마케팅목표라 한다. 여기에서의 척도란 조직의 관리자가 목표성취도를 평가할 수 있도록 하는 일종의 측정체계이다. 따라서 목표에는 항상 특정한 시간상의 최종기한이 있어야 한다. 이러한 측면에서 목표는 조직의 마케팅계획이 진전된 상태를 체크하고, 목표성취에 대한 책임을 지우는 데 매우 중요한 역할을 수행한다. 즉, 목표는 이를 책임질 인력의 배치를 필요로 하며, 이것은 누가 목표성취를 위한 책임을 지고 있는가를 명확히 한다. 일반적으로 마케팅목표는 다음과 같은 특성을 지녀야 한다.

○ 마케팅담당 직원들에게 지시할 수 있어야 한다.
○ 현재와 기획 시점 사이에 기본적 진로(pathway)를 기술해야 한다.
○ 진전된 상태가 측정될 수 있는 척도를 제공해야 한다.
○ 긴급한 사태가 발생하였을 경우를 가정한 사전대책(contingency plans)의 집행을 위한 촉발장치를 규정해야 한다.
○ 직원들이 과거에 수행하였던 것보다 더 많은 것을 성취할 수 있도록 동기를 부여할 수 있어야 한다.
○ 미래의 업적보상을 위한 근거를 설정해야 한다.
○ 외부세계에 조직의 방침을 전달할 수 있어야 한다.
○ 요구되는 마케팅 추적정보를 식별할 수 있어야 한다.

그러나 비영리조직의 경우 다음과 같은 여섯 가지의 이유 때문에 정확한 목표의 정의가 어렵다. 첫째, 많은 비영리조직의 관리자들은 책임성(accountability)을 두려워한다. 왜냐하면 엄격하지 않은 감시를 받으며 업무를 수행하기 위한 것이 그들이 비영리조직이라는 직장을 선택한 동기의 일부를 이루기 때문이다. 둘째, 많은 프로젝트는 조직의 관리자들이 더 이상 조직의 사명에 봉사하지 않고, 또한 이 프로젝트의 성과에 대해 관심을 보이기를 원하는 사람이 아무도 없을 때 조차도 계속된다. 셋째, 비영리조직의 경우 가끔은 그들이 활동을 하는 데 이용할 수 있는 자금이 있다는 이유 때문에 프로젝트를 수행하는 경우가 있다. 넷째, 일부의 비영리조직 담당자들은 관리과학이 인도주의적인 관심을 대체할 것이라는 점을 두려워한다. 다섯째, 비영리조직 관리자들은 사업과 가치 있는 어떠한 일을 수행하는 것을 동일시한다. 여섯째, 비영리조직들은 그들에게 행동방법을 알려주는 재정적 보고목록표를 거의 구비하지 않는다. 그러나 이러한 문제들은 마케팅담당자들이 마케팅에 대한 전략적 기획 및 관리기법에 대해 교육·훈련을 받으면 대부분 해결될 수 있는 것들이다.

2) 핵심 마케팅전략의 개발

지금까지 살펴본 것들 외에 전략개발단계에서 결정해야 할 많은 요소들, 가령 표적시장, 포지셔닝 및 마케팅믹스 등에 관한 내용들은 전략적 마케팅기획의 핵심내용으로 이후에 전개되는 부분에서 자세히 취급하기로 한다.

4. 집행계획의 설계단계

전략적 마케팅계획 수립의 마지막 단계는 위에서 살펴본 마케팅전략을 실천하기 위한 구체적인 집행계획을 수립하고, 이를 평가하기 위한 성과평가의 척도를 개발하는 단계이다. 따라서 이 단계에서는 먼저 앞 단계에서 수립된 핵심 마케팅전략을 실현하기 위해 구체적인 전술을 개발해야 한다. 즉, 마케팅믹스 전략개발단계에서 수립된 마케팅믹스에 관한 구성요소들 하나하나를 집행하기 위해 필요한 구체적인 전술을 개발해야 한다. 다음으로 이러한 전략 및 전술을 집행하기 위한 실행수단으로서의 집행체제 및 조직을 설계해야 하며, 아울러 집행전략을 수립해야 한다. 그뿐만 아니라 이러한 집행전략에 따라 마케팅계획이 실현되었을 경우 나타나게 될 성과를 측정하기 위한 성과측정의 척도를 결정하고, 이에 맞는 지표를 개발하는 일도 이 단계에서 수행해야 할 중요한 업무이다.

〈사례 6-1〉

H대학의 전략적 마케팅계획 수립의 사례

국내 명문사립대학인 H대학은 급변하는 국내외의 환경적 변화에 능동적으로 대처하기 위해 많은 예산과 인력을 동원하여 2000년대를 향한 전략적 마케팅계획을 수립하였다. 이 과정에서 활용된 방법은 SWOT 분석기법이었다. 즉, 이 대학의 강점, 약점, 기회, 위협을 분석하여 발전방안을 찾는 분석기법을 활용하였던 것이다. 먼저 조직 내부 분석에서 밝혀진 H대학의 강점(strength)은 응용연구부문, 건실한 재정상태, 교수진의 우수성, 공대를 중심으로 하는 산업현장에서의 파워(power) 등이었고, 약점(weakness)은 기초분야 연구실적의 취약, 취약한 교육인프라 수준, 교수진의 사기저하, 비효율적인 행정운영 등이었다. 한편 조직환경 분석에서 밝혀진 기회(opportunity)요인은 과학기술인력에 대한 수요증가, 정부의 교육정책변화, 산학연계 필요성의 증대 등이었고, 위협(threat)요인은 학령인구의 감소, 교육시장의 개방, 정보화 사회의 실현, 정부의 정책변화 등이었다.

한편 연구팀은 이러한 분석결과를 토대로 하여 H대학 발전을 위한 전략적 대안을 수립하였는데, 그 방법은 앞에서 살펴본 네 가지의 변수를 매트릭스의 양측에 배열하여 네 개의 셀(cell)에서 각각의 발전방안을 모색하였다. 즉, 매트릭스의 가로축에 기회와 위협요인을, 세로축에 강점과 약점을 배열하여 도출된 네 개 셀의 각각에 해당하는 발전방안을 탐색하는 방법을 활용하였다. 이러한 과정을 거쳐 발견된 H대학의 발전방안은 첫째, 산업현장에서 발휘되는 공과대학의 영향력을 통한 산학연계방안의 모색, 둘째 학제적 커리큘럼 편성 및 연구분위기 조성, 셋째 교수진의 세계화·국제화 추진, 넷째, 정보화·소프트화 기반시설 구축, 다섯째 연구분위기 쇄신을 위한 제도적 보완 등이었다.

제7장

제 품

제1절 제품의 개념 및 분류

1. 제품의 개념

제품(product)[25]이란 효용의 묶음 또는 조합을 의미한다. 따라서 효용을 제공함으로써 구입하는 것으로, 사람의 요구나 욕구를 충족시켜 줄 수 있는 것은 모두 제품의 범주에 포함된다. 즉, 소비자의 요구나 욕구를 충족시켜 줄 수 있는 모든 것을 제품이라 한다. 이러한 측면에서 보면 물건뿐만 아니라 서비스・아이디어・장소・조직체 등도 제품이 될 수 있다. 따라서 제품이란 일반적으로 개인이나 조직이 판매할 수 있는 모든 것이라 할 수 있다.

공공부문에서, 더 일반적으로 표현하여 비영리조직에서는 수혜자

---

[25] 일반적으로 제품(products)과 상품(goods)은 거의 비슷한 의미를 나타내는 개념으로 사용되고 있다. 본서에서는 제품이란 용어를 상품과 서비스(services)를 모두 포괄하는 총칭적(generic)인 개념으로 사용하기로 한다.

가 언제나 제품에 대한 가격을 지불하는 것이 아니기 때문에 '판매하는' 행위가 반드시 '사는' 행위와 연관될 필요는 없다. 그럼에도 불구하고 누군가가 사용된 재원에 대해 가격을 지불해야 한다. 그래서 국민이 그 제품을 받아들이고자 하는 욕망이 있다면, 그것으로 재원의 사용은 정당화되는 것이다.

공공부문은 순수한 형태의 아이디어를 마케팅하는 일에 민간부문보다 더 크게 관련되어 있다. 가령 캔맥주 속에서 질소를 발생시키는 장치가 앞으로 마케팅할 수 있는 아이디어로 생각될 수도 있을 것이다. 또한 음주운전 하지 않기, 쓰레기 분리수거하여 버리기, 담배 피우지 않기 등도 공공부문에서 적극적으로 마케팅하는 대표적인 아이디어라 할 수 있다. 그러나 공공부문에서 수행하는 아이디어에 대한 마케팅은 민간부문에서 수행하는 마케팅보다 다음과 같은 이유에서 훨씬 어렵다. 첫째, 많은 경우 지불하는 돈의 금액이 적다. 둘째, 흔히 그 결과를 수량화하기가 매우 어렵다. 셋째, 주위에 그러한 마케팅에 반대하는 비판자가 언제나 있기 마련이다.

2. 제품의 분류

제품은 여러 가지 기준에 따라서 분류해볼 수 있다. 가령 제품의 용도에 따라 소비재와 산업재로 분류해볼 수도 있고, 또는 제품을 몇 번 되풀이해서 쓸 수 있느냐에 따라 내구제와 비내구제로 구분하여 볼 수도 있다. 여기에서는 이러한 분류기준들 중에서 제품을 소비하는 주체인 고객의 행동과 관점의 견지에서 분류하여 보기로 한다.

1) 편의품(convenience goods)

편의품이란 소비자가 최소한의 쇼핑 노력만을 들여 구매하는 제품을 말한다. 편의품에 대해 소비자들은 위험을 매우 낮게 인식한다. 또한 고객들은 이러한 편의품을 얻기 위해서 탐색시간이나 비용 등을 들여 정보를 얻으려 하지 않는다. 그뿐만 아니라 고객이 관여되는 정도도 상당히 낮다. 따라서 이러한 제품을 얻고자 할 때, 소비자들은 편리한 위치의 점포를 선택한다. 편의품의 판매에는 소비자의 수요를 자극하는 TV · 잡지 광고와 구매시점에 자기 상표를 생각나게 하는 점포 내에서의 광고가 중요한 역할을 수행한다.

2) 선매품(shopping goods)

선매품은 소비자가 제품을 구입할 때 가격 · 품질 등의 여러 면에서 정보를 수집하여 비교한 다음 구매결정을 내리는 상품이다. 일반적으로 편의품에 비해서 사회적 · 심리적으로 중요한 것인 경우가 많기 때문에, 소비자들은 선매품에 대해서 매우 높은 정도로 위험을 인식한다. 따라서 고객들은 이러한 종류의 제품을 구입하기 위해서 많은 노력을 기울인다. 따라서 선매품의 판매에는 자기조직의 제품이 다른 조직의 제품보다 우월하다고 소비자에게 이야기를 해주는 판매원의 역할이 중요하므로, 보통 광고보다는 인적판매(personal selling)가 더 중요시된다.

3) 전문품(speciality goods)

전문품이란 제품이 가지는 차별적인 성격이나 전문적 성격 때문에 대체할 만한 제품이 존재하지 않으며, 브랜드에 소비자의 충성도가 매우 높은 상품을 말한다. 이러한 상품은 소비자들이 인식하는 위험이 매우 크고, 구매에 대한 노력을 많이 들이며 또한 고객이 관여하는 정도가 매우 높다. 따라서 고객들은 최상의 상품을 얻기 위해서 적극적으로 참여하며, 높은 가격을 지불하더라도 그가 원하는 상품을 구입하고자 한다. 소비자들은 전문품을 구매하기 위해 많은 시간과 노력을 투자할 용의가 있으므로 취급점포 수가 적다고 해서 판매가 줄지는 않는다. 그러나 마케팅관리자는 소비자들에게 어디에서 자기 조직이 생산하는 제품을 구입할 수 있는가를 알려야 한다.

제2절 제품의 수명주기

하나의 상품이나 서비스가 시장에 처음 나와서 사라질 때까지의 과정을 제품의 수명주기라 부른다. 상품이든 서비스든 모든 제품은 분명한 생명을 지니고 있다. 상품수명주기(product life cycle, PLC), 또는 서비스수명주기(service life cycle, SLC)는 시간에 따른 매출을 기준으로 도입기, 성장기, 성숙기, 쇠퇴기의 4단계로 이루어져 있다.

물론 제품수명주기 각각의 단계에서 걸리는 시간의 길이가 동일하지 않고, 상품 및 서비스의 특성이나 또는 시장의 특성에 따라 짧아지거나 길어질 수 있다. 따라서 제품의 수명주기는 조직에 의해 적극적으로 관리되어야 한다. 가령 주의 깊게 제품을 개량함으로써 성숙기를 연장시키는 것은 조직에서는 상품 및 서비스의 수명을 연장하는 하나의 방법이 된다.

1. 도입기(introduction stage)

새로운 제품이나 또는 현존하는 제품의 새로운 형태가 도입되는 시기를 도입기라 한다. 도입기에 제품경쟁자의 수는 거의 없거나, 또는 매우 적다. 그러나 제품혁신에 대해서 저작권이나 특허로 보호를 받기가 매우 힘들기 때문에 경쟁자들은 쉽게 모방하여 시장에 유사하거나, 또는 동일한 상품 및 서비스를 제공한다. 따라서 제품의 도입기는 매우 짧다. 즉, 성공적인 제품의 도입은 빠르게 성장기로 옮겨가는 반면에 그렇지 못한 제품은 바로 사라지게 된다.

이 단계의 마케팅전략은 소비자의 제품에 대한 인지도를 높이는 것과 소비자들이 제품을 한번 사용해보도록 하는 데 있다. 또한 조직의 마케팅 노력의 초점은 1차 수요를 유발시키는 데 있다. 즉, 제품의 내용이 완전히 새로운 것이라면 소비자들은 그것에 대한 지식이 없으므로, 그러한 제품이 제공하는 효익과 유용성을 알려야 한다. 또한 특정 제품을 대체하였다면 대체품에 비해 어떠한 차별적 우위가 있는가를 알려 소비자들의 1차적 수요를 유발시켜야 한다. 따라서 이 시기에 조직은 광고·판매촉진 등의 분야에 과감하게 투자를 하여 소비자들과 중간상인들 사이에 자기조직에서 생산하는 제품에 대한 명성을 확립하고, 시장에서의 위치를 확보해야 한다. 이 시기에는 적은 판매량에 광고비 및 판매촉진비의 지출이 많고, 생산경험이 적어 생산원가도 높기 때문에 조직의 이익은 극히 적거나 또는 마이너스일 경우가 많다.

2. 성장기(growth stage)

성장기의 시장 상황은 급속한 판매성장과 경쟁자의 등장으로 특징
지워진다. 즉, 성장기의 산업은 점차로 확장되고 수요가 증가하므로
신규제품을 제공하는 대부분의 조직들은 지출보다 수입이 많아지게
된다. 조직은 대체로 조금씩 가격을 올리고 이익의 폭은 점차적으로
많아지게 된다. 이러한 잠재이윤 때문에 다른 조직들도 시장에 진입
하게 되고 경쟁은 치열해진다. 이러한 경우에 전통적으로 많이 하는
마케팅 전략적 충고는 첫째, 경쟁적 우위를 유지하라는 것, 둘째 차별
화하라는 것, 셋째 경쟁자의 진입비용을 가능한 한 높게 유지하라는
것이다. 또 다른 방법은 경품을 도입하는 것이다. 경품은 소비자의 충
성심을 제고하는 중요한 수단으로 통용되고 있다.

이 시기에 조직이 활용할 수 있는 주요 마케팅전략은 광고·판매촉
진비를 계속 높은 수준으로 유지하되 광고의 내용을 경쟁사가 제공
하는 제품에 비해 자사의 그것이 보다 우월하다는 점을 강조해야 한
다. 가격은 현재 수준을 유지하거나 혹은 경쟁사의 가격보다 조금 떨
어뜨릴 수도 있다. 조직은 유통경로나 세분시장을 개척하고 제품의
질을 조금씩이나마 꾸준히 개선함으로써 판매량이 성장하는 기간을
늘릴 수 있다. 특히 이 시기에는 많은 광고비와 판매촉진비, 제품개선,
새로운 유통경로 및 세분시장의 개척 등으로 많은 비용이 지출되지만
판매가 급격히 늘고 생산원가가 감소하므로 이익은 급상승하게 된다.

3. 성숙기(maturity stage)

제품의 수명은 시간선상의 어느 점에서 성숙단계에 이르게 된다. 이 단계는 제품이 소비자들에 의해서 수용되고, 상당한 이윤도 보장되는 시기이다. 경쟁이 가장 치열해지는 것도 이 단계에서이다. 이 단계에 도달한 상품과 서비스는 잠재적 시장 진입자에게 잘 판매되는 것으로 비칠 것이며 또한 매력적으로 보이겠으나, 한계 조직들에 이들이 핵심적인 것은 아닐 것이다. 가령 1990년대의 경기후퇴기에 영국 공공부문의 많은 훈련기관들은 민간부문의 경영자문 회사들이 분명히 성숙기에 있는 자기들 분야로의 진입을 증가시킴으로써 경쟁자로 부상하는 것을 확인할 수 있었다.

이 시기의 가장 큰 특징은 조직들 사이에 경쟁이 아주 치열하다는 것이다. 왜냐하면 시장 전체의 수요는 더 이상 늘지 않는데, 이미 많은 경쟁사가 시장에 들어와 있어 전체 생산량이 전체 판매량을 능가하고 있기 때문이다. 따라서 성숙기에는 경쟁에서 오는 압력으로 인하여 전반적으로 가격이 떨어지며, 판매촉진을 위한 여러 가지의 조치들이 더 많이 그리고 더 자주 취해진다.

이 단계에서는 상표이미지와 시장점유율을 유지하는 것이 경영자의 일상 업무가 된다. 이를 위한 조직의 구체적인 마케팅전략은 다음과 같다. 첫째, 조직은 치열한 경쟁에 대응하기 위해 다양한 모델을 개발해야 한다. 상품의 경우 성숙기에서는 제조기술이 표준화되므로 가격경쟁이 가장 일반적인 형태의 경쟁이 된다. 따라서 가격 인하는 필수적이다. 둘째, 시장점유율을 방어하기 위해서 광범위한 유통망을 구축해야 한다. 셋째, 광고는 자사 제품의 독특한 점을 부각시켜 자사 제품이 경쟁상품과 구별되도록 하는 데 주안점을 두어야 한다.

4. 쇠퇴기(decline stage)

상품이든 서비스이든 언젠가는 판매량이 줄어드는 시기에 들어서게 된다. 대부분의 경우 그 이유는 첫째, 기술의 진보, 둘째, 소비자들의 취향 변화, 셋째, 조직들 사이의 경쟁 등 때문이다. 매출액과 이윤이 감소하는 경우에도 경영자는 다른 경우와 마찬가지로 조직을 관리해야 한다. 소비자가 하나둘씩 시장을 떠나기 시작하면 경영자는 자기조직도 이에 따라야 하는지, 만약 시장을 떠나야 하는 상황이라면 언제 떠나야 하는가를 결정해야 한다.

그러나 많은 경우에 일부의 소비자들은 이 단계에서도 특정한 상표에 여전히 충성도를 보인다. 그렇기 때문에 경영자들은 상황을 주의 깊게 관찰해야 한다. 왜냐하면 그 시장이 정말로 종착 단계에 이르렀는지, 아니면 단지 일시적인 하강국면을 거치고 있는 것인지를 정확히 진단할 수 있어야 하기 때문이다. 대개의 경우 마케팅종사자들은 성격이 낙관적이기 때문에 경기하강국면을 실제보다 길게 잡을 수도 있다. 이러한 근시안적인 판단을 피하기 위해서 조직의 경영자들은 시장의 규모가 계속 줄어드는 이유가 무엇인지 정확하게 밝혀내기 위해서 노력해야 한다.

쇠퇴기에 조직이 선택할 수 있는 전략으로는 다음과 같은 것이 있다. 첫째, 조직의 경영자는 경쟁자들이 그 산업에서 철수할 것이라는 기대하에 자사 상표를 변화시키지 않고 그대로 존속(maintain)시킬 수 있다. 둘째, 조직의 경영자는 그 상품이나 서비스를 수확(harvest)하는 전략을 채택할 수 있다. 이것은 소비자의 수요가 계속적으로 감소하고 있다는 사실을 인식할 때, 제반의 비용에 대한 지출을 줄이고 가능한 최대한의 수익을 얻도록 하는 전략이다. 만약 이 전략이 성공한다면 조직의 단기적 수익성은 현저히 높아질 것이다. 셋째, 조직의 경영자는 쇠퇴기의 제품계열에서 철수(drop)하는 전략을 채택할 수도 있다. 철수방안은 쇠퇴기의 제품을 다른 조직에 팔아넘기거나 또는 잔존가치로 감가상각을 할 수도 있다.

공공부문의 경우 이처럼 상품이나 서비스의 쇠퇴와 사멸은 국민에게 정서적 불만을 가져다줄 수도 있다. 가령 수요가 너무 줄어들어서 예술심의위원회의 예산지원을 계속 받을 수 없는 지방정부 소속의 무용단이나 또는 교향악단의 활동을 금하는 경우에 해당 지역주민으로부터 심한 반발을 살 것이다.

제3절 신제품의 개발

1. 개발의 이유

일반적으로 소비자들은 끊임없이 이어지는 새로운 상품의 개발에 익숙해져 있다. 많은 사람들은 개발을 개선으로만 생각하기 때문에 상품개발이 성공하지 못하면 무척 실망한다. 중세 이래로 대학들은 그들의 새로운 제품을 개발시켜 왔다. 마찬가지로 지난 5여 년 동안에도 꾸준히 새로운 제품을 개발해왔다.

지금까지 연금기관 또는 보험기관들은 그들이 고객의 편의를 위해 무엇인가 하고 있다는 것을 알리기 위해 광고전단을 계속 배포하고 있다. 즉, 그들은 과거나 지금이나 그들이 제공하는 서비스가 고객의 편의 위주로 계속 개선되고 있다는 것을 보여주기 위해 노력한다. 소방서, 경찰 그리고 병원들은 과학기술의 발달과 병행하여, 또는 현대의 서비스 제공자가 어떠해야 하는가에 대한 시민들의 열망에 부응하려고 노력한다.

새로운 제품의 개발에 대한 공급자의 입장은 다음 두 가지로 나누어질 수 있다. 첫 번째 유형은 신제품의 개발을 두려워하는 경영자들이다. 만약 지금까지 성공적으로 조직을 운영해온 경영자들이라면 이러한 입장을 취할 가능성이 높다. 두 번째 유형은 변화 그 자체를 선호하기 때문에 신제품의 개발을 원하는 경영자들이다. 결국 신제품의 개발에 대한 이들 두 가지의 입장 차이는 '고치지 않으면 부도가 날 것이다'라고 주장하는 그룹과 '부도가 나지 않았으면 고치지 마라'라고 주장하는 그룹의 견해 차이와 동일하다.

일반적으로 조직이 새로운 제품을 개발하는 이유와 방향은 다음과 같다.

ⓐ 성장: 매출액을 높이기 위한 욕망 또는 필요성

ⓑ 경쟁자의 행동: 경쟁자의 행동이 경영자를 자극하여 방어적이거나 또는 공격적으로 되게 할 수도 있음

ⓒ 수명주기의 함축: 상품이 수명주기의 곡선을 따라 너무 먼 곳까지 이동하기 전에 상품이나 서비스를 변경할 필요성을 인식하였을 경우

ⓓ 신선도: 상품이나 서비스가 일상적인 것 또는 따분한 것이 되어버린 경우, 새로운 진입자가 쉽게 진입하는 위험이 따르기 때문

ⓔ 새로운 시장의 발견: 새로운 표적 세분시장을 발견한 경우

ⓕ 모방적 태도(me-tooism): 경쟁자들이 변화를 수용할 수밖에 없도록 만드는 상황

ⓖ 이미 확보된 충성고객층 활용: 새로운 고객을 끌어들이기에 충

분하지 못한 변화일지라도, 그 변화가 기존의 고객과 더욱 밀접한 유대관계를 형성하거나 또는 판매량을 증가시키는 경우

2. 신제품의 개발과정

조직이 수행하는 신제품 개발을 위한 활동은 조직의 내적 활동과 외적 활동으로 구분하여 볼 수 있다. 이들 중 조직 내적인 활동은 조직의 기술개발이 선도하여 신제품을 만드는 경우(technical push)와 마케팅조사 등과 같은 활동에 의해 신제품의 출시가 주도되는 경우(marketing pull)의 두 가지 방법이 있다. 그런데 두 가지 방법은 상호 배타적이기보다는 오히려 상호 보완적인 성격을 가진다.

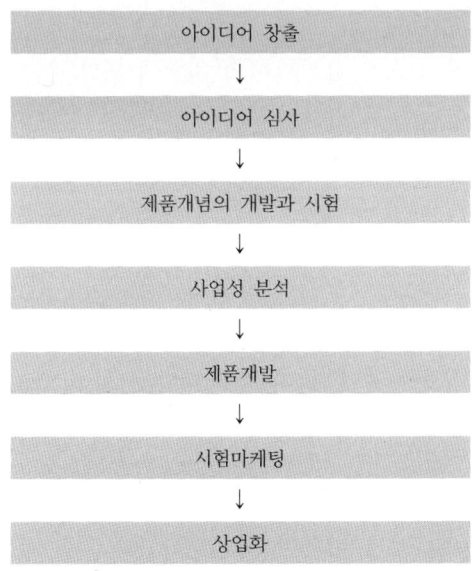

〈그림 7-1〉 신제품 개발과정

한편 조직 외적인 활동에 의해 신제품을 개발하는 방법은 신제품을 보유하고 있거나 또는 신제품 개발에 적극적인 다른 조직을 인수·합병하는 방법이다. 여기에서는 이들 중 조직 내적 활동에 의해서 신제품을 개발하는 과정을 살펴보면 <그림 7-1>과 같다.

1) 아이디어 창출

신제품 개발의 첫 번째 단계는 신제품에 관한 아이디어를 내고, 모으는 과정이다. 신제품에 관한 아이디어를 수집할 수 있는 주요 원천(source)으로는 내부원천, 유통업자, 고객, 원료공급업자 등이 있다.

첫째, 조직 내부는 아이디어를 창출할 수 있는 가장 중요한 원천이다. 한 연구에 의하면 전체 신제품 아이디어의 55% 이상이 조직 내에서 수집된다고 한다. 조직은 공식적인 연구개발을 통해서 또는 과학자, 엔지니어 및 생산부서의 직원을 통해서도 아이디어를 수집할 수 있다.

둘째, 고객도 중요한 아이디어의 원천이 된다. 신제품에 대한 아이디어의 약 28% 정도가 고객을 관찰하고, 고객의 말을 듣는 것에서부터 나온다. 조직은 고객에 대한 욕구조사를 수행함에 의해서 아이디어를 수집할 수 있다.

셋째, 경쟁자도 중요한 아이디어의 원천이다. 신제품 아이디어의 약 30% 정도가 경쟁사의 제품들을 분석하는 것으로부터 나온다. 조직은 경쟁사의 제품들을 구입하여 분석해 봄으로써 또는 신제품에 대한 광고 등을 봄으로써 어떤 단서를 찾을 수 있는데, 이것이 신제품의 아이디어가 될 수도 있다. 이 과정에서 브레인스토밍(brainstorming), 매핑(mapping) 및 이와 비슷한 기법들이 동원되는 것이 일반적이다.

2) 아이디어 심사

신제품 개발의 두 번째 단계는 아이디어 심사(idea screening)이다. 조직은 앞 단계에서 수집된 아이디어들 중에서 더욱 자세하게 연구할 만한 가치가 있는 아이디어를 가려내야 한다. 아이디어 심사의 목적은 좋지 못한 아이디어와 좋은 아이디어를 가능한 한 빨리 식별하고 추려내는 데 있다.

아이디어를 추려낼 때 두 가지 종류의 실수를 범해서는 안 된다. 첫째, 좋은 아이디어를 기각하는 실수를 범하지 말아야 하고, 둘째, 좋지 않은 아이디어를 다음 단계로 보내지 말아야 한다는 것이다. 왜냐하면 아이디어가 일단 선택이 되어 다음 단계로 넘어가게 되면 상품 개발에 들어가는 비용이 급상승하게 되므로, 좋은 아이디어만의 선택은 신제품 개발과정에서 아주 중요한 의미가 있다. 이 단계에서 제기되어야 할 질문으로는 다음 세 가지가 있다. 첫째, 앞으로 소비자들이 정말 이것을 필요로 하거나 원할까? 둘째, 우리 조직이 이 아이디어를 상품으로 개발할 능력과 지식을 가지고 있는가? 셋째, 새로 개발될 신제품은 조직에 이익을 가져올 정도로 충분히 매력적인가?

3) 제품개념의 개발과 시험

아이디어 심사에서 통과된 것은 제품개념(product concept)으로 발전되어야 한다. 제품개념은 아이디어를 보다 구체화시킨 것으로서, 소비자의 관점에서 의미를 부여한 것이다. 하나의 제품아이디어는 그것이 제공해주는 주된 편익·용도·표적시장 등에 따라서 여러 가지의 제품개념으로 전환될 수 있다.

조직은 이렇게 해서 개발된 제품개념들에 관해 그 적합성을 알아보기 위해 표적고객을 대상으로 시험해보아야 한다. 이 단계에서는 실제 소비자들에게 제품개념을 보다 구체적으로 제시해주고, 제품의 사용상황도 함께 설명해주면서 고객들이 그 제품개념에 대해 어떻게 느끼고 받아들이는가를 분석해야 한다.

4) 사업성 분석

이 단계에서 경영자는 앞의 세 단계에서 살아남은 아이디어들이 어느 정도 사업적 매력성을 지녔는지 평가해야 한다. 사업성 분석(business analysis)은 새로운 제품이 시장에 출하되었을 경우, 이에 대한 매출액, 비용 및 이익의 추정치를 검토하여 과연 이것들이 조직의 목적에 부합하는가를 판단하는 것이다. 즉, 아이디어가 아무리 좋다고 할지라도 그 아이디어에서 나온 제품이 시장에서 조직이 정한 목표를 달성할 수 없다고 판단된다면, 경영자는 그러한 아이디어를 과감히 버려야 한다.

따라서 원래의 아이디어를 실제 문제에 적용하는 것을 어렵게 하는 문제가 이 단계에서 발생하는 것이 보통이다. 따라서 조직의 경영자는 소요자본, 비용문제, 기존제품에 미치는 영향, 경쟁적인 행위들, 시장조사, 예측, 수지균형분석, 위험부담분석, 가능성 등의 문제를 세부적인 계량적 데이터를 활용하여 이에 관한 올바른 판단을 해야 한다.

5) 제품개발

사업성이 좋은 것으로 나타난 제품개념은 제품개발(product development) 단계로 이송된다. 이 단계에서 새로운 제품아이디어가 원형제품으로 만들어진다. 이것은 비용, 제작방법 및 재료나 요구되는 질적 수준에 대한 어려움을 더욱 잘 예측할 수 있게 하여 준다. 그뿐만 아니라 포장, 병참문제, 상표명, 시장세분, 판매전술 등을 결정하는 것도 이 단계에서이다.

6) 시험마케팅

제품개발부서에서 개발한 시제품이 만족스럽다고 느껴지면 조직은 이것을 본격적으로 시판하기에 앞서 몇 개의 대표적인 작은 시장을 대상으로 시험마케팅(test marketing)을 한다. 시험마케팅은 제품 및 마케팅 프로그램을 보다 현실적인 시장여건에 도입하여 시험하는 단계이다. 따라서 이 단계는 경영자가 초기의 사업판단을 하는 상업적 실험단계이다. 시험마케팅을 하는 이유는 크게 두 가지이다. 첫째, 최고경영자가 실제의 판매경험에 근거를 둔 믿을 만한 예상판매액을 토대로 이 제품을 본격적으로 시판할 것인가 말 것인가에 대해 판단할 수 있게 된다. 둘째, 조직의 마케팅전략에 대한 소비자의 반응을 미리 자세히 연구함으로써 효과적인 마케팅전략을 수립할 수 있다.

여하튼 조직은 이러한 시험마케팅을 실시하고, 그 결과에 따라 새로 개발한 제품을 포기할 수도 있고 수정할 수도 있으며, 또한 전국규모로 확대할 수도 있다.

7) 상업화

만약 신제품이 앞의 모든 여과장치를 무사히 통과하였다면 조직은 이를 전격적으로 생산하여 배분하고, 판매할 준비가 갖추어졌다고 생각해도 무방할 것이다. 그러나 아직도 제품이 실패할 가능성은 있다. 따라서 경영자는 시험마케팅에서 얻은 자료와 경험을 최대한 활용하여 시판에서 실패하는 일이 없도록 최선을 다해야 한다.

신제품을 출시할 때에는 다음과 같은 세 가지에 관한 의사결정이 이루어져야 한다. 첫째, 시판의 시기이다. 신제품의 본격적인 시판이 언제 시작되느냐가 그 제품의 성패에 커다란 영향을 미칠 수 있다. 둘째, 시판지역을 결정해야 한다. 즉, 신제품에 대한 출시범위를 한 지역으로 할 것인가, 아니면 몇 개의 지역이나 전국시장 또는 국제시장으로 할 것인가를 결정해야 한다. 셋째, 표적시장의 문제이다. 시판의 초기에는 조직이 이미 선택한 표적시장에 대해 마케팅 노력을 집중시킬 필요가 있다.

지금까지 살펴본 신제품 개발과정에 대한 논의에서 지난 25년 동안 변화된 것은 이들 각각의 단계에 대한 관심이 시대에 따라 변화되었다는 점이다. 1970년대에 경영진을 괴롭힌 것은 아이디어창출 단계였다. 그러나 이 단계가 오늘날에는 그리 어렵게 느껴지지 않는다. 우리 주위에는 언제나 새로운 아이디어가 풍부하다. 창의성을 고무시키는 것은 가장 결연한 관료조직이나, 또는 편협한 조직을 제외하고는 일반적으로 조직에서 아주 유쾌한 일로 간주되고 있다. 공공부문의 경우 오늘날 제일 중요한 것은 개혁이다.

창의성과 개혁 간에는 차이가 있다. 창의성이란 개인이나 집단이 새로운 아이디어를 생각해내는 능력이다. 그에 비해 개혁이란 물리적으로 새로운 아이디어를 생산해내는 능력이다. 이와 같은 구분이 몇몇 연구자들을 창의성은 개인에 관심이고, 반면에 개혁은 조직의 관심인 것으로 생각하도록 하였다. 물론 이러한 방식으로 두 가지의 개념을 구분하여 이해하는 데에는 문제가 있을 수 있다. 그 이유는 아마 모든 사람이 개인과 조직 모두가 책임을 느끼고 창의성과 개혁에 완전히 몰두할 것을 원하기 때문일 것이다. 공공조직에서는 정책을 형성하는 일에서부터 사회서비스 편익의 개혁에 이르기까지 두 가지의 개념 모두 다 중요하다.

<사례 7-1>

거꾸로 발상과 경영기법으로 무장한 문화 장사꾼 홍사종

우리나라 최초의 서구식 극장인 원각사(圓覺寺)를 복원한다는 취지로 56억 원의 예산을 들여 국립극장의 분원 형식으로 출발한 정동극장은 홍사종이라는 극장장을 맞으면서 극장경영의 새로운 전환기를 맞이하고 있다. '고객지향 마케팅의 1인자' 또는 '문화 장사꾼' 등으로 불리는 홍사종은 그가 정동극장장으로 부임하자 '거꾸로'라는 발상과 경영기법을 도입하여 그동안 고급예술을 찾는 사람들을 위한 특수한 공연장 취급을 받아왔던 정동극장을 '대중예술'의 장으로 탈바꿈시켰다. 극장장으로 부임하자마자 그는 먼저 '눈높이 마케팅'을 위해 서구식의 극장 매표소부터 우리의 실전에 맞게 뜯어고쳤다. 그뿐만 아니라 그는 어린이를 데리고 공연장을 찾는 고객을 위해 로비 한쪽에 탁아코너를 두었으며, 외국인들이 '세계 최초의 서비스'라고 입을 모아 감탄하는 '엄마랑 아기랑' 또는 '아빠랑 아기랑'이라는 가죽 주머니가 부착된 화장실을 설치하였다.

한편으로 그는 그의 독특한 아이디어를 첨가하여 과거와는 전혀 다른 공연프로그램을 개발하였다. 가령 점심 후에 차 한 잔 마시는 직장인들의 습관과 공연을 결합시키자는 의도로 기획된 '정오의 예술무대', 30~40대의 직장인과 주부들에게 1970년대와 1980년대의 팝송, 가곡, 가요 등을 들려주는 '돌담길 추억이 있는 음악회' 등 그가 개발한 프로그램은 수도 셀 수 없을 만큼 많다. 이처럼 홍사종의 번뜩이는 아이디어에 따른 신상품 개발노력의 결과 정동극장의 연간 매출실적은 눈에 띄게 증가하였다. 즉, 그가 부임하기 전 해인 1955년도의 정동극장 1년 매출액은 8,900만 원이었으나, 그가 부임한 이후 연간 매출액이 1998년에는 10억 9,000만 원으로 3년 만에 무려 10배가 넘게 수직 상승하였던 것이다.

자료원: 신동아, 1999.9.

제8장

가 격

제1절 공공부문의 가격결정

1. 가격의 개념

일단 상품이나 서비스가 생산되면, 조직은 다음 단계로 이에 대한 가격을 결정해야 한다. 가격(price)이란 제공되는 상품 및 서비스를 대가로 구매자에게 요구되는 금액이다. 좀 더 광범위하게 이야기한다면, 소비자가 자신의 필요와 욕구의 충족을 위해 상품이나 서비스를 구입하게 될 경우 소비자는 이에 상응하는 대가를 지불하게 되는데, 이러한 금전적 대가를 가격이라 한다. 가격은 제공되는 상품 및 서비스의 종류에 따라 여러 가지의 명칭을 가진다. 가령 대학교에서의 수업료, 병원의 진찰료, 극장의 입장료, 보험에 가입했을 경우의 보험료, 고속도로의 통행료 등은 모두 가격의 의미를 담고 있다.

2. 공공부문 가격결정의 유형

공공부문의 조직이 가격을 책정하는 데에는 특별한 제약이 따른다. 이것은 고객을 민간부문과 공공부문 양쪽에 가지고 있는 조직의 경우에 특히 그러하다. 공공부문에서 공공부문에로의 판매에는 여러 가지의 규제가 따르는데, 이것들은 수수료와 부담금 형태로 나타난다. 한편 공공부문이 민간부문에 판매하기도 하는데, 공공부문에서 민간부문으로의 판매에는 재정적 규칙에 의한 규제가 따르지만, 또한 시장의 규칙도 따라야 한다.

따라서 공공부문과 민간부문 양쪽에 판매를 하는 조직은 두 가지 형태의 가격책정기법을 모두 이해하고 취급할 수 있어야 한다. 그 실례로 조폐공사는 화폐를 제조하여 정부에 판매하기도 하지만, 또한 기념주화를 제조하여 민간수집가들에게 판매하기도 한다.

여기에서는 먼저 공공부문과 민간부문에서 생산하는 상품 및 서비스에 대한 가격책정에 영향을 미치는 요인에 대해서 살펴보고, 다음으로 공공부문에서의 가격책정에서 고려되어야 할 요소들을 차례대로 살펴보기로 한다.

제2절 가격결정에 영향을 미치는 요인

정부 및 기업이 상품 및 서비스를 생산하고 가격을 책정할 때에는 수많은 요인들이 영향을 미친다. 이러한 요인들 중 여기에서는 비교적 중요한 영향요인으로 고려되고 있는 조직의 가격목표, 제품에 대한 수요, 경쟁제품의 가격과 품질, 원가, 법적 요인 등을 중심으로 살펴보기로 한다. 물론 이러한 요인들이 모두 동등한 정도로 가격형성에 영향을 미치지는 않는다. 즉, 상품 및 서비스의 성격에 따라 가격형성에 미치는 영향의 정도가 다른 것이다.

1. 가격목표

대부분의 조직들은 가격을 통해 실현하려는 조직의 가격목표를 지니고 있다. 가령 이윤극대화, 매출극대화, 시장점유율 극대화, 경쟁사와의 균형, 공익의 실현 등이 조직이 가격을 통해 실현하려는 대표적인 가격목표이다. 이들 중 조직이 어느 목표에 중점을 두느냐에 따라 가격은 달라진다. 가령 이윤극대화를 꾀하는 조직에는 가격은 가장 높은 이윤을 가져오는 수준으로 책정될 것이고, 매출을 극대화시키는 것을 가격목표로 설정한 조직은 이윤보다는 매출을 극대화시키는 선에서 가격을 책정할 것이다.

2. 원가

조직이 생산하는 상품 및 서비스의 원가는 가격의 하한선을 결정할 때 중요한 영향을 미친다. 조직이 가격을 결정할 때 고려해야 할 원가에는 고정비와 변동비 두 가지의 형태가 있다.

첫째, 고정비(fixed cost)는 조업도 또는 매출액에 따라 변하지 않으며, 관련이 없는 비용을 말한다. 예를 들어 조직이 매월 지불하는 임대료, 광열비, 이자, 경영자의 급여 등과 같이 산출량, 또는 조업도와 관련되지 않은 비용으로 생산수준과 무관하게 발생한다.

둘째, 변동비(variable cost)는 생산수준, 즉 조업도와 직접적으로 관련된 비용을 말한다. 변동비는 생산된 각 단위에 대해서는 동일하지만 비용의 합은 생산량의 변화에 따라 변화한다.

한편 총원가(total cost)는 일정한 생산수준에서의 고정비와 변동비의 합계이다. 조직의 경영자는 누구나 주어진 조업도 수준에서 총원가를 충당할 수 있는 가격을 원한다. 따라서 조직은 자사에서 생산하는 상품 및 서비스의 원가를 신중하게 관찰할 필요가 있다.

3. 시장과 수요

원가가 가격의 하한선을 결정하는 데 중요한 영향을 미친다면, 수요와 시장은 가격의 상한선을 설정하는 데 중요한 영향을 미친다.

조직이 가격을 자유롭게 결정할 수 있는 범위는 시장유형에 따라 달라진다. 즉, 시장이 완전경쟁시장이냐, 또는 독점적 경쟁, 과점경쟁 및 완전독점 시장이냐에 따라 가격은 달리 책정될 수 있다. 가령 똑같은 상품이나 서비스라 할지라도, 시장이 다수의 구매자와 판매자로 구성된 완전경쟁하의 시장에서 결정된 가격이 다수의 구매자와 소수의 판매자로 이루어진 과점경쟁시장에서의 가격보다는 저렴한 수준에서 결정될 것이다.

가격결정은 상품 및 서비스에 대한 소비자들의 수요에 따라서도 달라질 수 있다. 즉, 예상되는 수요량과 수요의 가격탄력성 정도가 가격결정에 중요한 영향을 미친다. 가령 수요의 탄력성과 가격 및 기업의 총수익관계를 살펴보면 첫째, 수요가 비탄력적일 때 가격의 인상은 조직의 총수익을 증가시키며, 둘째, 수요가 탄력적일 때 가격의 인상은 조직의 총수익을 감소시킨다.

4. 경쟁

조직의 가격결정에 영향을 미치는 또 다른 요인으로는 경쟁조직의 원가와 가격, 그리고 자사의 가격변동 전략에 대한 경쟁사의 반응이 있다. 가격의 준거로 사용되는 경쟁의 개념은 반드시 직접적으로 자사와 경쟁하고 있는 조직들만을 고려해서는 안 되며 보다 포괄적인 경쟁의 개념을 적용해야 한다. 왜냐하면 조직이 직면하는 직접경쟁(direct competition)도 자사가 제공하는 상품 및 서비스의 가격책정에 영향을 미치지만, 간접경쟁(indirect competition) 역시 조직의 가격에 중대한 영향을 미칠 수 있기 때문이다. 가령 A라는 항공사는 다른 항공사들과 고객 운송이라는 측면에서 직접적으로 경쟁하고 있지만, 고객 및 화물의 운송이라는 측면에서는 철도 및 고속버스 등과도 간접적인 경쟁상태에 있다.

5. 법적 요인

상품 및 서비스에 대한 가격은 앞에서 살펴본 요인들 외에도 정부의 정책이나 법적 규제에 의해 크게 영향을 받는다. 그뿐만 아니라 어떠한 경우에는 가격이 완전히 법적·제도적 요인에 의해 결정될 때도 있다. 가령 전기, 전화, 철도, 지하철, 상하수도, 버스, 택시, 의료 등과 같은 공익산업의 서비스에 대한 가격은 정부에 의해서 최고가격 또는 최저가격 형태의 규제를 받는다.[26]

6. 기타 요인

공공조직이 가격을 결정할 때에는 앞에서 살펴본 것들 외에도 다음과 같은 요인들을 고려해야 한다.

첫째, 공공부문이 국민에게 제공하는 상품 및 서비스의 가격을 책정할 때에는 공정성·공평성·형평성의 문제 또는 국민의 욕구, 필요 및 권리 등의 문제도 고려해야 한다.

둘째, 공공부문 시장의 경우 주요특성 중의 하나는 다양한 시장의 존재이다. 가령 민간부문의 경우에 가격책정 전략은 그들에게 중요한 고객만을 고려하면 된다. 그러나 공공부문의 경우에는 여러 가지 종류(고객, 자원, 규제자 등)의 시장을 모두 고려해서 가격을 결정해야 한다.

셋째, 개념적 비용도 공공부문에서 가격을 책정할 때 고려해야 할 중요한 요인이다. 보통 개념적 비용으로 언급되는 공공부문의 두 가지 중요한 비용은 보험(insurance)과 자본비용(the cost of capital)이다. 정부 각 부처는 일반적으로 '군주는 스스로의 위험을 부담한다(the Crown bears its own risks)'는 원리에 입각해서 업무에 종사한다. 그래서 각 부처는 공적 책임, 재산손해 등에 대한 보험금을 내지 않는다. 이로 인하여 발생하는 손해에는 구체적 목적의 현금지불에 대한 의회의 표결을 얻어서 보상이 이루어져야 한다. 그럼에도 불구하고 영국의 경우 재무성 지침은 소모된 재원에 대한 총비용을 반영할 수 있도록 부담금 산정기반인 총비용 속에 개념적 보험료(national premia)가 반드시 포함되어야 한다고 규정하고 있다. 개념적 보험료를 부담하는 이유들

---

26) 우리나라에서 공공요금은 물가안정위원회와 국무회의의 심의를 거쳐 대통령의 승인으로 결정된다. 철도, 전기, 제조담배, 우편, 교통 요금 등이 이에 속한다. 만약 공기업이 판매하는 재화나 서비스가 공공요금에 해당하면 이 방법에 의해 가격이 결정된다.

중의 하나로는 '업무분야 형평성(level playing field)' 요구 때문이다. 특정 서비스를 공급할 잠재적 민간 공급업자는 실제로 보험료를 지불하지 않으면 안 된다. 따라서 공정경쟁을 보장하기 위해 정부부처도 자신의 비용산정에 이를 반영시켜야 하는 것이다.

어떤 서비스 공급에 자본비용을 반영하는 부담금도 공공부문 공급과 민간부문 공급 간의 경쟁에 대한 업무분야 형평성을 반영할 필요가 있다. 정부는 주로 자금을 세금부과를 통해서 마련한다. 이에 비해서 민간부문은 시중 이자율에 의한 차입을 통해서 자금을 마련한다. 민간부문 회사는 자금을 조달할 때 지불하는 이자율과 최소한 동등하거나, 이보다 높은 소득이 돌아오기를 기대한다.

영국의 재무성은 공공부문과 민간부문의 업무분야 형평성을 유지하기 위해서 공공부문이 생산하는 서비스의 요금과 부담금이 자본비용을 포함한 총비용을 보전하는 선에서 책정되어야 한다고 요구하고 있다. 세금을 통해서 마련한 자본금에는 실제 이자비용이 따르지 않기 때문에 재무성은 민간부문과 경쟁이 없는 상황에서는 6%의 자본비용을 개념적 이자율로 정하고 있다. 이와는 반대로 그 분야에 경쟁자가 있거나 혹은 민간부문이 높은 위험을 부담하고자 하는(그래서 높은 수익률을 요구하는) 분야에서는 8%, 또는 그 이상의 자본비용을 개념적 이자율로 정하는 것이 바람직할 것이다.

제3절 가격의 형태와 전략

가격은 판매자와 구매자 사이에서 이루어진 의견의 일치점을 가리킨다. 그것은 또한 판매자와 구매자 간에 충돌점(point of conflict)으로 간주될 수도 있다. 따라서 많은 문헌들이 다양한 형태의 가격을 제시하는 것은 그리 놀라운 일이 아니다.

1. 가격책정의 형태

가격책정방법에는 원가를 중심으로 하는 가격책정방식과 시장과 연계된 가격책정방식 등이 있다.

1) 비용에 기반을 둔 가격책정

비용에 기반을 둔 가격책정방식에는 원가가산법(cost plus pricing)과 목표수익률법(target return pricing) 등이 있다.

첫째, 원가가산법은 제품의 원가에 일정한 비율의 이익을 더해서 가격을 결정하는 방법이다. 이 방법은 제품의 원가계산이 어렵다는 점, 수요변화를 무시한다는 점, 시장에서의 경쟁상황을 고려하지 않는다는 점, 고객의 관점을 고려하지 않고 있다는 점 등의 많은 문제점에도 불구하고, 아직도 널리 사용되고 있는데 그 이유는 다음과 같다. 먼저 판매자의 입장에서 보면 수요보다 원가를 확실하게 계산할 수 있다. 즉, 가격의 기준을 원가로 함으로써 가격결정을 단순화하고, 수요가 변할 때마다 가격을 조정하지 않아도 된다. 두 번째, 업계 내의 모든 기업들이 이러한 방법을 사용한다면 결국 가격이 비슷해질 것이며, 따라서 가격경쟁이 축소될 수 있다. 세 번째, 많은 사람들이 원가가산법은 구매자에게나 판매자에게 모두 공정한 방법이라고 생각할 수 있다. 왜냐하면 구매자의 수요가 커지게 될 때, 판매자 측은 구매자에게 부담을 주지 않으면서도 적정한 투자수익률을 올릴 수 있기 때문이다.

둘째, 목표수익률법은 기업이 목표로 하는 투자수익률(Return On Investment: ROI)을 달성할 수 있도록 가격을 결정하는 방법이다. 이 방법은 사업에 대한 막대한 초기 투자를 일정한 계획기간 내에 회수하고자 할 때 유용하게 사용될 수 있는 방법이며, 또한 신규사업 시 합리적 가격결정이 어려울 때 사용되기도 한다(곽동성 외, 295). 그러나 예상판매량을 달성하지 못하는 경우에는 심각한 모순에 직면하게 된다.

2) 시장과 연계한 가격책정

시장가격이란 시장의 소비자들이 지불하고자 하는 가격으로 정의할 수 있다. 그러나 엄밀히 말하면, 많은 시장가격이 있기 때문에 마치 하나의 시장가격이 있는 것처럼 주장하는 것은 문제가 있다. 만약 수요·공급과 탄력성에 타당성이 있다면, 시장가격은 이를 반영해야 할 것이다. 시장가격이란 특정 수량에서의 시장가격인 것이다. 가격이 낮을수록 소비자들은 더 많이 구매할 것이나, 이와는 반대로 가격이 높으면 더욱 적은 수량을 구매하게 될 것이다. 또한 판매에 종사하는 사람들은 판매 또는 이윤을 극대화시키는 가격이 시장가격이라고 말할 것이다. 이런 상황은 사람들로 하여금 고이윤-소수량(high margin-low volume) 혹은 저이윤-다수량(low margin-high volume)으로 표현되는(물론 두 지점 연속선상의 어느 지점에서 결정될 것임) 결정을 하도록 강요한다. 결국 시장가격은 판매자들이 달성하고자 하는 판매수량이나 또는 시장지분에 달려 있다.

시장가격을 파악하기 위해 사용되는 중요한 기법들로는 다음과 같은 것들이 있다.

① **시장조사연구**: 이것은 소비자들에게 그들의 가능한 구매형태에 관해 몇 가지 질문을 해보는 방법이다. 이 방법은 상당히 불확실한 방법이다. 따라서 이 방법을 사용할 때에는 독립된 연구자를 채용하고, 가격에 대한 간접적인 질문을 하는 것이 바람직하다. 이 방법을 사용할 때 특히 중요한 것은 표본이 관련 시장을 대표하도록 구성하는 일이다. 이 모든 과정에서 전문가의 조언은 필수적이다.

② **시장시험(market trial)**: 이것은 상이한 지역 또는 세분시장에서 각각 서로 다른 가격을 적용하였을 때 판매량이 어떻게 변화하는가를 시험하는 방법이다. 그러나 가격만이 가지고 있는 효과를 분리해내는 것은 쉽지 않다. 경쟁이 아주 없는 경우가 아니라면 소비자들은 이러한 시험이 무엇을 의미하는지를 알게 될 것이라는 점을 명심해야 한다.

③ **통계적 분석**: 방법론과 그로부터 얻어지는 정보에 주의를 기울여 제품에 대한 과거와 현재의 데이터로부터 가격과 수량 간의 상관성을 구축하는 통계학자들이 있다. 그러나 이는 자신의 전문화된 지식을 사용하여 해석되어야 한다. 가령 배포된 수량이 실제로 판매되지 않으리라는 것을 함축하는 어떤 특별한 요인이나 또는 많은 재고가 있는가? 물론 이러한 접근방법은 새로운 서비스와 제품에는 해당되지 않는다.

④ **시장 및 경쟁자 정보**: 이것은 현실세계에서 시장가격결정의 기반이 된다. 현재 시장에서 동일제품과 유사제품들의 가격은 얼마인가? 우리는 가격을 낮춰야 하는가 혹은 인상해야 하는가? 얼마의 가

격을 책정해야 하는가? 가격에 영향을 미치고 있는 경쟁자들은 무엇을 하고 있는가? 이러한 문제에 관한 정보들은 가격결정에 중요한 영향을 미친다.

⑤ **기타 정보들:** 여기에는 자신의 판매력으로 얻은 자료, 시장보고서, 무역저널, 무역협회, 신문, 연차보고서, 가격리스트 등이 포함된다. 이들 개별 항목 중에서 어느 것도 성공을 보장해주지는 않지만, 이들 모두는 차이를 줄여주고 또한 공공부문에서 처방요금 변경, 진입, 또는 내부자문서비스에 대한 차별적 요금의 영향을 평가하는 서비스에 대한 가격책정을 적절하게 하여준다. 앞 부문 4개 항목을 활용하려면 전문적 기능을 갖추고 있는 통계학자, 경제학자 혹은 OR전문가와 같은 사람들의 도움을 받아야 한다.

2. 마케팅활성화를 위한 가격전략

조직이 판매촉진을 적극적으로 수행하기 위해 다음과 같은 가격전략을 활용할 수 있다.

① **초기고가격(skim price):** 초기고가격 전략은 수요자의 최상층을 겨냥해 높은 가격을 책정하는 전략이다. 이 경우 상품 수집가들은 대부분 자신들이 표적의 대상임을 알고 있지만 심리적으로 이에 대항하지 못한다. 새롭고 특징이 있는 제품의 초기 단계에 이 가격전략이 사용된다. 제품의 초기 구매자와 초기 수용자들은 높은 가격을 지불할 것이다. 중요한 것은 시간이 어느 정도 경과한 후에 가격을 인하한다 해도 초기 구매자들이 분개하지 않는다는 점이다.

② **품위가격(prestige price):** 이 가격전략도 초기고가격에서처럼

가격을 높게 책정하는데, 그러나 이 가격은 구매자에게 위신을 가져준다는 점에서 시간이 경과한 후에도 가격을 인하하지 않는다. 가령 고급 레스토랑, 고급 호텔, 호화스러운 자동차 등의 상품이나 서비스는 그것의 가격이 비싸기 때문에 소비자의 신분을 나타내는 표시가 되기도 한다.

품위가격 전략은 공공부문에 적용될 수 없는 것으로 생각할 수도 있으나 그렇지 않다. 가령 주말에 운전면허시험을 치르는 것처럼 특별한 서비스의 경우에는 높은 가격이 책정될 수 있는 경우가 있을 수 있다. 그러나 이러한 경우에도 서비스의 제공비용이 더 많이 소요된다는 것을 인정하는 경우에만 소비자들은 높은 가격을 받아들일 것이고, 특정서비스에 높은 이윤을 부가하는 것을 받아들이려 하지는 않을 것이다.

③ **도덕적 가격**(moral price): 도덕적 가격전략은 그 의미가 애매하지만 대부분의 사람들에 의해 이해되고 있는 공정성의 개념에 바탕을 두고 있다. 이 가격전략은 대부분의 지방정부와 중앙정부 그리고 자선기관에 의해 사용되고 있다. 이러한 가격전략을 사용하는 이유는 비용 산정이 어렵거나, 또는 비용 산정에 많은 시간이 걸리기 때문이다. 그러나 더 흔한 이유로는 사회적·정치적 민감성 때문이다. 공공기관이 운영하는 수영장, 골프연습장, 테니스장 등의 입장료 등이 여기에 해당한다. 그러나 도덕적 가격은 많은 문제점도 있다. 만약 비용에 비해 가격이 낮으면 이러한 가격전략에 대해 반대하는 국민도 있을 수 있다. 왜냐하면 비용에도 미치지 못하는 가격 때문에 발생하는 적자를 누군가 대신 지불해야 되기 때문이다. 공정성의 개념은 공공서비스의 요금을 책정하는 데 있어 특히 중요한 역할을 한다.

④ **매력가격(charm price):** 가격책정점(pricing point)으로 알려져 있기도 하고, 또는 단수가격책정(odd and even pricing)으로 알려져 있기도 하다. 가령 자동차 가격을 책정할 때 2,000만 원으로 하지 않고 1,999만 원으로 책정하는 것은 단지 이 가격이 저렴하게 보이기 때문이다. 이론적 핵심은 단순한 것이지만 잘 통하는 방식이다. 서양에서는 수천억 원대의 대규모 계약에서도 매력가격의 전략이 자주 등장하고 있다. 그러나 매력가격이 통하지 않는 경우가 있다. 첫째, 동전을 사용하는 자판기나 신문판매처럼 잔돈 거래를 하는 경우에 매력가격전략은 별 의미가 없다. 둘째, 전문화된 서비스나 높은 위신이 동반되는 판매의 경우이다. 가령 변호사는 그가 수행하는 법률서비스 비용을 1,000만 원 대신 999만 원을 부과하지 않을 것이다. 아파트 가격으로 9,999만 원을 제시하기는 해도 고급 다이아몬드 가격이 그렇게 제시되는 경우는 매우 드물다.

⑤ **촉진가격(promotion pricing):** 촉진가격 전략은 곧바로 구매에 연결되지 않는 수요를 구매로 연결시키거나, 또는 계절 말기의 재고처분을 위해서 자주 사용된다. 이는 촉진가격을 적용시키지 않으면 그대로 남아 있을 재고를 처분하는 데 그 의미가 있다. 비교적 한가한 심야시간대의 전화사용요금, 비수기의 국외여행상품, 평일의 철도요금, 극장의 조조할인 등은 이러한 사례에 해당한다. 촉진가격전략은 특별할인 및 일선 판매자를 돕는 지원조치와도 연결되어 있다.

촉진가격 전략은 단기간에 행해진다. 그렇게 하지 않으면 판매자는 많은 이윤을 잃게 된다. 공공부문의 경우 촉진가격 전략은 생산자와 소비자 모두에게 이익이 되기 때문에 비교적 많은 분야에서 사용되고 있다. 촉진가격 전략의 시행으로 값비싼 최고 수용 능력에 대한 수요를 감소시킴으로써 비용절감에 도움을 줄 수 있는 분야에서는 이 전략이 쉽게 받아들여질 수 있을 것이다.

⑥ **침투가격**(penetration price): 침투가격 전략은 상품 및 서비스의 가격을 경쟁자들이 따르기 어려울 정도로 매우 낮게 책정하는 가격전략이다. 이는 경쟁자들의 진입비용을 높이기 위해 신제품의 초기나 새로운 시장세분에로의 진입 초기에 사용되는 것이 보통이다. 이러한 가격전략은 다음과 같은 경우 특히 유용하다. 첫째, 제품의 수요가 가격에 매우 민감한 경우, 둘째 많은 수량으로 상당한 비용절감이 가능한 경우 등이다.

침투가격 전략은 보통가격과 분명한 차이가 날 정도로 낮게 책정되어야 한다. 몇 퍼센트 정도로는 곤란하고, 40% 또는 그 이상이 되어야 효과가 크다. 한때 볼펜을 가지고 있으면 사람의 위신이 높아진다고 여겨지는 때가 있었다. Baron Big은 그 가격을 크게 떨어뜨리는 모험을 단행하였는데, 그 결과 볼펜이 대중화되었다. 공공부문에서 침투가격 전략은 정상적인 경우 얻을 수 없는 상당한 정도의 경쟁적 우위를 점하기 위하여 설계된다.

⑦ **변동가격**(variable cost): 변동가격 전략은 동일한 상품에 대해 지역에 따라 서로 다른 가격을 부과하는 가격전략이다. 즉, 수요의 가격탄력성이 높은 지역에는 비교적 저렴한 가격을 책정해서 수요량을 늘리기 위한 가격책정방식이다. 공공부문에서는 변동가격 전략이 무의미한 것으로 생각될 수도 있지만, 실제로는 개인들이 처한 상황에 따라 가격이 책정되는 경우가 있다. 이러한 가격전략을 시행할 때 공정성의 개념은 어떻게 적용되어야 하는가?

제9장

공공부문의 촉진

제1절 촉진의 구성요소와 과정

1. 촉진의 구성요소

촉진(promotion) 또는 마케팅커뮤니케이션이란 조직이 생산하는 상품이나 서비스 또는 아이디어를 소비자(고객 청중)들이 구매하도록 유도할 목적으로 소비자를 대상으로 해당 상품이나 서비스 또는 아이디어에 대해서 정보를 제공하거나, 구매를 설득하려는 마케팅 노력의 일체를 말한다. 따라서 넓은 의미로 볼 때 촉진을 위한 커뮤니케이션에는 광고·공중관계·판매촉진·인적판매뿐만 아니라, 제품의 스타일·색깔·가격·유통경로 및 조직의 이미지 등과 같은 마케팅 믹스의 모든 요소가 포함될 수 있다. 그러나 좁은 의미로 볼 때 촉진이란 커뮤니케이션의 성격이 뚜렷하고 의도적인 것만을 말한다. 즉, 광고·공중관계·판매촉진·인적판매 등 네 가지 활동이 포함된다.

이에 대해서 좀 더 자세히 살펴보면 다음과 같다.

① **광고(advertising)**: 일반적으로 가장 잘 알려져 있고, 대부분의 사람들에게 친숙하게 느껴지는 커뮤니케이션 방법이다. 광고는 행동의 유발 가능성을 높이기 위한 목적으로 소비자들에게 정보를 제공하거나, 또는 설득하기 위한 메시지이다. 광고의 수단으로는 영화·TV·라디오·신문 등이 있다. 이 방법은 스폰서가 비용을 부담하며, 메시지의 내용을 완전하게 통제할 수 있다.

② **공중관계(Public Relation, PR)**: 공중관계란 조직이 다양한 공중과 건전한 관계를 형성하기 위하여 호의적인 공중성을 획득하거나, 우호적인 조직의 이미지를 구축하거나, 또는 비우호적인 소문·이야깃거리·사건 등을 처리하거나 방지하기 위한 제반의 활동을 의미한다. 일반적으로 PR은 광고와는 달리 대가를 지불하지 않고 TV·라디오·신문 등과 같은 매체를 이용하여 고객에게 상품 및 서비스 등에 대한 정보를 제공한다.[27) 따라서 예산에 한계가 있는 공공부문의 경우 비용을 부담하지 않고 자기조직에 관한 정보를 제공할 수 있다는 점에서 매력적인 방법이나 이의 내용에 대해 통제할 수 없는 단점도 있다.

③ **인적판매(personal selling)**: 대인판매 또는 판매원 판매라고도 한다. 이 방법은 판매원과 고객의 만남을 의미하는데, 그 목적은 잠재

---

27) 광고와 홍보(PR)는 다음의 측면에서 차이가 있다.

홍보	광고
목표: 인식	목표: 인식, 설득, 행동
비용: 무료	비용: 유료
정보제공의 방법에 대한 통제가 어려움	정보제공의 대상자, 시기, 사용될 매체에 대한 통제가 가능
참여를 강제할 수 없음	주문을 요구할 수 있음
수요의 증대로 연결되지 않을 수도 있음	보다 많은 수요를 창출해야 함

적 구매자가 어떠한 것을 구매하도록 하거나, 어떤 명제나 견해를 받아들이도록 하거나, 어떤 일을 행하도록 하거나, 또는 판매자와의 개선된 관계를 발전시키기 위해서이다. 여기에는 상품 및 서비스를 판매하기 위해 가정을 방문하는 행위도 포함되지만, 특정한 후보자에게 한 표를 부탁하려는 정치적 목적의 방문이나, 특정한 정책에 순응을 확보하기 위해 정책대상집단을 직접방문하는 공무원의 행위도 포함된다.

④ **판매촉진(sales promotion)**: 판매촉진은 단기적인 판매촉진 수단으로서 조기, 또는 다량 구매를 유도하기 위해서 설계된 다양한 도구들을 의미한다. 즉, 조직이 상품이나 서비스의 구매를 촉진시키기 위해서 짧은 기간 동안에 중간상이나 최종소비자를 상대로 벌이는 광고·공중관계·인적판매 이외의 마케팅활동을 판매촉진이라 한다.

조직의 마케팅담당자들은 이러한 네 가지의 촉진수단을 적절히 배합하여 제한된 예산으로 최대한의 커뮤니케이션의 효과를 낼 수 있는 커뮤니케이션 믹스를 개발해야 한다.

〈표 9-1〉 커뮤니케이션 수단의 특징

촉진수단	범위	비용	장점	단점
광고	일반대중	고가	신속하고, 메시지 통제가 용이	효과측정이 어려움
공중관계	일반대중	보통	신뢰도가 높음	통제가 어려움, 간접적 효과
인적판매	일반대중	고가	정보에 대한 빠른 피드백 즉각적인 효과	모방이 쉬움
판매촉진	개별고객	고가	고객의 주의집중 즉각적인 효과	높은 비용

2. 커뮤니케이션의 과정에 영향을 미치는 요인

1) 커뮤니케이션의 과정

촉진은 발신인(판매인)과 수신인 혹은 표적고객(잠재적 구매자 또는 영향을 받는 사람) 사이의 커뮤니케이션 과정으로 표현된다. 어떠한 커뮤니케이션 과정이나 메시지의 발신인과 수신인(표적청중)을 포함한다. 발신인은 의도된 메시지를 가진다. 그러나 대부분의 경우 수신된 메시지가 의도된 메시지와 일치하는지, 또는 일치하지 않는지는 커뮤니케이션 과정에 개입하는 소음(잡음)의 정도와 수신인과 발신인이 공유하는 문화적 유전암호(code)의 정도에 달려 있다.

커뮤니케이션 과정을 좀 더 구체적으로 살펴보면, 먼저 발신인(sender)은 자기가 전달하고자 하는 내용을 기호를 사용해 메시지를 만들고, 이 메시지를 매체를 통해 수신인에게 전달한다. 수신인은 메시지를 해독하고 그에 대해 반응을 보이는데 이러한 반응은 그대로 발신인에게 환류되면서 커뮤니케이션 과정은 끝나게 된다.

발신인은 커뮤니케이션 과정이 시작되도록 하는 사람 및 조직체를 말한다. 발신인이 자신의 의사를 효과적으로 전달하려면, 그는 전달 내용을 전달받는 쪽이 쉽게 이해할 수 있는 말이나 언어 등으로 구성해야 한다. 이 과정을 기호화(encoding)라고 한다. 그리고 이렇게 발신인이 보내는 내용을 언어, 문자, 색채, 표정 등으로 표현한 것을 메시지(message)라 한다. 메시지는 어떤 특정한 커뮤니케이션 경로를 통해서 전달되는데, 이렇게 메시지를 전달하는 커뮤니케이션 경로를 매체(media)라 한다. 매체는 신문·TV·라디오 등과 같이 대중매체일 수도 있고, 또는 인적판매의 경우처럼 판매원의 입이 될 수도 있다.

한편 발신인으로부터 메시지를 받은 수신인(receiver)은 기호의 형태로 구성된 메시지를 자기 나름대로 해석하게 되는데, 이 과정을 해독(decoding)이라 한다. 수신인은 메시지를 받고 나서 어떤 반응(response)을 보일 뿐만 아니라 자기 반응의 일부를 발신인에게 다시 보낸다. 이 과정을 환류(feedback)라고 한다. 그리고 이러한 모든 과정이 의사전달을 방해하거나 왜곡시키는 갖가지의 잡음(noise) 속에서 행해지기 때문에 수신인은 발신인이 보낸 것(intended message)과는 전혀 다른 메시지를 받는 경우가 많다.

2) 커뮤니케이션 과정에 영향을 미치는 요인

발신인과 수신인이 얼마나 정확하게 커뮤니케이션을 수행하는가는 커뮤니케이션 과정의 각 단계에 개입하는 잡음의 정도에 달려 있다. 이에 대해 좀 더 자세히 살펴보면 다음과 같다.

첫째, 기호화란 어떠한 생각을 상징적인 형태로 변환하는 과정을 의미한다. 따라서 기호화의 과정에서 잡음이 개입할 수 있다. 가령 판매원이 주요개념을 전달하는 단어를 선택하는 과정에서 잘못된 단어를 선택하는 경우, 또는 조직의 메시지를 기호화하는 업무를 위임받은 광고기관 등과 같은 대리인(agent)이 왜곡된 언어나 이미지를 선택하여 본래 의도된 메시지가 왜곡되는 경우 등이 이에 해당한다.

둘째, 전달과정에서 잡음이 개입할 수 있다. 즉, 메시지를 전달하는 과정에서 목소리의 억양 또는 신체언어(body language)가 메시지의 의미를 변화시킬 수 있으며, 또한 메시지의 전달수단이 메시지를 왜곡시킬 수도 있다. 가령 비영리기관인 병원을 위해 기부금을 모집하는 사람이 그들의 고객에게 병원에서 수행되고 있는 연구작업의 과학적인 질에 대해 설명할 때 너무 '진지한(serious)' 목소리로 이야기한다면, 그는 과학자들이 연구작업의 가능한 결과들에 대해서 비관적이라는 전혀 의도하지 않은 인상을 줄 수 있을 것이다. 그뿐만 아니라 잘못 선택된 메시지의 전달수단 역시 메시지의 내용을 왜곡시킬 수 있는데, 가령 광고를 함에 있어 특별한 매체만을 선택하면 이는 자칫 메시지에 '계급(class)'의 의미를 덧붙일 수 있으며, 표적청중과 공통점이 없는 사람을 내세워 광고를 하는 것이나, 또는 발신인의 특성과 어울리지 않는 광고도 메시지의 내용을 왜곡시킬 수 있다.

셋째, 해독화 과정에서도 잡음이 개입할 수 있다. 해독화란 발신자가 보내온 상징에 수신자가 의미를 부여하는 과정이다. 따라서 이 과정에서 잡음이 개입하는 경우는 표적청중이 이상적인 상태에 있지 않아 전달되는 메시지를 잘못 들어 잡음이 발생하는 경우나 또는 발신인과 수신인 사이에 공통경험영역이 적어서 메시지의 왜곡이 발생하는 경우이다.

제2절 공공부문의 촉진활동과 고려사항

1. 공공부문의 촉진활동

공공부문의 조직에서도 민간부문에서처럼 그들이 생산한 상품, 서비스 및 아이디어에 대한 인식과 사용을 장려하기 위해 적극적인 촉진활동을 전개할 필요가 있다. 일부의 공공부문 산업에서는 이미 오래전부터 민간부문에서처럼 촉진을 위한 다양한 기법들을 활용해왔다. 가령 승객의 운송이라는 측면에서 항공사 및 고속버스와 경쟁 관계에 있는 철도청은 그들의 수요자인 고객들이 그들이 공급하는 철도서비스를 적극적으로 이용하도록 그동안 다양한 종류의 촉진기법들을 활용하여 왔다.

경쟁이 있는 곳에는 반드시 선택이 따른다. 조직의 경쟁에는 두 가지의 유형이 있다. 첫 번째 형태의 경쟁은 총체적(generic)인 것으로, 가령 기차와 버스가 승객의 운송을 놓고 벌이는 경쟁처럼 서로 다른 업종들 간에 벌리는 형태의 경쟁이다. 두 번째 형태의 경쟁은 내적(internal)인 것으로, 가령 승객의 운송을 놓고 버스회사들 사이에 벌리는 경쟁, 즉 동일업종들 간의 경쟁이다.

공공부문에서는 아직 총체적 경쟁을 하지 않아 사용자가 효과적인 선택을 할 수 없는 분야가 많이 있다. 가령 능력이 부족하여 병원을 이용할 수 없는 사람들은 국가가 제공하는 의료서비스에 의존하고, 실업자 및 빈곤계층에 속하는 사람들은 정부에서 제공하는 생활보호서비스에 의존한다. 이에 대한 대체수단이 빈곤구제활동을 수행하는 자선기관들이다. 그러나 자선기관들은 비록 그들이 빈곤구제에 중요한 역할을 수행하고 있다 할지라도, 그들과 비슷한 업무를 수행하는 정부의 기관들과 경쟁 관계에 있다고 생각하지는 않는다. 하지만 이러한 맥락하에서도 광고라는 촉진수단의 역할은 점차적으로 증대되어가고 매체는 기부자들에게 자선활동을 호소하는데, 이것은 공중의 관심 및 기부행위를 두고 이들 간에 경쟁을 자극하고 있기 때문이다.

공중관계는 조직과 그의 고객인 공중들 상호 간에 이해를 형성하고, 유지하는 데 관련된 촉진수단이다. 공중관계는 선의 및 공중의 인식과 관련되어 있다. 따라서 공공분야의 조직이 공중관계의 중요성을 인식하는 것은 매우 중요한 일이다. 북아메리카에서는 공중관계 담당자를 '의사전달자(communicator)'라 한다. 왜냐하면 그들이 수행하는 주요업무가 조직의 내외적 의사전달과정의 업무를 포함하고 있기 때문이다. 촉진은 특히 고객을 두고 경쟁적 탐색을 하지 않는 분야에서 주로 정보의 형태나 공적 의사전달에 의존한다. 만약 조직의 업무가 표적시장의 관심·욕구 및 수요를 식별하여 이에 맞는 상품 및 서비스를 효과적으로 제공하는 일이라면, 공공부문의 조직들은 사용자와 사회의 관심을 동시에 충족시킬 수 있어야 한다. 이러한 차원에서 많은 공공부문의 촉진은 '사회적 마케팅(social marketing)'과 거의 같은 의미가 있다.

2. 공공부문의 촉진을 위한 고려사항

공공부문에서도 최근에 들어와 상품 및 서비스 또는 아이디어에 대한 인지를 증가시키고, 활용을 촉진시키기 위하여 다양한 내용의 촉진수단을 이용할 필요성이 증가하고 있음은 앞에서 살펴본 바와 같다. 그러나 공공부문에서 그들이 생산한 상품 및 서비스의 활용을 촉진할 목적으로 촉진활동을 수행할 경우 다음과 같은 사항들을 고려할 필요가 있다.

첫째, 정치적 차원의 문제이다. 공공부문은 특히 정치적 고려에 민감해야 한다. 공공부문에서 공중의 지지는 공공마케팅의 성공을 위해 필요조건이다. 정치적 문제는 촉진활동이 기득권과 모순되는 순간부터 나타나기 시작한다. 따라서 공공부문에서 수행하는 촉진은 '공익(public interest)'이라는 정치적으로 민감한 용어의 해석에 신중을 기해야 한다. 공공부문에서 수행하는 촉진활동의 경우 대표적으로 제기되는 문제가 공익의 문제이다. 가령 인구폭발을 염려하는 정부가 출산통제를 장려하는 캠페인을 전개할 때, 인구증가의 문제가 경제발전을 저해한다고 생각하는 경제학자들은 이러한 캠페인을 적극적으로 지지할 것이다. 그러나 대부분의 종교인 또는 인권운동가들은 이러한 내용의 캠페인이 중요한 인권침해문제라고 하여 이에 강력하게 저항할 것이다.

둘째, 촉진의 목적이 다르다. 민간부문이 촉진활동을 수행하는 근본적인 목적은 마케팅을 담당하는 조직이나 개인의 이익을 추구하는 것인 데 반해 공공부문의 촉진활동의 목적은 조직의 이익, 표적청중 또는 일반 국민의 이익 등으로 혼재되어 있다. 따라서 정부에서 제공하는 많은 공공서비스의 경우에는 이의 성공을 재정적 이득의 견지에서 측정할 수 없는 경우도 많다. 이러한 특성은 공공부문 촉진활동의 편익과 비용의 측정을 어렵게 하며, 또한 프로그램의 성공과 실패에 대한 평가를 어렵게 한다.

셋째, 표적시장의 문제이다. 공공부문은 자주 도달하기 어려운 표적시장을 지향한다. 민간부문이 집중적으로 노리는 표적시장은 그들에게 유익한 집단일 뿐만 아니라, 이들의 촉진활동에 노출되어 있다. 그러나 정부가 제공하는 서비스의 경우에는 민간부문의 표적시장과는 달리 경제적으로 전혀 유익하지 않은 집단을 무시할 수 없다. 오히려 정부의 주된 기능은 이들을 돕는 데 있다. 그뿐만 아니라 어떠한 경우에는 이들 표적집단이 전혀 노출되지 않아 이들을 대상으로 하는 촉진활동에 매우 큰 어려움이 있는 경우가 많다. 가령 마약중독자나 AIDS환자들처럼 음지에서 활동하는 표적시장을 대상으로 한 정부의 촉진활동 수행은 구체적인 촉진수단을 선택함에 있어 많은 어려움에 직면한다.

넷째, 민간부문에서 제공하는 상품 및 서비스의 비용은 이의 소비자가 직접 부담하는 데 비해서, 공공부문에서 제공하는 제품의 비용은 이의 활용자가 직접 지불하지 않는 경우가 많다. 즉, 공공부문의 경우 어떤 종류의 서비스는 이것이 필요한 대상자를 정부가 적극적으로 찾아내어 이들에게 무료로 제공하는 경우도 있다. 그뿐만 아니라 이들에게 재정적으로 도움을 주는 기능을 수행하기도 한다. 이처럼 구매력의 결여(선호에 따라 지불하는 능력의 결여)는 공공부문에서 효율적인 시장의 성장과 발전을 저해하는 요인으로 작용한다. 가령 정부는 저소득층의 자녀를 찾아내어 이들에게 무료교육 및 의료서비스를 제공한다.

다섯째, 사용자의 저항문제이다. 민간부문의 마케팅에서는 소비자(사용자) 집단이 싫어하거나 또는 혐오하는 상품이나 서비스를 촉진시킬 목적으로 촉진활동을 수행하지 않는다. 그러나 공공부문의 마케팅활동에서는 표적청중이 싫어하거나 또는 혐오하는 행태를 장려하고, 촉진시키기 위한 활동을 시도한다. 즉, 공공부문에서 수행하는 일부의 캠페인은 특정한 상품과 서비스의 사용과 소비를 방해하기 위한 내용의 것도 있다. 이러한 특성은 공공부문의 경우 그들의 고객에게 서비스 활용의 촉진을 위한 동기부여를 매우 어렵게 한다.

여섯째, 장기적인 변화의 중요성 문제이다. 민간부문의 경우 마케팅의 궁극적 목표는 소비자들이 그들이 제공하는 상품 및 서비스 구매라는 비교적 단기적인 행태변화이다. 그러나 공공부문에서 제공하는 서비스 마케팅의 경우에는 소비자의 행태를 변화시키는 데 장기적인 기간을 필요로 할 뿐만 아니라, 민간부문에 비해 훨씬 깊게 개입해야 하는 경우도 있다. 예를 들면 알코올 중독자 및 흡연자를 대상으로 정부가 수행하는 금주·금연 캠페인을 전개할 때, 이 프로그램이 원래 의도한 효과를 창출하기 위해서는 정부가 프로그램 참여자의 행태에 훨씬 깊게, 장기적으로 개입할 필요가 있다.

일곱째, 한정된 자원의 문제이다. 민간부문의 경우 수요의 증가는 곧바로 수익의 증가로 연결된다. 따라서 민간부문의 경우에는 수요의 증가가 조직의 촉진활동의 목표가 될 수 있으며, 수입관리가 매우 중요하다. 그러나 자원(예산)의 제약을 받는 공공부문의 경우에서는 수요의 증가가 촉진활동의 목표가 될 수 없는 경우가 많다. 많은 공공조직의 경우 실제 그들이 수행하는 일은 적용 가능한 자원에 수요를 배정하는 일이다. 따라서 일부의 커뮤니케이션 캠페인의 경우에는 단순히 인지의 증가를 추구하는 경우도 있으며, 수요가 지나치게 증가하는 것을 경계한다. 즉, 공공부문은 수입관리를 중요시하는 민간부문의 조직과는 달리 촉진활동을 수행함에 있어 비용관리가 매우 중요하다.

여덟째, 보이지 않는 편익의 문제이다. 민간부문 마케팅에서는 소비자가 서비스를 이용함으로써 발생하는 편익이 명백하게 나타나지만, 공공부문에서 제공하는 서비스의 경우에는 비가시적인 편익을 위해 촉진활동을 수행하기도 한다. 가령 당뇨병·암 등과 같은 성인성 질환의 예방을 위해 정부가 다양한 내용의 프로그램을 집행하였을 경우, 이 프로그램의 참여자들은 그들의 건강이 과연 프로그램에 참여하지 않았을 때보다 향상되었는지, 또는 건강이 향상되었을 경우 그 원인이 프로그램에 참여한 효과 때문인지에 대해서 이해하지 못하는 경우가 많다.

제10장

광고 · 공중관계

제1절 광고

1. 광고의 의의

1) 광고의 정의

광고(advertising)란 신원을 밝힌 스폰서가 비용을 지불하고 아이디어·상품·서비스 등을 사람이 아닌(non-personal) 매체(media)를 통해 널리 알리고 촉진(promote)하는 모든 형태의 커뮤니케이션 활동을 의미한다.

이러한 의미가 있는 광고의 개념적 특성을 살펴보면 다음과 같다. 첫째, 광고는 대가를 지불하는 의사소통방법이다. 예외적으로 공익광고(public advertising)의 경우에는 무료로 방송시간이나 신문여백을 할애받을 수 있지만, 일반적으로 광고는 유료로 사용된다. 둘째, 광고는 표적집단을 대상으로 한다. 소비자에게 조직이 생산하는 상품이나 서비스 또는 아이디어를 알리는 것에서부터, 구입하여 소비하도록 설득하는 행위에 이르기까지 광고는 표적집단을 대상으로 한다. 셋째, 광고는 비인적 의사소통방법이다. 구전이나 인적판매와는 달리 광고는 광범위한 소비자를 대상으로 하고, 대중매체(mass media)를 이용하는 것이 보통이다.

2) 광고의 역할

광고는 상품이나 서비스의 구별 없이 일반적으로 정보제공, 고객설득, 상품회상 및 구매행동의 유도 등과 같은 기능을 수행한다. 첫째, 광고는 고객에게 상품 및 서비스에 관한 정보를 제공하는 역할을 수행한다. 여기에는 상품이나 서비스의 이용시간, 가격, 성능, 기능, 품질 등과 같은 정보 등이 포함된다. 둘째, 광고는 고객을 설득하는 역할을 수행한다. 즉, 설득적 광고는 광고주가 고객을 특정한 관점으로 납득시키기 위해서 시행하는 것이다. 셋째, 광고는 광고에 나타난 특정 요소들로 인해서 브랜드나 조직의 회상을 강화시키는 역할을 수행한다. 여기에 사용되는 요소는 단순한 것이 좋다. 넷째, 광고는 광고시청자들을 설득하여 해당 상품 및 서비스를 구매하도록 하거나, 또는 그것에 대해 관심을 갖도록 하는 역할을 수행한다. 이러한 목적의 광고는 대개 쿠폰이나 프리미엄 같은 다른 판촉수단과 결합되어 사용되는 경우가 많다.

2. 주요한 광고 의사결정

마케팅관리자는 광고프로그램을 개발하기 위해 다음과 같은 다섯 가지의 중요한 의사결정을 하여야 한다.

1) 광고의 목표설정

광고에 대한 프로그램을 개발하거나 예산을 확정할 때 마케팅관리자가 제일 먼저 해야 할 일은 광고의 목표를 설정하는 일이다. 광고목표는 광고프로그램의 전반적인 방향을 제시하여 줄 뿐만 아니라, 이것을 달성하기 위해 구체적으로 어떠한 일을 어느 정도로 해야 하는지를 확정할 때 지침의 역할을 수행한다. 또한 광고목표는 이후에 측정하게 되는 광고효과를 평가하는 기준이 된다. 광고목표를 설정할 때 다음과 같은 사항을 고려해야 한다.

(1) 표적시장(target market)의 선정

마케팅관리자가 광고목표를 설정함에 있어 제일 먼저 해야 할 일은 광고대상을 누구로 할 것인가 하는 표적청중(target audience)을 선택하는 일이다. 표적청중은 조직이 제공하는 상품 및 서비스의 잠재적 구매자, 기존 사용자, 구매의사결정을 하거나 또는 구매의사결정에 영향을 미치는 사람 등이 될 수 있다. 또한 표적청중은 개인일 수도 있고, 집단 및 특별한 공중 혹은 일반 국민일 수도 있다. 커뮤니케이션 담당자가 누가·무엇을·어떻게·어디에서·언제 광고해야 할 것인가 등에 대해 의사결정을 할 때, 가장 결정적으로 영향을 미치는 것이 바로 표적청중이다.

(2) 고객반응(target response)

표적청중이 결정되면 마케팅커뮤니케이션 담당자가 다음으로 해야 할 일은 표적청중으로부터 얻어내고자 하는 반응이 무엇인가를 규정해야 한다. 물론 대부분의 경우 표적청중으로부터 궁극적으로 요구되는 반응은 행동(behavior)이다. 그러나 행동은 여러 단계의 소비자 의사결정과정에서 나타나는 최종결과이다. 따라서 커뮤니케이션담당자가 이 단계에서 해야 할 일은 목표로 하는 표적청중이 여러 단계의 의사결정과정에서 현재 어느 단계에 있는지, 그리고 어떤 위치의 단계로 진전시킬 필요가 있는지를 알아내는 일이다. 일반적으로 표적청중은 조직이나 혹은 서비스와 관련하여 의사결정과정의 다음 여섯 단계 중의 한 단계에 있게 된다.

첫째, 인식(awareness)단계로서 이 단계에서 표적청중들은 특정의 상품이나 서비스 또는 조직에 대해 알지 못한다. 즉, 표적청중은 요구되는 행동 혹은 조직이 제공하는 서비스나 상품 등에 대하여 전혀 모를 수도 있고, 이들 중에서 한두 가지를 알고 있을 수도 있다. 만약 대부분의 청중이 이에 대해 깨닫지 못하고 있다면, 커뮤니케이션담당자가 해야 할 첫 번째의 일은 조직이 제공하는 상품이나 서비스의 존재에 대해서 그들에게 인식시키는 일이다. 이 경우에는 이름을 반복하는 것과 같은 단순한 메시지가 요구된다. 그렇다 할지라도 이처럼 인식을 시키는 것은 많은 시간이 필요하다.

둘째, 숙지(knowledge)단계로서 이 단계에 있는 표적청중들은 조직이 제공하는 상품이나 서비스 또는 요구되는 행동 등에 대해 어느 정도 알고 있으나, 이에 대해 많은 것을 알지 못한다. 이러한 경우에 커뮤니케이션담당자가 수행해야 할 중요한 업무는 이들에게 이에 대한 구체적인 정보를 제공하는 일이다. 표적청중이 대상에 대해 마음속에 그리고 있는 신념체계를 이미지(image)라고 한다. 조직은 주기적으로 커뮤니케이션목표를 설정하기 위한 기초자료로서 그들의 고객들이 그 조직에 대하여 가지고 있는 이미지를 평가해야 한다.

셋째, 호의(liking)단계로서 이 단계에 있는 표적청중들은 조직에서 제공하는 상품, 서비스 및 그들에게 요구되는 행동 등에 대해 잘 알고 있으나 아직 우호적인 감정이 형성되어 있지는 않은 단계이다. 만약 표적청중의 구성원들이 조직이 제공하는 상품 및 서비스나 또는 그들에게 요구되는 행동에 대하여 비우호적인 견해를 가지고 있다면, 커뮤니케이션담당자는 이의 원인이 어디에 있는지를 찾아내어 우호적인 감정이 형성될 수 있도록 커뮤니케이션캠페인을 실시해야 한다.

넷째, 선호(preference)의 단계로서 이 단계에 있는 표적청중들은 특정의 상품, 서비스 및 그들에게 요구되는 행동 등에 대해 호의적인 감정을 가지고는 있지만 그것보다 다른 것을 더 좋아할지도 모른다. 즉, 그것은 받아들일 수 있는 여러 가지 대안들 중의 하나일지도 모른다. 이러한 경우에 커뮤니케이션담당자가 해야 할 일은 소비자의 선호를 세우는 일이다. 즉, 그 상품이나 서비스 또는 그들에게 요구되는 행동의 품질·가치·성능 및 기타의 속성들을 강조해야 한다. 커뮤니케이션담당자들은 표적청중의 선호가 좀 더 강화되었는지를 알기 위하여 이들을 대상으로 서베이조사를 계속적으로 실시해봄으로써 캠페인의 성공 여부를 체크해볼 수 있다.

다섯째, 표적청중들은 조직이 생산하는 특정의 서비스 및 상품이나 또는 특별한 행동을 선호할지도 모른다. 그러나 그것을 구입하거나 실행에 옮기는 데 대해 확신(conviction)이 서 있지 않을지도 모른다. 이 과정에서 커뮤니케이션담당자가 해야 할 일은 표적청중이 그러한 상품 및 서비스를 구입하거나 또는 행동을 하는 것이 옳은 결정이라는 확신을 표적청중들에게 심어주는 것이다.

마지막으로 표적청중들이 어떤 확신은 가지고 있으나 이를 실행

(action)에 옮기지 못하는 경우도 있다. 즉, 표적청중들이 더욱 많은 정보를 획득하기 위하여 기다리거나, 일정 기간 후에 상품 및 서비스를 구매하거나, 또는 나중에 행동할 계획을 세우고 있을 수도 있다. 이러한 경우에 이들을 실제적인 구매 및 행동단계로 이끌어내기 위하여 마케팅커뮤니케이션 담당자는 할인판매, 소비자 사용기회의 제공 등과 같은 방법을 활용할 수 있다.

(3) 고객 도달 범위 및 빈도(target reach and frequency)

광고관리자들이 설정해야 할 세 번째 목표는 최적의 광고도달 범위와 빈도를 설정하는 일이다. 도달 범위란 일정기간 동안에 표적청중들 중에서 어느 정도(몇 %)의 사람들을 광고캠페인에 노출시킬 것인가를 결정하는 것이다. 가령 광고주는 처음 3개월 동안 표적청중의 70%에 도달한다는 식으로 도달 범위를 정할 수 있다. 빈도는 표적청중 중에서 평균적인 사람을 일정기간 동안에 평균 몇 회 정도 메시지에 노출시킬 것인가를 결정하는 일이다. 예컨대 광고주는 평균 3회의 노출을 목표로 할 수 있다. 여기에서의 문제는 고객으로부터 바람직한 반응을 얻기 위해 얼마만 한 노출횟수가 필요한가를 알아내는 일이다.

2) 광고예산의 결정

광고목표가 결정되면 다음은 여기에 투입될 광고예산을 결정해야한다. 광고비의 지출은 비용(expense)이라기보다는 투자(investment)로 보는 것이 타당하다. 왜냐하면 광고의 효과는 장기간에 걸쳐서 나타나며, 또한 광고는 소비자들이 조직에 대해 갖는 호감(goodwill)이라는 눈에 보이지 않는 가치를 창출하기 때문이다. 광고예산을 결정할 때

주의해야 할 사항은 광고에 투입될 전체 예산의 규모를 파악하는 것
도 중요하지만, 이 예산이 어떻게 다른 세분시장·지리적 영역·시기
(time period)에 할당될 것인지를 결정해야 한다는 사실이다. 실제적으
로 광고예산은 이들 각각의 인구수, 판매수준 혹은 시장잠재력 등과
같은 지표에 따라 배정된다. 가령 세분시장 B가 세분시장 A에 비해서
시장잠재력이 두 배이면, B시장에 A시장의 2배의 광고비를 지출하는
것이 보통이다. 원칙적으로 광고예산은 광고로 인해 기대되는 한계반
응(margenal response)에 따라 배정되어야 한다.

3) 메시지의 작성

광고의 목표와 예산이 결정되면, 다음 단계는 효과적인 메시지를
작성하는 일이다. 메시지를 작성할 때 광고담당자는 메시지의 내용, 구
조 및 형태를 어떻게 할 것인가를 결정해야 한다.

(1) 메시지의 내용

커뮤니케이션담당자가 소비자들로부터 원하는 반응을 이끌어내기
위해서 크게 세 가지 방향으로 메시지의 내용을 엮을 수 있다.

첫째, 소비자들의 이성에 호소하는 방법(rational appeal)이다. 이 방
법은 상품이나 서비스의 품질·경제성·가치·성능 등을 강조함으
로써 소비자가 이것을 구매하는 것이 그들에게 가장 유리하다는 것
을 확신시키는 방법이다. 가령 보건복지부가 국민을 대상으로 국민연
금에의 가입을 권유하면서, 이 연금에의 가입이 정부가 보장하는 가장
확실한 노후보장제도라는 내용의 광고를 하는 사례가 이에 해당한다.

둘째, 소비자들의 감정에 호소하는 방법(emotional appeal)이다. 이것

은 소비자들에게 공포감·죄의식·수치심·자부심·애정·기쁨 등의 부정적 또는 긍정적 감정을 불러일으킴으로써 소비자가 조직이 제공하는 상품 및 서비스를 구매하도록 유도하는 방식이다. 가령 농협이 '신토불이'라는 어구를 사용하여 우리 농산물의 애용을 호소하는 내용의 광고가 이러한 사례에 해당한다. 그러나 이 방법을 공공부문의 조직이 사용하였을 경우 자칫 외국과의 통상마찰을 유발할 수도 있다는 점에서 사용에 신중을 기해야 한다.

셋째, 소비자들의 도덕심에 호소하는 방법(moral appeal)이다. 즉, 무엇이 '옳고 적절한' 것인가에 대해 청중의 의식에 호소하는 것이다. 이 방법은 깨끗한 환경, 인종차별해소, 여성권리신장 및 빈곤계층에 대한 후원 등과 같은 명분이 있는 사회운동에 대한 지원을 호소할 때 많이 이용된다.

(2) 메시지의 구조

커뮤니케이션담당자는 메시지의 구조에 관하여 다음 세 가지의 문제를 생각해야 한다.

첫째, 광고에 명확한 결론을 제시해줄 것인가, 또는 청중에게 맡겨둘 것인가의 문제이다. 이에 관한 초기의 연구에서는 보통 결론을 제시하는 것이 더 효과적이라 하였다. 그러나 최근의 연구는 대개의 경우 광고주는 질문만 던지고, 결론은 구매자 스스로 내리도록 하는 것이 오히려 효과적이라고 주장한다.

둘째, 광고에 일면적 주장(상품이나 서비스의 장점만 제시)만 할 것인가, 또는 양면적 주장(장점과 단점을 모두 제시)을 할 것인가 하는 것이다. 통상적으로 일면적 주장이 판매 효과가 크다고 알려져 있으나, 청중의 교육수준이 높은 경우에는 양면적 주장이 더욱 바람직하다. 왜냐하면 양면적 주장을 하는 메시지는 광고주에 대한 신뢰성을 높일 수 있으며, 또한 구매자들로 하여금 경쟁자의 공격에 대해 보다 저항적이 되도록 할 수 있기 때문이다.

셋째, 광고주가 강조하고 싶은 말을 광고의 첫머리에 할 것인가, 혹은 끝에 가서 할 것인가 하는 문제이다. 강조사항을 초반부에 두면 주의를 끄는 데에는 유리하지만, 마지막에서 극적인 효과가 나타나지 않는 단점이 있다. 특히 신문에 의한 광고는 강조사항을 초반부에 두는 것이 유리하다. 왜냐하면 일반적으로 독자들이 신문광고를 처음부터 끝까지 읽는 경우는 매우 드물기 때문이다.

(3) 메시지의 형태

메시지의 효과는 무엇을 말하는가에 의해서 뿐만 아니라, 그것을 표현하는 방법에 의해서도 영향을 받는다. 기본적으로 동일한 특성을 가진 조직의 제공물에 있어서는 메시지의 표현방법이 결정적인 역할을 수행한다. 광고주가 표적청중의 주목과 흥미를 끌려면 메시지를 능숙하게 전달해야 하며, 효과적으로 메시지를 표현하기 위해서는 적절한 표현스타일, 어조(語調), 용어, 순서 등을 갖추어야 한다.

일반적으로 소비자들의 관심을 끌기 위해서 메시지는 아주 강렬한 인상을 주는 형태를 띠어야 한다. 가령 신문이나 잡지 등과 같은 인쇄물을 통해 광고를 하는 경우에는 제목, 글자의 모양·크기·위치·색깔·도안 등에 주의를 해야 한다. 라디오를 통해 광고하는 경우에는 낱말의 선택, 발음 등에 주의를 해야 한다. 한편 TV를 통해 광고를 하는 경우에는 위에서 열거한 것들 외에 출연자의 언행·몸짓·표정·복장·자세 및 머리스타일 등에까지 신경을 써야 한다.

4) 매체의 선정

광고메시지가 결정되면 다음은 이것을 효과적으로 전달할 광고매체를 선정해야 한다. 그 단계를 보면 첫째, 매체유형의 선정, 둘째 구체적 매체수단의 선정, 셋째 광고일정의 결정 등으로 나타난다.

(1) 매체유형의 선정

커뮤니케이션담당자가 매체유형을 선정할 때 제일 먼저 해야 할 일은 주요 매체유형에 예산을 배정하는 것이다. 또한 매체유형을 선정할 때 커뮤니케이션 담당자는 각 매체범주의 도달 범위와 빈도 및 영향에 대해서 검토하여야 한다. 매체믹스의 구성은 광고효과와 직접적으로 관련되므로 다음의 요인들을 고려하여 신중하게 결정해야 한다(<표 10-1> 참조).

첫째, 표적청중의 매체 습관이다. 가령 10대 청소년들을 표적청중으로 하였을 경우에는 TV가 가장 효과적인 매체수단이다.

둘째, 상품이나 서비스의 특성을 고려해야 한다. 매체유형은 논증·심상·설명·신뢰성 등의 측면에서 각기 다른 잠재력을 지닌다. 가령 TV는 상품이나 서비스의 사용방법을 설명하거나 또는 감정적 효과를 창출하는 데 효과적이다. 반면에 전문잡지는 인테리어, 스포츠용품, 아이디어 등에 대한 광고에 매우 유용한 매체이다.

셋째, 메시지의 성격이다. 긴급수혈 캠페인을 알리는 메시지라면 라디오나 신문 등이 적합하고, 복잡한 기술자료가 포함된 메시지는 전문잡지나 직접우편 등이 효율적이다.

넷째, 비용문제이다. TV광고가 가장 비싸고, 신문광고는 비교적 저렴한 편이다. 이때 비용기준으로는 총비용이 아니라 1,000회 노출에 소요되는 CPM(Cost Per Impression)을 사용하는 것이 좋다.

〈표 10-1〉 광고매체 유형별 특성

매체	유형	장점	단점
TV	위성, 유선, 전국, 지역	· 높은 영향력 · 빠른 전달력 · 광범위한 시청층 · 전국적인 광고가 가능	· 비용이 많이 소요 · 노출시간이 짧음 · 광고변경이 곤란 · 청중선별 불가 · 복잡한 정보전달이 불가능
라디오	AM, FM	· 비용이 적게 소요 · 지역적·인구 통계적 선택력 · 빠른 전달력 · 광고변경이 용이	· 청각적 메시지만 전달 가능 · 짧은 메시지 수명 · 청취자 집중률이 떨어짐
잡지	일반, 전문, 분야별	· 지역적·인구 통계적 선택력 · 긴 광고 수명 · 광범위한 독자층 · 반복 광고 가능 · 높은 신뢰성과 권위 · 복잡한 정보전달이 가능	· 적시 광고가 곤란 · 느린 독자층의 형성 · 일부 부수의 낭비
신문	중앙, 지역, 조간, 석간, 주간	· 광범위한 독자층 · 신속한 광고 · 많은 양의 정보제공이 가능 · 높은 신뢰성	· 짧은 광고 수명
옥외광고	포스터, 광고게시판	· 광범위한 도달 범위 · 높은 노출빈도 · 광고의 낮은 낭비 가능성 · 지역적 선택성 · 비용이 적게 소요	· 깊이 있는 메시지의 전달이 곤란 · 좋은 위치선정의 어려움 · 청중의 비선택성 · 창의적 메시지 개발의 제한 · 비용이 많이 소요
직접우편	편지, 카탈로그, 엽서, 쿠폰, 브로슈어, 달력	· 광고의 낮은 낭비 가능성 · 광고의 효과측정이 비교적 용이	· 쓰레기 우편물(junk mail)

개발도상국가에서 가장 선호되는 매체는 라디오이다. 왜냐하면 라디오는 도달 범위가 전국에 걸쳐 있을 뿐만 아니라, 문자해독이 가능하지 않은 사람들에게도 메시지의 전달이 가능하기 때문이다. 많은

사회적 마케팅담당자들은 수백만 명에 의해 청취되는 라디오의 홈드라마(home drama)에 광고를 결합시킨다. 여기에 포함되는 주제는 가족계획, 예방접종, AIDS의 예방 등이다.

(2) 구체적 매체수단의 선정

핵심 매체의 유형이 결정되면 비용 및 효과의 측면에서 가장 바람직한 매체수단이 선정되어야 한다. 가령 잡지를 매체유형으로 선정하고 구체적인 매체수단을 선정해야 할 경우 마케팅담당자는 다양한 정보들을 고려해야 하는데, 이때 고려해야 할 정보로는 잡지의 발행부수와 광고물의 크기 등이 이에 해당한다. 이들 외에도 잡지의 신뢰성, 권위, 독자의 지역적 분포, 직업별 분포, 리드타임(lead time), 심리적 효과 등도 고려해야 한다.

근래에 들어 정부를 포함한 비영리조직에서 점차적으로 자주 활용되는 매체수단이 직접우편이다. 직접우편은 특히 기금모금을 위한 수단으로 자주 이용된다. 비영리조직의 마케팅담당자들에게 직접우편이 매력적인 커뮤니케이션의 수단이 되는 것은 다음과 같은 이유에서다. 첫째, 직접우편은 특별한 표적시장에 최대의 영향력을 행사할 수 있다. 둘째, 직접우편은 비밀리에 할 수 있기 때문에 자선활동이나 또는 성병, 어린이 학대, AIDS 등을 취급하는 프로그램에 주요장점이 있다. 셋째, 정부기관이 직접우편서비스를 구매하는 것은 금지되어 있지 않지만 방송·신문·잡지 등과 같은 다른 매체의 구매는 가끔 금지되는 경우가 있다. 넷째, 직접우편은 접촉이나 반응 건수당 비용이 매우 저렴하여, 예산이 한정되어 있거나 또는 재정이 풍부하지 못한 비영리조직에 매우 중요한 소구(appeal)가 된다. 다섯째, 이 방법은 결과를 명확하게 측정할 수 있는데, 이것은 비영리조직의 마케팅 프로그램을 보다 책임 있게 만들 수 있게 하여 준다. 여섯째, 직접우편의 방법은 제안된 전략에 대한 소규모 검증을 가능하게 한다. 직접우편은 가장 이상적인 실지시험(field test) 수단이다. 일곱째, 다른 매체수단들은 그 평가에 측정문제를 수반한 인식·태도 지표들이 요구되는 데 비하여, 직접우편의 효과성은 행태의 견지에서 직접 평가될 수 있다.

(3) 광고일정의 결정

광고매체가 결정되면 마케팅담당자는 구체적인 광고일정을 결정해야 한다. 광고일정을 정할 때에는 먼저 광고예산을 전 광고계획기간(보통 1년)에 걸쳐 어떻게 배분할 것인가를 결정한다. 그다음 구체적인 광고시기를 결정한다. 광고일정의 유형에는 크게 다음과 같은 여섯 가지의 유형이 있다.

첫째, 지속형으로 이는 광고기간 동안 고르게 광고한다. 매일 혹은 매주 TV나 신문 등에 광고를 하는 것은 지속형에 속한다.

둘째, 계절형으로 이것은 제품의 수요량이 특정 계절에 높아지는 경우, 이 시기에 집중적으로 광고를 하는 유형이다. 가령 추석 명절 때 선물세트 광고를 집중적으로 하거나, 또는 여름철에 여름휴가용품 광고를 대대적으로 하는 것이 이에 해당한다.

셋째, 연중 일정한 간격을 두고 광고하는 주기형이 있다. 이러한 광고캠페인은 이미 잘 알려진 상품에 대해서 소비자들의 주의를 주기적으로 환기시키는 것을 목표로 하는 경우가 많다. 주류, 신발류, 자동차 등에 대한 회상광고가 이에 해당한다.

넷째, 불규칙형으로 이것은 일정치 않은 간격으로 광고를 하며, 매번 투입되는 광고비도 일정치 않다.

다섯째, 초기집중형으로 이것은 새로운 광고캠페인을 시작하거나 신제품을 도입할 때, 또는 판매시즌이 시작될 때 광고물량을 집중시키는 유형이다.

여섯째, 판매촉진활동을 지원하기 위해서 하는 판촉지원형이 있다.

광고시기의 결정에서 광고주는 마지막으로 연속적 광고를 할 것인지, 또는 파상적 광고를 할 것인지 하는 광고 패턴을 선정해야 한다. 연속형(continuity) 광고는 광고비를 특정한 기간 내에 균등하게 지출하는 것이고, 파상적(pulse) 광고는 기간별로 차등을 두어 지출하는 방법이다. 일반적으로 특정 계절에 집중적으로 소비되는 상품이나 서비스라면 본격적인 판매시즌이 시작되기 직전에 광고를 집중적으로 하는 것이 효과적이고, 계절상품이나 서비스가 아니라면 연중 고르게 광고물량을 배분하는 것이 효과적이다.

5) 광고효과의 평가

광고의 효과적 활용을 위한 마지막 단계는 광고가 본래 의도한 목표를 달성하였는지에 대해 평가하는 단계이다. 광고에 들어간 비용이나 또는 마케팅전략에서 광고가 차지하는 비중을 고려하면, 광고의 효과에 대한 정보는 조직이 마케팅활동을 제대로 관리하기 위해 꼭 필요하다. 광고의 효과는 커뮤니케이션 효과와 판매 효과로 구분하여 볼 수 있다.

(1) 커뮤니케이션 효과의 측정

광고의 커뮤니케이션 효과를 측정한다는 것은 광고가 소비자에게 효과적으로 전달되었는가를 조사하는 것으로 카피테스트(copy test)라

한다. 카피테스트는 광고를 하기 전에 테스트할 수도 있고(사전 테스트: ad pretesting), 광고를 한 후에 테스트할 수도 있다(사후 테스트: ad post-testing). 광고를 시행하기 전에 하는 사전 테스트에는 다음 세 가지의 방법이 있다.

첫째, 직접평가(direct testing)이다. 이 방법은 몇 명의 소비자 패널에게 몇 개의 광고를 보여주거나 들려주고 그들로 하여금 각 광고를 평가하도록 하는 것이다. 이 방법은 광고의 실질적인 영향이나 효과를 측정하기에는 미흡하지만, 마케팅담당자는 이 방법을 통해 가능성이 높은 광고와 그렇지 않은 광고를 어느 정도 식별해낼 수 있다.

둘째, 포트폴리오 테스트(portfolio test) 방법이다. 이것은 소비자들에게 여러 개의 광고물을 나누어주고 원하는 시간만큼 보게 한 다음, 이들로 하여금 광고의 내용을 기억하게 하는 방법이다. 이 과정에서 면접자의 보조가 주어질 수도 있고, 주어지지 않을 수도 있다. 이 테스트를 통해 알 수 있는 것은 어떤 광고물이 뚜렷하게 부각되는가 하는 점과 메시지가 얼마나 잘 이해되고 기억되느냐 하는 점이다.

셋째, 실험테스트(laboratory test)이다. 이 방법은 실험실에서 특수한 장비를 활용하여 광고에 대한 소비자들의 생리적 반응(혈압·땀·심장의 고동·눈동자 크기의 변화 등)을 측정하는 방법이다. 이 방법은 특정 광고가 소비자의 주의를 어느 정도 끌고 있는가 하는 것을 알 수 있게 하여준다. 그러나 이 방법을 통해서는 특정 광고가 소비자의 믿음·태도·구매의도 등에 구체적으로 어느 정도의 영향을 미치는지는 전혀 알 수 없다.

한편 광고를 하고 나서 커뮤니케이션 효과를 평가하는 사후 테스트에는 다음 두 가지의 방법이 있다.

첫째, 기억테스트(recall test) 방법이다. 이 방법은 특정한 잡지나 또는 TV 프로그램에 노출되어온 소비자들에게 그들이 보았던 광고물에 포함되어 있던 광고주와 상품 및 서비스에 대해서 어느 정도 기억하고 있는가를 테스트하는 것이다. 가능한 한 많은 것을 기억하도록 하여 이때의 기억점수로 광고물별 기억능력을 테스트해보는 것이다.

둘째, 인지테스트(recognition test) 방법이다. 이 방법은 어떤 신문이나 잡지를 읽은 독자들에게 '그 신문이나 잡지에서 어떤 광고를 본 기억이 있는가' 또는 '그 광고가 어느 제품에 대한 광고였는가' 등과 같은 질문을 하여, 이들이 과거에 보았거나 또는 읽었던 광고를 식별해낼 수 있는가를 알아보는 것이다. 이에 관한 하나의 기법으로 열독점수(readership score) 계산법이 있다. 이 방법은 첫째, 그 잡지에서 문제의 광고물을 본 독자의 비율, 둘째 광고된 회사와 제품명을 정확하게 알고 있는 독자의 비율, 셋째 광고의 절반 이상을 읽은 독자의 비율을 계산하는 방법이다.

(2) 판매 효과의 측정

광고의 판매 효과는 앞에서 살펴본 커뮤니케이션 효과보다는 측정하기가 훨씬 더 어렵다. 왜냐하면 매출액은 광고뿐만 아니라 상품이나 서비스의 특성·가격 및 경쟁사의 행동 등 매우 많은 요인들에 의해 영향을 받기 때문이다. 광고의 판매 효과를 측정하는 방법으로는 다음과 같은 두 가지 방법이 있다.

첫 번째 방법은 과거의 광고비와 해당 연도의 매출액을 비교하여, 광고의 판매 효과를 측정하는 방법이다.

두 번째 방법은 시장에서의 실험(market experiment)을 통해 광고의 판매 효과를 측정하는 방법이다. 이 방법은 여건이 아주 비슷한 시장을 몇 개 골라 어느 시장에서는 광고를 전혀 하지 않고, 다른 시장에서는 광고를 하되 각 시장에서의 광고비 지출을 달리하여 광고의 판매 효과를 측정하는 방법이다.

지금까지 살펴본 광고의 효과를 측정하기 위한 기법들은 나름대로의 장점을 가지고 있지만 또한 문제점도 많다. 따라서 마케팅담당자는 광고의 효과를 측정하기 위해 어느 하나의 기법에만 의존하기보다는 가능한 여러 가지 기법을 활용하여 광고의 효과를 측정해야 이에 관한 오판의 가능성을 줄일 수 있다.

3. 광고와 정부규제

광고는 국민에게 커다란 영향을 미치기 때문에 그 진실성 여부는 매우 중요하다. 가령 광고내용과 실제를 구분할 수 있는 능력이 취약한 어린이를 대상으로 허위광고를 하였을 경우, 전체 어린이가 입는 피해를 생각해보면 광고의 진실성을 보장하는 일이 얼마나 중요한 일인가를 추측해볼 수 있다. 따라서 대부분의 국가에서는 광고의 진실성을 보장하기 위해, 광고의 내용을 정부가 법을 통해 규제하고 있다. 물론 광고에 대한 규제는 정부가 법에 의해서 규제하는 것 외에도 광고 관련 업계에서 자율적으로 수행하는 자율규제가 있다. 여기에서는 이들 중에서 정부의 규제를 중심으로 살펴보기로 한다.

1) 규제의 대상

정부가 법(법률, 시행령, 부령)에 의해서 통제를 가하는 광고의 유형에는 다음과 같은 것들이 있다.

(1) 허위광고

광고의 진실성을 제고하기 위해 법규는 허위광고와 기만광고를 제재하는 데 초점을 맞추고 있다. 허위광고가 발생할 수 있는 경우는 다음 두 가지 경우이다. 첫째, 잘못된 표식에 의한 광고이다. 이는 사실과 광고에 표시된 내용이 상이할 때 나타나는 허위광고의 유형이다. 광고에 상품의 성분이나 기능 또는 효능 등을 허위로 표시하는 형태의 광고가 이에 해당한다. 둘째, 소비자의 구매결정에 영향을 미칠 만한 중요한 정보를 생략하는 경우도 허위광고에 해당한다. 가령 제약회사가 감기약을 광고하면서 감기약 속에 당뇨병에 치명적인 성분이 있다는 사실을 표현하지 않는 경우가 이에 해당한다.

(2) 기만광고

조직이 소비자가 오해할 수 있는 내용의 광고를 하였을 경우에도 법에 의해 규제를 받는다. 가령 B라는 제약회사에서 소의 쓸개를 사용하여 만든 약을 광고하면서 배경음악에 곰의 울음소리를 집어넣어 마치 그 약이 곰의 쓸개를 사용하여 만들어진 것처럼 소비자를 현혹시킬 가능성이 있는 광고가 이에 해당한다. 물론 기만광고는 오해에 의해 발생하는 기만의 경우만이 이에 해당한다. 따라서 이러한 경우 정부는 오해의 증명에 의해서가 아니라 기만을 증명해야 규제할 수 있다. 여기에서 한 가지 지적할 사항은 기만과 기만성을 구분해야 한

다는 점이다. 기만은 소비자가 실제로 기만당하는 것을 뜻하지만, 기
만성은 기만의 잠재성을 포함한 의미이므로 반드시 소비자의 기만을
전제로 하지 않는다. 즉, 광고 규제에서는 실제 기만이 발생해야만 위
법사항으로 간주하는 것이 아니라 '오도할 경향이나 능력(tendency or
capacity to mislead)'이 있으면 기만적 광고라 할 수 있다.

(3) 불공정광고

불공정광고는 소비자가 부당하게 피해를 입거나 또는 공공정책에
위반되었을 경우 발생한다. 가령 사전에 입증되지 않은 주장, 어린이
와 노인 같이 영향받기 쉬운 집단을 착취하는 주장 등에 의한 광고
때문에 소비자가 경제적 피해를 입거나, 또는 건강이나 안전 등에 문
제가 발생하였을 경우가 이에 해당한다. 예를 들면 광고의 내용 중에
철도 선로 위를 낭만적으로 걸어가는 한 젊은이가 있다고 가정하자.
이것은 불공정광고에 해당한다. 왜냐하면 이러한 행위는 철도법에 위
반되기 때문이다.

(4) 비교광고

비교광고란 경쟁사 또는 경쟁제품을 직·간접적으로 거론하는 표
현을 하는 광고를 의미한다. 물론 자사의 이전모델과 신모델을 비교
하는 유사 비교광고도 있다. 우리나라의 공정거래위원회나 방송위원
회에서는 정당한 비교광고는 허용된다. 다만 문제가 되는 것은 아무
런 근거 없이 경쟁사나 경쟁제품을 폄하하거나, 또는 자사의 제품을
과대하게 포장하여 비교하는 광고이다. 가령 H라는 자동차회사가 자
사 제품에 대한 광고를 하면서, 삽화형식의 그림을 통해 크고 우량한

모습의 자사의 자동차 옆에 훨씬 작은 모습의 경쟁사업자의 제품이 졸고, 땀을 흘리며, 충돌 시 안전에 문제가 있는 것처럼 표현함으로써 마치 H사의 제품이 경쟁사의 제품보다 품질·성능 등이 우수한 것처럼 광고를 하는 경우가 이러한 사례에 해당한다. 이러한 비교광고는 법적인 제재조치를 받는다.

4. 공공부문에서의 광고활동

앞에서 살펴본 광고를 통한 마케팅기법들은 주로 민간부문에서 단순히 상업적 목적을 추구하기 위해 이용되고 있는 기법들이다. 이러한 기법들은 대부분 정부부문에서 생산하는 상품 및 서비스들 중에서 민간부문과 경쟁 관계에 있는 것들의 촉진을 위해서도 유용하게 활용될 수 있다. 그뿐만 아니라 이윤을 추구하지 않는 비영리의 공공조직에서도 이러한 광고기법들은 대부분 그대로 활용될 수 있다. 한편 영리를 추구하지 않는 공공부문의 조직에서 주로 촉진의 수단으로 사용하는 광고의 유형을 살펴보면 다음과 같다.

첫째, 정부광고(government advertising)이다. 이것은 그 규모가 매우 크고, 고비용의 범주에 속한다. 가령 공무원의 모집광고 또는 '주의(cause)'광고(공중보건과 안전을 위한 캠페인)의 일부가 여기에 해당한다.

둘째, 자선광고(charity advertising)이다. 자선에 관한 광고활동은 공공부문의 광고활동 중 가장 활발한 영역에 속한다. 자선이란 개념이 공동체에 유익한 교육과 활동을 의미하기 때문에, 이 부문에 관한 광고활동이 활발하다고 해서 그리 놀라운 일은 아니다. 많은 경우 자선광고는 지역의 라디오나 신문 등에 의해서 광고를 위한 비용을 면제받고 있다.

셋째, 주의광고(cause advertising) 혹은 주장광고(advocacy advertising)이다. 이것은 주로 사람들이 특별한 '주의(cause)'를 능동적으로 지지하도록 설득하는 것을 목표로 한다. 가령 공기 오염의 양을 감소시키기 위해 자동차 사용을 가급적 억제하라는 것 등이 이에 해당한다. 이러한 광고의 일부는 정부광고나 자선광고와 중복되기도 하고, 일부는 정당광고가 될 수도 있다. 대중매체는 사회적·정치적 논평의 중요한 공급자가 된다. 매체는 국민이 정책을 인지하는 데 중요한 역할을 수행한다.

공공분야에서 광고활동을 함에 있어서 특히 유의해야 할 점은 광고의 내용이 명확해야 한다는 점이다. 즉, 공공분야에서의 광고는 그것을 수용하는 국민에게 잘못 해석될 여지를 두거나, 또는 그 내용이 터무니없어 정부에 대한 공중의 신뢰성에 손상을 주어서도 안 된다는 것이다. 그뿐만 아니라 광고의 내용 역시 국민의 눈에 지나치게 사치스럽게 보이지 않도록 마케팅담당자는 각별히 주의해야 한다. 이러한 문제를 해결하면서 공공분야의 광고를 하기 위해서 광고담당자는 먼저 아이디어를 얻어 광고물을 작성하되, 이것을 광고에 내보내기 전에 이 내용과는 무관한 옵서버와 함께 이 완성된 광고를 다시 검토해야 한다.

제2절 공중관계(PR)

1. PR과 홍보

PR(Public Relation)은 조직과 다양한 이해관계자들(publics) 간에 호의(goodwill)를 구축하는 데 이용되는 마케팅커뮤니케이션 도구를 말한다.

따라서 조직의 PR 노력은 소비자, 종업원, 공급자, 주주, 정부, 일반공중, 시민운동단체 등 다양한 이해관계자들을 대상으로 하여 이루어진다. PR이 다른 촉진믹스 요인인 광고, 판매촉진, 인적판매 등과 효과적으로 통합되면, 호의 구축이라는 기본목표 이외에 상표에 대한 인지도의 증가, 조직과 그 조직의 제품에 대한 호의적 태도의 형성, 그리고 구매행동의 촉진 등과 같은 긍정적 효과를 거둘 수 있다.

한편 PR과 유사한 개념으로 홍보(publicity)가 있다. 홍보는 마케팅 PR의 과거 명칭으로서 조직이 유료의 대가를 지불하지 않고, 조직이나 또는 조직이 생산하는 상품·서비스 및 아이디어를 인쇄매체나 방송매체가 뉴스나 논설의 형태로 다루게 함으로써 수요를 자극하는 커뮤니케이션수단이다. 따라서 PR은 홍보와 기타 다른 활동을 모두 포함하는 보다 포괄적인 개념이다.

많은 마케팅담당자들은 PR과 홍보를 동일한 개념으로 함께 사용하고 있으며, 사실 홍보는 조직의 PR 노력의 한 부분으로 볼 수 있다. 일반적으로 홍보는 PR 부서에 의해서 통제되고 외부에 전달된다. PR의 한 부분으로 사용되는 홍보는 소비자에게 높은 신뢰성을 제공하고 신속한 구전효과를 갖는 이점이 있는 반면, 발표 시기나 전달되는 정보의 정확성 등을 통제하기 어렵다는 단점이 있다.

전통적으로 PR 활동은 조직 내 PR 담당 부서에서, 제품에 대한 마케팅활동은 마케팅부서에서 각각 독립적으로 수행하여 왔다. 그러나 최근 들어 촉진믹스 요소들을 통합적으로 관리하는 추세에 따라 마케팅 지향적 조직들은 조직과 제품에 대한 전반적인 이미지를 높이기 위해, PR 담당 부서와 마케팅담당 부서가 긴밀한 협조관계를 구축하여 활동하고 있다.

한편 PR은 다음 세 가지의 목적을 가진다. 첫째, PR은 조직의 이미지를 제고시키기 위한 목적을 지닌다. 이를 위해 조직은 그들의 주요 공중에게 그동안 이루어진 발전상황, 성취된 성공, 실패의 극복, 재정적인 결과, 정책변동, 개인적인 변화에 대한 뉴스, 앞으로 전개될 특별한 사건 등에 대해서 알리기를 원한다. 둘째, 상품 및 서비스에 관한 정보를 제공하기 위해 PR 활동을 수행한다. 여기에 해당하는 아이템으로는 비용과 가격변동, 서비스 사용정보, 새로운 상품, 제품개선(교육적인 신뢰의 형성) 등이 있다. 셋째, 광고캠페인을 강화시키기 위한 것도 PR 활동의 중요한 목적이다.

2. PR의 장단점

PR의 가장 큰 장점은 광고 등 다른 촉진수단과 비교하여 극히 낮은 비용으로 공중의 인식도를 높이는 데 강한 영향을 미친다는 사실이다. 조직은 매체의 사용공간이나 시간에 대한 비용을 지불하지 않고 단지 뉴스거리 정보를 개발·배포하고, 그 사건·행사를 관리하는 데 소요되는 관리요원에 대한 비용만 지불하면 된다. 가령 조직이 흥미 있는 기삿거리를 개발하면 이것은 모든 매체들에 의해서 보도될 것이고 이는 많은 비용을 지불하여 광고를 한 것과 같은 효과를 얻을 수 있다. 이처럼 PR은 비용이 적게 소요되기 때문에, 예산이 한정된 정부 및 비영리 기관에서 조직을 선전하는 데 필요한 가장 중요한 수단들 중의 하나로 간주되고 있다. 더욱이 PR은 광고보다 신뢰성이 높다는 장점이 있다.

PR의 이러한 잠재력에도 불구하고 그것이 제한적이고 빈번하게 사용되지 않기 때문에, 그동안 PR은 마케팅활동의 부수적인 수단으로만 인식되어 왔다. 그러나 최근에 매체비용의 상승, 과다한 광고 및 판촉비의 지출, 격심한 광고·판촉경쟁으로 인한 광고 및 판촉의 차별적 우위상실 등의 이유로 PR에 대한 관심이 다시 증가하고 있다. 이러한 관심의 증대는 PR이 다른 촉진수단과는 다르게 조직이 아닌 제3자인 방송 및 인쇄매체에 의해 이루어지므로 소비자에게 가장 높은 신뢰성을 줄 수 있다는 점도 하나의 원인으로 작용한다.

가령 이 분야의 권위 있는 연구결과에 따르면 소비자들이 광고보다 뉴스나 논설에 의해 영향을 받을 가능성이 5배 이상 높다고 한다(Titman, 1995). 이러한 장점들 때문에 많은 조직에서 PR을 전담하는 부서를 설립하고 담당자를 채용하여 이들에게 조직의 이미지를 보호하고, 제고하는 역할을 부여하고 있다.

그러나 PR은 조직이 통제할 수 없다는 단점도 지니고 있다. 그뿐만 아니라 어떠한 경우에는 전혀 의도하지 않은 방향으로 잘못되는 경우도 있다.

3. PR의 전략적 기획과정

모든 조직이 PR을 위해 장기적인 차원의 계획이나 또는 연례계획을 반드시 수립해야 한다고 주장할 수는 없다. 경험상 많은 조직의 경우 반응적(reactive)인 경우가 많다. 즉, 조직은 장기적인 계획에 의해서라기보다는 필요할 때 보도자료를 배포하여 대응하기도 하고, 또는 개별적·집단적 불평이 발생할 때 이에 대한 대응책을 세우기도 한다. 그러나 이러한 반응적 PR 대책은 다음과 같은 많은 문제를 야기시킨다. 첫째, 조직보다는 환경이 PR 어젠다를 설정하는 결과를 야기시킨다. 둘째, 조직의 이미지가 장기간에 걸쳐 주의 깊게 설계된 일련의 메시지의 창조에 의해서가 아니라, 오히려 특별한 상황에 대한 조직의 반응에 의해서 규정된다. 셋째, 위기에 대한 조직의 반응이 장기간의 전략에 의해서 유도되지 않는다.

그러나 능동적인 PR 자세는 이러한 문제점을 피할 수 있게 해주며, 다른 개인 및 집단이 조직에 대해 가지는 시각을 통제할 수 있게 하여 준다. 조직이 PR에 대해 전략적인 접근을 하기 위해서는 다음 일곱 단계의 기획과정이 필요하다.

1) 조직과 관련된 공중의 식별

조직은 그들에게서 영향을 받는 집단, 또는 그들에게 영향을 미치는 집단 모두에게 호의를 받고 싶어 한다. 그러나 PR에 관한 한정된 자원 때문에 조직은 그와 보다 밀접히 관련된 공중에 자원을 집중해야 한다. 일반적으로 조직은 다음 세 가지 종류의 공중을 가진다.

첫째, 제1의 공중(primary publics)이다. 이들은 조직과 적극적이고 지속적으로 관계를 유지하는 고객·종업원·관리자·커뮤니티(community) 등이다. 고객은 조직이 제공하는 상품 및 서비스를 활용하고, 종업원은 이를 제공하며, 관리자는 조직을 통괄한다. 한편 커뮤니티는 조직이 활동하는 데 필요한 설비나 장비를 제공한다. 둘째, 제2의 공중(secondary publics)이다. 이들은 조직과 자주는 아니지만 지속적으로 관계를 맺고 있는 공중들로, 조직은 이들에 대해 적극적으로 모니터할 필요가 있다. 원자재 공급자·대리인·경쟁자·정부기관 등이 제2의 공중에 해당한다. 셋째, 제3의 공중(tertiary publics)이다. 이들은 노동조합·교회·협회 등과 같이 소속원의 이익증대를 추구하는 단체, 다양한 사회활동 단체, 또는 자선단체 등과 같이 다른 사람의 이익을 추구하는 조직 등으로 이루어져 있다.

이러한 다양한 유형의 공중들은 여러 가지 중요한 측면에서 조직과 관련되어 있을 뿐만 아니라, 서로들 간에도 관련되어 있다. 특별한 공중은 다른 공중에 큰 영향을 미칠 수 있다. 가령 구성원들이 매우 만족해하고 있는 대학의 경우를 생각해보자. 그들의 학교에 대한 열성은 그들의 부모와 잠재적 학생이 될 수 있는 친구들에게 전달될 것이다. 그뿐만 아니라 그들의 열성은 학교의 교수들에 대해 강화된 영향력을 행사할 수 있을 것이며, 이러한 결과 교수들은 교육이 효과적으로 이루어지고 있다고 느낄 것이다. 또한 이들의 열성은 동창생들의 학교에 대한 지원 수준에 매우 커다란 영향을 미칠 것이며, 결국에는 학생들에 의해서 느껴지는 만족은 다른 대학 공중들의 태도 및 행태에 영향을 미칠 것이다.

2) 관련 공중의 조직에 대한 이미지 및 태도의 측정

일단 조직이 중요한 공중을 식별하고 나면 PR의 전략적 기획과정의 다음 단계는 각 공중이 조직에 대하여 어떻게 느끼고 생각하고 있는가를 밝혀내는 일이다. 주요 공중의 조직에 대한 태도를 알기 위해 가장 좋은 방법은 조직의 PR 담당자들이 공중들과 정기적인 접촉을 통해 그들이 조직에 대해 가지고 있는 태도를 확인하는 방법이다. 그러나 통상적인 접촉을 통해 확인된 인상(impressions)은 반드시 신뢰할 만한 것은 못 된다.

공중의 조직에 대한 태도를 파악하는 다른 또 하나의 방법은 마케팅조사를 실시하는 것이다. 이 방법은 관련 공중들 중에서 조직이 알고 싶어 하는 내용에 대해 토의할 소비자 그룹(focus group)을 조직하고, 매년 이들이 조직에 대해서 가지고 있는 느낌과 지식을 조사하는 방법이다. 이처럼 중심적인 소비자그룹을 대상으로 하는 관찰방법이 반드시 대표성을 확보할 수 있는 방법이라 할 수는 없지만, 그러나 이 방법은 조직이 보다 체계적으로 탐색하려고 하는 흥미 있는 문제를 제시해준다는 측면에서 그 의의가 매우 크다. 이들보다 더욱 확실한 방법은 서베이조사를 실시하는 것인데, 조직은 이 조사를 통해 공중의 조직에 대한 인지·지식·관심·태도 등의 변수를 측정할 수 있다.

3) 주요 공중을 위한 이미지 및 태도 목표의 설정

앞에서 살펴본 것처럼 정기적으로 수행하는 주요 공중에 대한 조사에 의해 조직은 공중이 조직을 어떻게 인식하고 있는가에 대한 기본자료(hard data)를 구축할 수 있다. 이러한 정보를 전략적 기획으로 전환시키기 위해 조직은 주요 공중들이 각각 그들에 대해서 갖는 부정적인 태도와 그들이 만약 부정적인 태도에 따라 행동할 때 조직에 미치는 영향력의 정도를 확률의 견지에서 평가해야 한다.

조직은 이러한 평가에 근거하여 조직이 이를 극복하기 위해 투입해야 할 노력의 양을 결정하고, 이를 통해 달성해야 할 구체적인 목표를 설정해야 한다. 이러한 구체적인 목표는 이의 성취수단을 암시해주고, 전략적 기획의 성공 여부를 평가하기 위해 어떠한 결과를 측정해야 하는가를 지시해준다는 측면에서 중요한 의미가 있다.

가령 N병원의 PR 담당자가 그들의 주요 공중을 식별하고, 이들을 대상으로 전략적 PR 기획을 위한 이미지 및 태도 목표의 설정과정을 살펴보면 다음과 같다. 먼저 PR 담당자는 N병원에 영향을 미치는 20개의 중요한 공중을 식별하였다. 다음으로 이들이 이 병원에 대해 미칠 수 있는 잠재적 영향력의 정도와 이들이 부정적인 태도를 취할 확률을 추론하여 보았다(<표 10-2> 참조).

<표 10-2> N병원 공중들의 포트폴리오

		잠재적 영향력		
		하	중	상
부정적 태도를 취할 확률	하	· 공급자	· 간호학교 · 자원봉사자	· 이사회 · 간호원 · 지역 보건행정기관 · 자선단체
	중	· 일반 공중 · 병원직원	· 의과대학 · 연구재단	· 의사 · TV/라디오 · 신문 · 환자
	상	· 경쟁병원 · 노동조합	· 지역 정치인	· 기술자 집단 · 보험업자

첫째, 20개의 공중들 중에서 다음 해에 N병원에 대해 부정적인 태도를 취할 확률이 높은 집단으로는 경쟁병원, 노동조합, 지역 정치인, 기술자 집단 및 보험업자 등 5개 집단이 있다. 이들이 N병원에 미칠 잠재적 영향력의 정도를 비교해보면 다음과 같다. 먼저 이 지역에 있는 병원들 간에 경쟁은 거의 없는 상태이며, 또한 이 지역의 특성상 노동조합이 이 병원에 미치는 영향력은 매우 약하였다. 따라서 이들에 대해서는 무시하기로 하였다. 지역 정치인은 병원에 대해 적대적 감정을 가지고 있으나, 이 병원과 관련하여 의회에 제안된 법률은 없었다. 그러나 이들이 N병원에 대해 부정적인 태도를 가지고 움직이면 병원에 애로사항이 발생할 수 있으므로, 이들에 대해서는 어느 정도의 관심을 보이기로 하였다. 기술자 집단과 보험업자들은 잠재적

영향력이 매우 큰 집단임에도 불구하고 병원에 대해 부정적인 태도를 취할 확률이 매우 높았다. 즉, 기술자 집단은 N병원 경영진이 낡은 병원장비를 최신의 것으로 교체하기로 한 약속을 최근에 보류하기로 결정한 문제 때문에, 또한 보험업자들은 이 병원의 보험료 계산절차가 너무 구식이어서 이 병원에 대해 좋지 않은 감정을 가지고 있었다. PR 담당자는 이들이 병원에 미치는 잠재적 영향력이 매우 크기 때문에 이들에 대해 상당한 관심을 기울이기로 하였으며, 이에 대한 적극적인 PR 전략을 개발하기로 하였다.

둘째, 병원의 의사, 매체(TV/라디오, 신문), 환자들은 N병원에 대해 부정적인 태도를 취할 확률은 중간 정도이었으나 이들은 이 병원에 대해 매우 중요한 영향력을 행사할 수 있기 때문에, PR 담당자는 이들에 대해 깊은 관심을 기울이기로 하였다. 이들은 최근 이 병원에서 발생한 의사들의 약물남용에 대한 스캔들에 대해 깊은 관심을 가지고 있었다. 이러한 스캔들은 일반 공중, 병원직원, 의과대학, 연구재단 등에게도 문제로 인식되고 있었다. 이들 중 의과대학은 신규의사 채용문제에서, 연구재단은 연구보조금 문제로 잠재적 영향력을 행사할 수 있기 때문에, PR 담당자는 이들 집단들에 대해서도 깊은 관심을 기울이기로 하였다. 한편 일반 공중과 병원직원에 대해서는 이들이 N병원에 대한 잠재적 영향력의 정도가 낮고, 또한 이들이 이 병원에 대해 부정적인 태도를 취할 확률이 중간 정도이기 때문에 관심을 거의 기울이지 않기로 하였다.

셋째, N병원에 대해 부정적인 태도를 취할 확률이 가장 낮은 집단으로는 공급자, 간호학교, 자원봉사자, 병원이사회, 간호원, 지역 보건행정기관, 자선단체 등이 있다. 이들 중 병원이사회, 간호원, 지역 보건행정기관, 자선단체 등은 이들이 N병원에 대해 부정적 태도를 취할 확률은 낮지만, 이 병원에 미치는 잠재적 영향력의 정도는 매우 높기 때문에 이들에 대해서는 약간의 관심을 표명하기로 하였다. 다음으로 공급자, 자원봉사자, 간호학교 등은 잠재적 영향력의 정도도 높지 않고, 부정적 태도를 취할 확률도 낮아, 이 병원의 PR 담당자는 이들에 대해서는 거의 관심을 기울이지 않기로 결정하였다.

이처럼 일단 각각의 공중에 대해 기울일 노력의 양을 결정하고 나면, PR 담당자가 해야 할 다음 단계의 일은 이들 각각의 집단에 대해 커뮤니케이션목표를 설정하는 일이다. 이때 설정되는 목표는 구체적이고 측정 가능한 형태의 것이어야 한다.[28]

4) 비용-효과적인 PR 전략의 개발

일반적으로 조직은 특별한 공중의 태도를 개선하기 위해 시도할 수 있는 여러 종류의 선택권을 가진다. 조직이 이 단계에서 취할 수 있는 첫 번째 일은 왜 청중이 조직에 대해 부정적인 태도를 갖게 되었는가를 이해하고, 이에 관한 인과관계를 적정하게 규정하는 일이다.

다음으로 조직은 이렇게 규정된 인과관계에 따라 각각의 부정적 태도를 발생시킨 원인을 제거하기 위해 적극적인 PR 전략을 개발해야 한다. 대개의 경우 PR 전략은 여러 개의 프로젝트들로 구성되어 있는데, 각각의 프로젝트에는 비용과 시간이 포함된다. 조직은 또한 최적의 비용-효과적인 PR 활동 믹스에 도달하기 위해, 각 프로젝트의 기대되는 태도개선의 양을 추정할 필요가 있다.

---

28) 가령 6개월 안에 병원으로부터 반경 50km 이내에 있는 TV나 라디오 뉴스 담당자 및 신문 편집인의 90%에게 병원의 내적 보안체계의 세부사항에 대해 인지시킬 것과 이 기간이 끝날 때까지는 이들 중에서 75%는 N병원에 대해 완전한 신뢰를 보이도록 할 것 등이 적절한 이미지 및 태도의 목표가 된다.

5) PR 위기에 대한 준비

조직(특히 역사가 일천한 조직)은 주요 공중들로부터 급격히 악화된 여론에 직면하는 경우가 많다. 전략적인 PR 프로그램은 그러한 위기를 관리할 수 있어야 한다. 이러한 위기관리에는 두 가지의 방법이 있다.

첫째, 장기적인 방법으로 PR 담당자는 조직이 피할 수 없는, 전혀 기대하지 못한 재난에 직면하는 경우를 위하여 능동적인 대비책을 강구해야 한다. 이것은 조직이 무엇보다도 매체와 강한 우호적인 관계를 형성하는 것을 의미한다. 만약 PR 담당자가 매체와의 관계에서 고객중심의 접근방법을 활용하려 한다면, 매체의 관심을 PR 프로그램의 중심에 설정해야 할 것이다.

장기적인 또 하나의 다른 방법은 위기의 상황에서는 조직의 주요 관리자가 매체를 취급하도록 준비하는 것이다. 이것은 조직의 주요관리자 또는 PR 담당자가 매체의 구성원을 적(enemy)으로서가 아니라, 그들의 업무를 철저하게 수행하는 전문인으로 고려한다는 식의 태도를 견지하는 것을 의미한다. 그뿐만 아니라 이를 위해 조직의 주요관리자는 예상되는 기자회견이나 인터뷰를 위해 훈련을 해야 한다.

둘째, 단기적인 방법으로는 PR전문가를 활용하여 조직이 직면하리라고 가정되는 각각의 개별적 위기상황에 구체적으로 대처하는 방법에 대해 명백한 지침(guideline)을 작성하는 방법이 있다. 가령 정부가 예상되는 위기상황에 대처하기 위한 지침으로『국정홍보 길라잡이』라는 안내책자를 발간하여 각 부처에 배포하는 일 등이 이에 해당한다.

마케팅의 관점에서 PR 전략을 수립하는 데 명심해야 할 사항들 중의 하나는 조직은 궁극적으로 공중의 조직에 대한 호의에 의존해야 한다는 사실을 항상 기억해야 한다는 점이다. 따라서 어떠한 위기에서든 공중의 이익은 항상 조직의 이익에 우선해야 한다.

6) PR 수단의 선택

중요한 PR 수단으로 인쇄된 자료, 시청각자료, 조직주체성자료, 뉴스, 인터뷰, 공공사업발표, 사건 및 전화정보서비스 등이 있다.

(1) 인쇄물

조직은 그들의 표적청중과 커뮤니케이션을 하기 위해 인쇄물에 크게 의존한다. 가령 공공도서관은 연례보고서, 카탈로그, 피고용인 뉴스레터, 포스터 등과 같은 인쇄물을 이용한다. PR 담당 부서는 인쇄물을 준비함에 있어 그의 기능, 예술성 및 비용을 고려해야 한다. 연례보고서의 기능은 조직과 조직의 지도자(leader)에 대한 신뢰성을 확보하는 데 최종목적이 있으므로, 한 해 동안 조직의 재정상태에 관한 것뿐만 아니라 업적에 관한 것도 공중에게 알릴 필요가 있다.

한편 공공조직에서 발행하는 연례보고서는 읽기 쉽고, 흥미로우며 또한 전문적이 되도록 체제가 잡혀야 한다. 만약 연례보고서가 사치스러우면 조직이 쓸데없는 곳에 예산을 낭비하였다는 비난을 받기 쉽다. 반면에 지나치게 궁색한 형태의 연례보고서는 공중에게 조직이 가난하고 아마추어적이라는 것을 암시하는 것을 초래하게 된다.

조직은 각각의 간행에 제한된 양의 예산을 할당하기 때문에 비용은 PR의 제약요인으로 작용한다. 따라서 PR 담당 부서는 각 간행물을 개발함에 있어 기능, 예술성 및 비용을 고려하여 조화를 이루도록 하여야 한다.

(2) 시청각자료(audiovisual material)

최근에 들어 필름, 슬라이드, 오디오, 비디오카세트 등과 같은 시청각자료 등도 커뮤니케이션 도구로 각광을 받고 있다.

(3) 조직상징물(organization identity media)

앞에서 살펴본 인쇄물 및 시청각자료는 조직의 일관성 있는 외양을 보여주지 못할 뿐만 아니라, 조직의 정체성을 창조하고 강화하는 역할을 수행하지 못한다. 조직 상징물은 공중이 조직을 직접 인식할 수 있는 시각적 정체성을 형성하는 데 유익한 수단이다. 로고, 유인물, 브로슈어, 사인, 카드, 빌딩, 유니폼, 업무용 자동차 등은 조직의 시각적 정체성을 형성하는 데 유용한 조직 상징물들이다. 조직상징물은 그것들이 매력적이고 두드러지며, 기억하기 좋은 형태를 취할 때 주요한 마케팅수단이 될 수 있다.

(4) 뉴스

PR 담당 부서의 가장 중요한 업무 중의 하나가 조직에 대해 우호적인 뉴스를 발견하거나, 창조하고, 이것을 적절한 매체에 전달하는 일이다. 많은 조직에 홍보라는 소구는 비용이 들지 않는 '자유로운 광고(free advertising)'이다. 그러나 홍보가 '훌륭한 홍보'가 되기 위해서, 또는 이것이 언론에 본래의 의도와 일치하게 도달할 수 있기 위해서는 이에 관한 전문지식이 있어야 한다는 측면에서 홍보는 결코 무료의 광고가 아니다.

홍보가 가치 있는 투자가 되는 것은 이것이 다음과 같은 세 가지의 특성을 갖추고 있기 때문이다. 첫째, 홍보는 광고보다 고도의 진실성

(veracity)을 가지고 있다. 왜냐하면 홍보는 후견인이 있는 정보제공으로보다는 정상적인 뉴스로 보이기 때문이다. 둘째, 홍보는 광고를 회피하는 많은 공중에게도 도달될 수 있다. 왜냐하면 홍보에 의한 메시지는 판매지향적 커뮤니케이션이 아닌 뉴스로서 공중에게 전달될 수 있는 방식으로 통합되어 있기 때문이다. 셋째, 홍보는 그것이 마치 공중들에게 주목해야 할 사건인 것처럼 가장하는 방법으로 공중의 관심을 불러일으킬 수 있다는 측면에서, 극화(dramatization)를 위한 높은 잠재력을 가지고 있다. 조직에 관한 사항을 신문에 발표하도록 하거나, 또는 기자회견을 통해 밝히는 것은 대단한 기술이 요구되는 일이다. 훌륭한 PR 담당자는 시의적절한 시기에 흥미 있게 그것이 제시되도록 하는 방법을 이해할 수 있어야 한다. 기사는 잘 쓰여야 하고, 가능한 공중의 관심을 끌 수 있어야 한다. 따라서 PR 담당자는 뉴스편집자와 꾸준하게 접촉해야 한다. 그것은 조직이 보도기관을 잘 다루면, 다루는 것만큼 조직에 유익한 기사를 실을 수 있기 때문이다.

1990년대 중반 이후 자주 활용되는 시청각적 PR 수단의 하나는 비디오로 된 보도자료이다. 이 보도자료는 사실 비영리조직이 정규적인 뉴스처럼 보이도록 만든 TV 뉴스이다. 물론 TV 방송국에서는 이들 중에서 일부만을 방영하겠지만, 시청자들은 이러한 뉴스의 원천(source)을 모른다. 따라서 지역 언론에서나 또는 TV・라디오 방송국에서 뉴스로 채택하도록 보도자료를 뉴스항목에 첨가시키는 것도 PR 담당자의 중요한 마케팅업무이다. 따라서 PR 담당자는 대중매체가 뉴스거리로 무엇을 찾고 있는가를 이해할 수 있는 능력이 있어야 한다.

(5) 인터뷰와 연설(interviews and speeches)

홍보를 위한 효과적인 수단들 중의 하나가 매체와의 인터뷰이다. PR 담당자는 조직 내에서 효과적으로 이를 수행할 수 있는 사람을 탐색하여 의뢰를 요청할 수 있다. 가령 국립대학의 경우 행정대학원장이 그의 생각을 논리정연하게 피력할 수 있으며, 인상이 좋고 매력적인 분위기를 가진 사람이라면 그를 전국규모나 지역 토크쇼(talk show)에 출연하도록 하여, 자기 대학의 입시에 관한 모든 사항을 설명하는 기회를 마련할 수 있을 것이다.

(6) 특별한 사건(special events)

조직은 표적청중의 관심을 끄는 사건(events)을 창조함에 의해 그의 뉴스가치를 증가시킬 수 있다. 가령 많은 공중의 관심을 끌기를 원하는 병원에서 중요한 연구심포지엄을 개최하거나, 특별한 환자를 위해 생일파티를 열어주거나, 또는 병원에서 기자회견을 하는 일 등은 병원이 이들 사건을 통해 공중의 관심을 끌기 위해 벌이는 PR 활동이다.

이러한 행사들은 참여자에게 깊은 영향을 줄 뿐만 아니라, 관련 매체수단과 청중들에게 관심을 끌 수 있는 많은 이야깃거리를 개발할 수 있다. 따라서 특별한 사건을 창조하고 이를 관리할 수 있는 능력은 조직의 PR 담당자가 갖추어야 할 중요한 능력이다. 특히 이러한 사건의 창조는 예산에 커다란 제약을 받는 비영리조직의 운영기금을 모금하는 데 중요한 수단이 된다. 비영리조직이 기금을 모금하는 데 자주 활용되는 사건 창조에는 각종의 모금행사, 자선행사, 예술품전시회 등이 있다.

(7) 전자정보서비스(electronic information services)

이들 외에도 전화번호와 인터넷 홈페이지는 다수의 공중에게 조직에 관한 정보를 제공할 수 있는 비교적 새로운 PR 수단으로서 최근에 들어 자주 활용되고 있다.

7) PR 활동의 실시 및 평가

일반적으로 조직의 PR 활동은 PR 담당자가 구체적인 목표 및 한정된 기관과 예산 등의 조건하에서 수행한다. 따라서 PR 담당 부서는 한정된 자원을 효율적으로 활용하여 PR 목표를 달성하기 위해서 조직의 PR 활동을 감시해야 한다. 그러나 PR 활동이 조직의 다른 촉진활동들과 혼합적으로 사용되고, 그 효과가 간접적인 경우가 많아 PR 활동의 결과를 별도로 분리해서 평가하는 것은 결코 쉬운 일이 아니다.

가령 조직이 홍보에 들인 노력의 가치를 측정하는 문제를 생각해 보자. 홍보의 목적은 공중으로부터 어떠한 반응을 얻으려고 하는 것이므로 홍보결과는 그것이 목적으로 하고 있는 반응에 따라 달라진다. 이러한 반응의 측정은 보통 어떤 매체에 실린 홍보내용을 보거나, 듣거나 또는 읽은 사람의 수 및 노출 수(number of exposure)에 근거한다. 그러나 조직이 홍보 효과를 보다 정확히 측정하려면 노출 수 외에도 인지·이해·태도변화 및 판매 등이 어떻게 달라졌는가를 파악할 수 있어야 한다.

PR의 효과를 측정하는 방법으로 가장 손쉽고 일반적으로 사용되고 있는 것은, 매체에 의해 소개된 노출횟수를 검토해보는 방법이다. 그러나 이 방법이 PR의 효과측정에 그리 만족할 만한 것은 아니다. 왜냐하면 이 접근방법은 얼마나 많은 사람들이 실제로 PR 메시지를 읽거나 청취하였는가를 가르쳐주지 않고, 또한 그 후 이들이 조직과 조직이 제공하는 상품 및 서비스에 대해 어떻게 생각하고 있는가를 파악할 수 있도록 해주지 않기 때문이다. 따라서 이러한 효과측정 방법은 매우 위험한 측면이 있다. 가령 조직은 그들의 홍보 효과를 평가하기 위해 그동안 조직이 배부한 브로슈어 또는 신문에 게재된 기사 등을 측정하여 이를 기초로 홍보의 성공 여부를 평가할 수 있는데, 과연 2010년에 배부한 브로슈어보다 2011년에 배부한 브로슈어가 많다고 해서 2011년의 홍보전략이 성공하였다고 할 수 있는가? 더욱이 조직은 측정할 수 있는 것을 극대화하는 경향이 강하기 때문에 더욱 위험은 커진다.

PR 활동의 효과를 측정하는 더 좋은 방법으로써 홍보캠페인으로 인한 조직 및 상품 또는 서비스의 인식도와 이해도 및 태도 면의 변화를 알아보는 것이 있다. 이러한 변화를 평가하기 위해서는 서베이 조사 방법을 활용해야 한다.

PR 활동결과의 평가에서 조직의 관리자들은 PR 활동이 그 영향에 비해 비용이 너무 많이 소요되었거나, 또는 PR 목표가 너무 높아 수정의 필요성을 발견할 수도 있다. 그뿐만 아니라 어떠한 경우에는 PR 활동 때문에 조직이 새로운 문제에 직면할 수도 있다. 이러한 경우 조직의 PR 담당 부서는 PR 전략과정의 초기 단계로 돌아가 개선해야 할 점을 찾아 수정함으로써 PR효과를 높일 수 있다. 이처럼 PR의 전략적 기획과정은 지속적으로 재순환되어야 한다.

4. 정부의 PR 대상

정부의 중요한 PR 대상으로는 다음과 같은 개인 및 집단이 있다.

① **공무원:** 공무원은 국정홍보의 주체이자 대상이기도 하다. 즉, 공무원은 최일선에서 국민을 대상으로 직접 정보전달과 홍보에 나선다는 점에서 PR의 주체이다. 그러나 공무원 집단 전체를 놓고 보았을 때 고위공무원 일각에서 추진되는 주요 정책결정에 대해 대다수 공무원 집단에 먼저 이해를 시키고, 이들이 정책에 대해 확신을 갖게 해야 한다는 측면에서 공무원은 PR의 대상이 되기도 한다.

② **지역주민:** 지역주민의 협조 없이 정부의 정책이 성공적으로 집행될 수 없음은 불문가지이다. 따라서 정부는 정책을 형성하고 집행함에 있어 이제는 지역주민에게 어떤 형식이든 이에 대한 당위성을 설명하고 협조를 구하는 과정이 필요하다. 정부의 일방적인 밀어붙이기식의 행정은 더 이상 통하지 않게 되었다. 더구나 지방자치제도가 정착됨에 따라 지역주민의 목소리는 더욱 높아지고, 지방정부의 권한은 더욱 커지고 있다. 풀뿌리민주주의란 이처럼 지역주민의 의사가 중앙정부에까지 전달되고, 지역여론이 각종 정책에 반영되는 것을 의미한다. 지역주민은 이제 정부의 중요한 PR 대상이 된다.

③ **기업:** 국가의 경쟁력을 확보하기 위해 기업의 경쟁력 확보는 가장 중요한 전제조건이 된다. 정부가 각 기업을 지원하기 위한 정책을 입안하고 이를 신속하게 전달하는 것은 언론의 일이 아니라, 정부 PR 전략의 일환이 되어야 한다. 정부가 수행하는 사업이 기업으로부터 외면당하거나, 또는 실효성이 떨어진다는 평가가 나오면 정부의 PR은 그만큼 존재가치가 없는 것이 된다.

④ **노동조합:** 대부분의 기업 내에 존재하는 노동조합은 사용자 측의 협상대상이기도 하지만, 정부의 입장에서도 정책을 홍보해야 하는 주요대상이다. 노동조합은 이제 이 사회에서 의사결정에 영향력을 행사하는 중요한 집단으로 자리를 잡았다. 정부의 정책과 노동조합의 행위가 서로 엇갈릴 때 국민이 어떠한 판단을 내리게 될 것인가는 정책의 당위성과 타당성, 그리고 이에 대한 정부의 홍보에 달려 있다. 이러한 측면에서 사용자와 함께 노동조합도 공히 중시되어야 할 국정의 홍보대상이다.

⑤ **사회단체:** 사회단체에는 전문가집단이나 시민운동단체, 환경단체 등이 포함된다. 사회단체는 여론 주도층으로 기능하며, 정책의제 설정과정에 주도적으로 참여하고 있어 정책과정에 중대한 영향력을 행사하고 있다. 더욱이 사회가 다원화·전문화되면서 이러한 사회단체의 수는 더욱 늘어나고 있고, 목소리는 점점 커지고 있는 추세이다. 정부 차원에서는 이들의 의사와 요구를 어떻게 수렴하고, 이를 정책에 반영할 것인가에 대한 분석·검토가 중요한 정부홍보의 한 부문이다.

⑥ **언론:** 정부와 국민을 연결시켜주는 최대·최고의 매체가 언론이다. 우리나라 정부는 그동안 정부 PR의 거의 대부분을 언론에 의존해왔다. 즉, 언론이 어떻게 보도하느냐에 따라 정책이 중단되기도, 또는 변경이나 확대되기도 하였다. 그러나 이처럼 정부홍보의 언론에 대한 높은 의존도는 그동안 많은 폐해를 야기시켰다. 그럼에도 불구하고 언론은 일반대중에게 가장 큰 영향력을 행사할 수 있다는 측면에서 정부의 가장 중요한 홍보의 대상이다.

5. PR의 방식

PR의 방식은 다음 네 가지의 모형으로 분류되어 있다.

① **선전모형:** 선전모형은 왜곡된 정보를 이용하여 공중을 설득시키고자 하는 PR 방식이다. 이 모형의 특징은 PR 주체가 공중을 설득하기 위해 수단에 제한을 두지 않는다는 점이다. 즉, 부분적인 정보나 왜곡된 정보를 이용하기도 하고, 정보를 자기들에게 유리하도록 조작하기도 하여 공중의 설득을 시도한다. 그러나 선전모형의 문제점은 누락된 정보 혹은 왜곡된 부문이 다른 통로를 통해 공중에게 알려질 때 발생하게 된다. 이 경우 PR효과가 없어지는 것은 물론 커뮤니케이션의 공신력도 큰 타격을 받게 된다. 결국 이러한 방식은 장기적으로는 조직에 이익보다는 손해를 더 많이 가져온다.

② **공공정보 모형:** 공공정보 모형은 조직에 관한 모든 정보를 공중에게 최대한 정직하게 제공하는 PR 방식이다. 이 모형은 공중에게 진실을 밝히기만 하면 그들의 지지를 받을 수 있을 것이라고 가정한다. 그러나 이 모형은 잘못하면 소기의 성과를 거둘 수 없는 경우가 발생하는 문제점을 가지고 있다. 왜냐하면 가령 조직이 제공하는 정보를 공중이 보지 않고 지나치거나, 또는 다른 집단에서 제공하는 왜곡된 정보가 오히려 공중의 주의를 끌고 PR 활동을 수행하는 조직에 대해 편견을 가질 수도 있기 때문이다. 따라서 이 방식은 성공적 PR을 위한 필요조건은 되지만 충분조건은 되지 못한다.

③ **쌍방향 불균형 모형:** 쌍방향 불균형 모형은 공중의 태도, 가치관, 의견 등을 조사하고, 이에 입각하여 정보를 제공하는 PR 방식이다. 이 모형에서는 공중이 조직에 원하는 것이 무엇이며 그들의 태도

는 어떠한가를 알아내고, 이에 따라 커뮤니케이션을 실시한다. 즉, 이 모형은 환류(feedback)를 중시한다. 그러나 이 모형에 의한 PR 방식은 조직의 정책이나 행동방향을 이미 결정해놓고 이를 공중에게 설득하기 위해 그들의 태도나 의견을 알아내어 그들이 받아들이도록 하기 때문에, 만약 조직의 결정이나 행동이 공중의 이익 및 기대와 많이 어긋나 있다면 본래 의도한 목표를 달성하기가 어렵다.

④ **쌍방향 균형 모형:** 쌍방향 균형 모형은 공중의 의견을 조직의 행동에 반영하고, 다시 그 행동에 대하여 설득하는 방식이다. 즉, 이 모형에서는 PR 조직이 공중의 의견을 토대로 정책이나 조직의 행동을 결정하거나 또는 수정하고, 이를 다시 공중에 알리고 설득하는 방식이다. 앞에서 살펴본 다른 모형들과 다른 점은 조직이 공중의 여론에 따라 스스로의 행동을 변화시킨다는 점이다.

6. 공공부문의 PR과 윤리

공공부문의 PR 담당자는 사익(private interest)에 앞서 공익(public interest)을 우선해야 하며, 개인선(private good)에 앞서 공공선(public good)을 생각해야 한다. 그뿐만 아니라 PR 담당자는 여론을 개인의 의견보다 우선해야 하며, 또한 잘못된 정보(misinformation)를 해소하고 올바른 정보를 제공하도록 노력해야 한다.

PR 메시지는 PR 조직에 의해 작성된 메시지이므로 진실성과 객관적 확신성을 의심받는다. 따라서 PR 메시지는 항상 진실(truth), 정직(honest), 솔직(candor)해야 된다. 만약 PR 메시지가 절반의 사실(half-truth)이나 오도된 정보를 공중에게 소구하면 PR은 공중을 설득하기

는커녕, 오히려 오해를 유발한다. 공공조직의 PR 담당자가 홍보활동을 수행하면서 유념해야 할 윤리적 기준을 예시적으로 제시하면 다음과 같다.

첫째, 거짓되고 왜곡되며, 부당한 증거를 사용하지 않는다. 둘째, 문제의 핵심으로부터 주의를 돌리기 위해 부당한 소구를 부각시키지 않는다. 셋째, 지나치게 감정적 가치·동기·목표와 연결시키지 않는다. 넷째, PR 담당자 및 조직의 목적과 이익을 은폐하여 타인을 사기하지 않는다. 다섯째, 결과의 왜곡, 허위사실, 허위추론 등을 하지 않는다. 여섯째, 확신이나 확증이 나타날 때까지 확언을 하지 않는다. 일곱째, 믿을 수 없는 사실을 긍정적으로 주장하지 않는다.

현대사회에서 조직은 공중과 함께 생성·발전·성숙하면서 그 존재가치를 인정받는다. 즉, 조직은 공중과 상호관계, 쌍방관계, 상호수혜, 상호작용, 상호이익을 도모하면서 공존한다. 따라서 조직은 공중관계를 잘 유지하면서 사회적 책임을 다하는 것이 매우 중요하다. 조직의 윤리를 확립하고 사회적 책임을 다하며 공중과 호의관계를 유지하는 조직은 살아남을 수 있으나, 조직의 윤리가 타락하고 사회적 책임을 다하지 못하며 공중관계를 소홀히 하거나 경시하는 조직은 사라지는 운명을 피할 수 없게 된다. 이러한 측면에서 볼 때 공공조직이 그들의 존립근거가 되는 일반대중과 호의적인 공중관계를 유지하는 일은 아무리 강조해도 지나침이 없는 중요한 문제라 할 수 있다.

C 환경부 장관과 황소개구리

1988년 5월 8일 어버이날, 환경부는 세계 토픽감이 될 만한 기삿거리를 제공했다. C 환경부 장관, E 국회환경노동위원장 등 1천여 명이 참가해서 대대적으로 황소개구리 소탕작전을 펼쳤다. 언론에서도 카메라와 취재기자 등이 환경부의 행사를 보도하기 위해 동행 취재했다. 새 정부에서 환경부가 공개적으로 취한 야심만만한 환경보호캠페인의 일환이었다. 그러나 환경보호캠페인은 국민의 웃음거리가 되고 말았다. 환경부 장관을 포함해서 천여 명의 사냥꾼이 하루를 허비하며 황소개구리 소탕작전을 펼친 결과 잡힌 황소개구리는 한 마리뿐이었다. 물론 올챙이도 4백 마리 있었지만 올챙이는 황소개구리와 토종개구리의 구분이 어렵다는 점에서 괜히 토종개구리까지 수난을 당했다는 보도가 나왔을 정도다. 환경부는 "황소개구리는 사람이 많이 모이면 숨는 습성이 있지만 10마리 정도는 잡을 것으로 생각했다"며 "비가 내린 직후라 작업이 쉽지 않았으며 원래 황소개구리 박멸을 위한 홍보가 주업무였기 때문에 포획량에 구애받지 않았다"고 말했다. C 장관은 행사가 끝난 뒤에 "황소개구리들은 우리가 온다는 소문을 듣고 다 도망간 모양"이라고 말했지만 자신이 이 자리에서 도대체 무엇을 했는지 한번 생각이나 했는지 의문이다. 환경부의 말처럼 "홍보가 주 임무였다"고 하더라도 과연 제대로 홍보가 되었는지 망신이 되었는지 자체분석이 있어야 한다. 세계 토픽감을 제공한 환경부에서는 그러나 "홍보가 주목적이었다"는 식으로 얼버무리고 있어 앞으로도 이와 유사한 해프닝은 얼마든지 벌어질 수 있다. 홍보가 주목적이었다고 장관과 천여 명의 인원이 동원돼 황소개구리 한 마리만 잡아도 괜찮은가? 이 날짜 보도에서는 이미 일부에서 술판까지 벌어졌다고 했는데, 이 기사를 본 국민은 과연 무엇이라고 생각할까? 주민의 협조가 절대적인 환경업무가 이처럼 전시행정 위주로 흐르는 한 주민협조는 기대하기 힘들다.

제11장

판매촉진·인적판매

제1절 판매촉진

1. 판매촉진의 의의

판매촉진(sales promotion)이란 제품의 판매나 구매를 촉진시키기 위해 사용하는 단기적인 자극수단을 의미한다. 광고가 일반적으로 소비자가 제품을 구매해야 하는 이유를 제시하는 촉진수단인 데 비하여, 판매촉진은 소비자가 제품을 구매하도록 동기(incentive)를 제공해주는 촉진수단이다. 그러나 판매촉진과 광고가 독립적으로 시행되기보다는 동시에 사용되도록 하여 상호보완작용을 하도록 하는 것이 효과적이다.

판매촉진은 보통 상품이나 서비스의 판매를 자극하기 위해 사용되기도 하지만, 헌혈이나 군대 또는 대학에 지원을 유도하기 위한 사회적 활동에 영향을 미치기 위해 설계되기도 한다. 가령 어떤 병원에서는 판매촉진을 위해 병원 내의 TV를 통해 그들의 환자들을 위한 빙고 게임을 제공하기도 하며, 헌혈기관에서는 헌혈희망자를 유인하기 위해 각종의 무료 건강진단과 다과 및 음료를 제공하기도 한다. 일부의 국가에서는 가족계획사업을 위해 이 사업에 참여하는 사람들에게 라디오, 취사기구, 인조장신구 등과 같은 유인을 위한 상품을 제공하기도 한다.

일반적으로 알려진 판매촉진의 세 가지 목적은 다음과 같다. 첫째, 최종소비자의 수요를 자극한다. 둘째, 판매원과 중간상의 마케팅활동을 원활하게 수행하도록 한다. 셋째, 광고나 인적판매와 결합하여 커뮤니케이션의 효과를 높인다.

한편 판매촉진은 다른 촉진믹스와 마찬가지로 다양한 장단점을 지닌다. 즉, 판매촉진은 신제품의 사용을 유도할 수 있다는 점, 광고보다 소비자의 즉각적인 반응을 유발시킬 수 있다는 점, 또는 결과의 측정이 용이하다는 점 등과 같은 장점이 있다. 반면에 중·노년층 시장에서 새로운 장기적인 고객을 확보하지 못한다거나, 상표애호도가 강한 소비자에게는 거의 영향을 미치지 못하는 점 등은 판매촉진이 지닌 단점이다.

2. 판매촉진의 관리과정

판매촉진을 효과적으로 실행하기 위해서 마케팅담당자는 다음과 같은 다섯 단계의 과정을 거쳐야 할 필요성이 있다.

1) 판촉목표의 설정

판매촉진의 목표는 '짧은 기간 내에 판매량을 대폭 확대한다', '더 많은 양을 구매하도록 유도한다', '일 년 내내 판매가 고르게 이루어지도록 한다' 등과 같이 매우 다양하다. 일반적으로 판매촉진의 목표는 조직의 궁극적 목표와 마케팅목표를 달성하기 위한 수단이므로 조직 전반의 목적, 마케팅목적 또는 촉진의 목적과 일관성을 유지해야만 판촉과정의 효율적 관리가 가능하다.

2) 판촉수단의 선택

판촉목표가 설정되면 조직은 이 목표를 가장 잘 달성할 수 있는 판촉수단(sales promotion tools)을 설정해야 한다. 일반적으로 판촉은 소비자 촉진, 중간상 촉진, 판매원 촉진으로 구분하여 볼 수 있다.

3) 판촉시행계획의 수립

판촉목표와 수단이 결정되면, 이제 구체적인 판촉시행계획을 세워야 한다. 이 단계에서 마케팅담당자는 유인수준, 판촉의 제공대상(소비자나 집단), 판촉의 배포수단(가령 가두, 점포, 잡지, 신문, 우편 등), 판촉의 기간(시행시기 및 기간), 판촉의 예산 등에 대해 결정을 해야 한다.

4) 판촉시행계획의 사전시험

판촉시행계획이 완성되면 다음 단계는 이 계획을 구체적으로 실행에 옮기기 전에 사전 시험을 해보아야 한다. 왜냐하면 판촉시행계획을 사전에 시험하여 각 단계에 나타난 문제점들을 모두 시정하고 나서 이 계획을 실행에 옮기면 실패의 가능성은 그만큼 줄어들 수 있기 때문이다. 특히 이 단계에서는 판촉수단의 적절성, 유인의 크기, 효율적인 제시방법 등에 대해 철저한 사전시험을 하는 것이 중요하다.

5) 판촉시행계획의 실행 및 결과의 평가

사전시험을 거쳐 판촉시행계획이 최종적으로 확정되면, 이제 남은 일은 그 계획을 실행에 옮기고 실행한 결과를 평가하는 일이다. 마케팅담당자가 판촉의 결과를 평가할 때 유의해야 할 사항은 다음과 같다. 첫째, 판매촉진의 결과가 목표와 비교하여 어떻게 변화해왔으며, 지금의 상황은 어떠한가. 둘째, 판촉활동에 좋은 반응을 보인 사람들은 어떠한 사람들이며, 행사 이후에 이들의 행동은 구체적으로 어떻게 변화하고 있는가. 셋째, 이전의 판촉행사와 비교하여 행사의 시기·기간·분배방법 등에 따라 그 결과가 어떻게 달라지고 있는가.

판촉프로그램은 시행 후에 반드시 그 효과를 측정해보아야 한다. 판촉의 효율성을 측정하는 방법에는 다음 네 가지가 있다. 첫째, 가장 보편적인 방법으로 판촉 전, 판촉 중, 판촉 후의 매출액을 비교하는 방법이다. 둘째, 소비자 패널자료를 이용하여 어떤 유형의 소비자가 판촉에 반응을 보이고, 판촉 후의 반응은 어떠한가를 측정하는 방법이다. 셋째, 소비자 조사를 실시하여 판촉의 상기 정도, 판촉의 이용 정도, 다음 구매에의 영향 정도 등을 알아보는 방법이다. 넷째, 실험을 통해서 유인의 강도, 지속기간, 사용매체 등의 다양한 속성을 변화시키면서 각각의 효과를 측정하는 방법이다.

3. 판매촉진의 수단

판매촉진의 목표를 성취하기 위해 사용될 수 있는 수단에는 여러 가지가 있다. 이들을 여기에서는 소비자 촉진을 위한 수단, 중간상 촉진을 위한 수단으로 구분하여 살펴보기로 한다.

1) 소비자 촉진수단(tools for consumer promotion)

중요한 소비자 촉진수단으로는 견본, 쿠폰, 현금환불, 가격할인, 광고용 특별품, 콘테스트(시연), 전시, 경품 및 게임 등이 있다.

① **견본(sample):** 견본은 소비자에게 특정 상품 및 서비스를 무료로 제공하는 것을 말한다. 견본은 가가호호 방문으로 전달되거나, 우편을 이용하여 배달되거나 또는 점포에서 제공하는 방법 등으로 소비자에게 제공된다. 견본배부는 신제품의 도입에 가장 효과적인 방법이지만, 비용이 많이 소요되는 것이 단점이다.

② **쿠폰(coupon):** 쿠폰은 특정 상품이나 서비스를 구매할 때 소비자가 쿠폰에 의해 할인혜택을 받는 것을 의미한다. 쿠폰은 우편을 이용하거나 또는 광고물에 삽입하는 방법 등으로 배포된다. 쿠폰은 성숙기에 있는 상표의 판매를 조장하고, 신상표를 조기에 사용하도록 하는 데 이용된다. 그러나 이것은 장기 전략에 사용하면 안 된다. 왜냐하면 쿠폰의 과다사용은 조직의 이미지와 브랜드 자산을 훼손할 우려가 있기 때문이다.

③ **환불(rebate)과 상환(refund):** 환불이나 상환은 구매했다는 증거가 있으면 고객에게 일정한 현금 등을 돌려주는 것이다. 환불이나 상환의 주목적은 서비스를 이용하는 개인들을 보상하고, 브랜드 전환

(brand switching)을 방지하기 위해서이다.

④ **경연대회(contest)와 경품(sweepstakes)**: 경연대회나 경품은 고객에게 복권이나 제비뽑기 같은 기회를 제공하는 것이다. 경연대회와 경품의 차이는 해당 선물을 받기 위해서 소비자가 수행하는 활동의 방법에 있다. 가령 경연대회에서 고객은 뽑히기 위해서 일정한 활동을 수행하거나 서비스를 구입해야 한다. 반면에 경품은 특별한 활동을 하지 않아도 얻을 수 있다.

⑤ **가격할인(price offs)**: 가격할인은 소비자에게 상품이나 서비스의 가격을 낮춰주는 것이다. 가격할인은 주로 제품의 이용증대를 위해 고객을 유인하는 수단으로 사용된다. 이것은 구매위험을 감소시키는 역할을 하며, 또한 구매 가능성을 증대시킨다. 그러나 이 방법은 제 값을 지불하고 구매할 용의가 있는 고객들에게까지 낮은 가격으로 판매하는 좋지 못한 결과를 낳기도 한다.

⑥ **프리미엄(premiums)**: 프리미엄은 제품을 구매한 고객에게 공짜로 특정서비스를 이용할 수 있도록 제공되는 것을 말한다. 쿠폰과는 달리 프리미엄 고객은 다른 서비스 이용 시 요금 전액에 대해서 한 푼도 지불하지 않아도 된다. 이것은 정해진 등급에 따라서 무료로 참가할 수 있는 표나 또는 더 좋은 등급의 서비스를 제공하는 형태이다.

⑦ **단골고객 보상**: 단골고객 보상이란 단골고객의 이용횟수에 비례해서 현금, 또는 다른 형태로 보상하는 것을 말한다. 일반적으로 항공사 및 호텔 등에서 이 방법을 자주 사용한다.

2) 중간상 촉진수단(tools for intermediary promotion)

중간상 판매촉진수단은 조직이 유통업자나 중간상 및 소매상들에게 상품이나 서비스에 대한 거래량, 거래액, 거래규모를 증대시키거나 또는 신규거래를 하기 위하여 실시된다. 중요한 촉진수단으로는 상품공제, 무료상품, 협동광고, 푸시장려금, 판매경연대회 등이 있다.

① **상품공제(merchandise allowance)**: 상품공제란 제조업자가 자신의 제품특징이나 성능 및 효용을 부가해준 중간상에게 제품을 추가적으로 제공하는 것과 같은 보상책의 일환이다. 가령 화장품회사가 중간상에게 제품진열장을 설치하기 위한 비용이나, 광고비의 일부를 보조해주는 보상활동이 이에 해당한다.

② **무료상품(free goods)**: 일정량 이상의 제품을 구입하거나, 어떤 특별한 정취를 갖추거나, 또는 규모로 특징화한 중간상에게 판매한 제품과는 별도로 무료로 제공하는 상품을 의미한다. 일반적으로 한정된 기간에만 제시한다.

③ **판매경연대회(sales contest)**: 이것은 일정기간 동안 판매원이나 판매상들로 하여금 판매성과를 증대하도록 동기를 부여하기 위한 경연대회이다. 이 방법이 제대로 수행되어 소기의 목적을 달성하기 위해서는 판매목표가 측정될 수 있어야 하고, 구성원 모두에게 동일한 기회가 주어진다는 것을 구성원이 신뢰하여야 하는 등과 같은 전제조건의 충족이 필요하다.

④ **푸시장려금(push money)**: 제조업자가 일정량 이상을 구매한 중간상에게 자사상품의 판매에 노력하도록 현금이나 현물을 제공하는 것을 말한다.

제2절 인적판매

1. 인적판매의 의의

인적판매(personal selling)란 대면적 판매를 의미한다. 즉, 판매원(salesman)이 고객과 직접 대면하여 대화를 통해 상품 및 서비스를 구매하도록 설득하는 커뮤니케이션 활동을 인적판매라 한다. 인적판매는 커뮤니케이션 믹스의 중요한 요소일 뿐만 아니라, 많은 경우 조직이 활용할 수 있는 가장 효과적인 커뮤니케이션 방법이기도 하다.

인적판매는 소비자의 의사결정과정, 특히 선호와 확신 그리고 행위를 형성하는 데 가장 효과적인 촉진수단이다. 그것은 인적판매가 광고에 비해 다음과 같은 세 가지의 고유한 특성이 있기 때문이다. 첫째, 인적판매는 둘 또는 그 이상의 사람들 사이의 생동적이며, 즉각적인 상호작용관계를 포함한다. 각 당사자는 서로 가까이서 상대방의 요구와 특징 그리고 성격을 관찰할 수 있으므로, 그것에 입각하여 신속한 조치를 취할 수 있다. 둘째, 인적판매에서는 단순히 사실적인 판매관계에서부터 깊은 개인적 우정 관계까지 형성될 수 있다. 대개의 경우 판매원들은 구매자의 환심을 사기 위해 교묘한 술책을 부리거나, 주문을 받기 위해 압력을 넣고 때로는 가식적인 행동도 하지만 정상적으로는 마음속으로부터 장기적인 이익을 도모하려 한다.

공공분야에 종사하는 사람들은 비록 그들이 그것을 다른 호칭[예컨대 고객 돌보기(customer care), 고객과의 거래(dealing clients), 상품의 제시 및 설명(presentation), 브리핑(mounting briefings)] 등으로 부르고 있지만, 사실은 그들도 매일매일 인적판매를 수행하고 있다. 가령 정부의 공무원이 젊은 사람에게 계속 직업훈련프로그램에 참여하라고 설득하는 일, 새로운 공장부지를 물색하는 외국기업에 그곳의 이점을 세일하는 일, 경찰이 주민에게 경제계획을 소개하는 일, 대사관 직원이 수출업자를 돕는 일, 지역 공무원이 주택문제를 취급하는 일, 각 부서의 공무원이 일반 국민의 질문에 증거를 제시하는 일 등은 모두 인적판매에 해당한다. 따라서 공공분야에 근무하는 관료들은 인적판매에 깊이 개입해 있을 뿐만 아니라, 광범한 범위의 판매상황에 연루되어 있다.

한편 인적판매의 핵심은 이 역할을 담당하고 있는 판매원이고, 판매원은 조직을 대표해서 다음과 같은 역할을 수행한다. 첫째, 판매원은 이미지 창출자(image agent)의 역할을 수행한다. 소비자들은 판매원을 보고 서비스는 물론 그 조직을 평가한다. 따라서 판매원은 움직이는 광고인 셈이다. 둘째, 판매원은 연락자의 역할을 수행한다. 즉, 판매원은 고객과 직접 접촉을 통하여 서비스를 전달하고, 불만사항을 조직에 전달하는 연락자로서의 역할을 수행한다. 그뿐만 아니라 판매원은 때로는 고객들의 상담자로서의 역할을 수행하기도 한다. 셋째, 판매원은 정보원(intelligence agent) 역할을 수행한다. 판매원은 조직의 최전방에 있는 공격수이자 방어수이며 정찰병이다. 따라서 판매원은 항상 고객을 대면하면서 그들의 기호변화, 경쟁상태 등과 같은 시장변화에 대한 정보를 조직에 보고해야 한다.

2. 인적판매의 장단점

인적판매는 다음과 같은 장단점이 있다. 먼저 인적판매의 장점으로는 첫째, 융통성(flexibility)이다. 인적판매는 다른 커뮤니케이션 수단들과는 달리 판매원이 고객의 욕구와 표정 및 행동에 맞추어 즉석에서 커뮤니케이션을 달리할 수 있다. 둘째, 집중성(focusing)이다. 진실로 고객이 될 만한 사람에게 초점을 맞추어 접근함으로써 커뮤니케이션 자원의 낭비를 최소화할 수 있다. 셋째, 판매의 완결성(results in the actual sale)이다. 다른 커뮤니케이션 수단들은 판매를 완결한다기보다는 잠재적 고객들로 하여금 구매하도록 하는 역할을 주로 수행하는 데 반하여, 인적판매는 판매행위를 그 자리에서 완결할 수 있다는 장점이 있다.

인적판매에는 이러한 장점에도 불구하고 다음과 같은 단점을 보유하고 있다. 첫째, 인적판매의 가장 큰 단점은 많은 비용(high cost)이 소요된다는 점이다. 즉, 판매원이 고객과 직접 접촉해야 하므로 대중매체를 이용하여 광범위한 소비자에게 소구하는 광고에 비해 고객 1인당 소요비용이 매우 비싸다. 둘째, 인적판매는 판매원이 한정된 수의 소비자에게만 접근이 가능하므로 광범위한 소비자 인식을 발생시키는 데는 부적절한 도구이다. 셋째, 우수한 인적자원 확보에 어려움이 있다.

3. 인적판매의 범주

인적판매사원은 다음과 같이 범주화할 수 있다. 첫째, 배달원(delivers) 유형으로 이들의 제일의 기능은 상품을 배달해주는 일이다. 이들의 판매투입은 임시적·부수적·보조적이다(예를 들면 자선기관의 판매대 직원). 둘째, 주문수령자(order-taker) 유형으로 이들은 고객을 설득하려 하지 않으며, 고객이 자발적으로 들어오기를 기다리는 사람이다. 즉, 점포 안에서 또는 고객이 방문하더라도 수동적으로 주문을 받기만 하는 사람으로서, 내부 주문수령자와 외부 주문수령자가 있다.

셋째, 섭외사원(missionary) 유형으로 이들은 고객과 좋은 관계를 유지하며 고객의 자문에 응하고, 고객을 교육시키는 사람이다. 따라서 섭외사원은 판매주문을 받지 않는다. 넷째, 기술적 판매원(technical sales staff) 유형으로 이들은 상품이나 서비스가 상당한 기술적 노하우를 필요로 하는 상황에서 발견되는 사람들이다. 이들은 이따금씩 고객의 문제를 해결하는 데 도움을 준다. 다섯째, 수요창출자(demand creators) 유형으로 이들은 고객을 찾아내고, 그들이 상품 및 서비스를 구매하도록 설득하는 사람이다. 이들은 창의력을 발휘하여 적극적으로 수요를 창출하는 판매원 역할을 한다.

누가 가장 훌륭한 판매 창조자일까? McMurry는 초판매원(super salesman)이 되기 위해 필요한 다섯 가지의 부가적인 특성을 열거하고 있다. 그는 초판매원이란 아주 정력적이고, 자신에 넘치며, 계속적인 금전에 대한 욕구를 가졌고, 근면성이 습관화되어 있을 뿐만 아니라, 반대나 저항과 같은 어려움을 도전으로 받아들이는 마음의 자세를 가진 사람이라고 하였다(McMurry, 1961).

한편 Mayer와 Greenberg는 유능한 판매사원의 자질을 다음과 같이 제시하고 있다(Mayer and Greenberg, 1964). 그 첫째는 감정이입능력(empathy)을 갖춘 사람, 즉 고객이 느끼는 것처럼 자신도 느낄 수 있는 능력이고, 둘째는, 자기실현 욕구, 즉 판매를 성취시키려는 강한 욕구이다. 그들은 이 두 가지의 특성에 입각하여 조직에 채용된 판매원이 이룬 성과를 확인해본 결과, 그러한 특성을 가진 자가 그렇지 못한 사람보다 훨씬 많은 업적을 쌓은 것을 밝혀내었다.

그러나 과거 60여 년 동안의 연구결과를 놓고 볼 때, 어떠한 자질을 갖춘 사람이 훌륭한 판매원인가 하는 문제는 명확한 결론이 내려

지는 문제가 아니다. 단지 보편적으로 인정되는 판매자의 원형은 없다는 사실만 인정되고 있다. 그뿐만 아니라 판매 성공과 지적능력, 나이, 개성, 성격, 교육 등과 같은 변수와의 상관관계도 없다. 그러나 세일즈맨(그들이 성공적이거나 또는 아니거나와 상관없이)은 다음과 같은 측면에서 다른 직원(staff)과 다르다. 첫째, 논리적이기보다 직관적이다. 둘째, 비판적이기보다 설득적이다. 셋째, 고(高)에너지수준을 가진다. 넷째, 안정을 추구하거나 이상향을 추구하기보다는 명예, 권력, 재산을 위한 필요에 강하게 동기가 부여된다.

어떤 연구에 의하면 판매원들은 그들이 고객을 닮을 때 성공적이라 한다(즉, 체중, 나이, 교육수준, 계급, 말씨, 정치적 전망, 종교 등의 문제에서조차도 그들의 고객을 닮을 때에 성공적이라는 것).

4. 인적판매의 과정

1) 잠재적 고객의 색출(prospecting)

인적판매과정의 제일 첫 번째 단계는 잠재적 고객을 찾아내는 일이다. 잠재고객을 색출하는 방법은 다음과 같은 것들이 있다. ㉠ 현재의 고객에게 물어보기, ㉡ 잠재적 고객이 속해 있는 각종 단체에 가입(종친회, 동창회, 산악회, 로터리클럽, 각종 사회단체), ㉢ 공급상, 중간상, 다른 기업의 판매원, 은행 사람, 협회의 임원들에게 물어보기, ㉣ 신문, 전화번호부, 동창회 명부, 기타 간행물의 정밀조사, ㉤ 가가호호 방문, ㉥ 동업자 단체 혹은 유사한 그룹으로부터 저인망으로 끌어오는 방법, ㉦ 연설이나 세미나를 통해서, 기사를 통해서, 리스트나 데이터 뱅크를 검색함에 의해서 등이다.

2) 접근하기 전 정보수집(pre-approach)

이 단계는 두 개의 대안적 의미가 있다. 첫째는 잠재적 고객색출 제한의 다른 표현이고, 다른 하나는 가능한 잠재적 고객에 대한 정보를 많이 찾아내는 단계이다. 우리는 잠재적 고객들의 구매스타일을 알고 있는가? 구매결정은 집중되어 있는가? 우리가 그들에 대해서 무엇(신용등급 등)을 발견할 수 있는가?

판매원은 다음과 같은 몇 가지 이유에서 잠재고객들에 대한 정보를 최대한 많이 수집해야 한다. 첫째, 잠재고객 하나하나의 판매 가능성을 어느 정도 파악하여 접근할 필요가 있다고 생각되는 고객들을 추려낼 수 있다. 둘째, 이렇게 하여 추려진 고객들에게 언제 어떻게 접근하는 것이 좋을지(전화, 편지, 직접방문) 판단하는 데 도움이 된다. 셋째, 일단 접근한 다음에 고객에게 활용할 판매전략을 미리 세우는 데에도 고객에 대한 정보는 결정적인 도움이 된다.

고객에 대한 정보는 신문, 연차보고서, 다른 판매원, 아는 사람 등 등의 여러 가지 원천에서 나올 수 있다. 판매원들은 이런 가능한 모든 방법을 총동원하여 고객의 욕구·성격·구매스타일 그리고 구매결정에 관여하는 사람들에 관한 정보를 수집해야 한다.

3) 접근(approach)

접근은 상담을 하기 위해 고객과 처음으로 접촉하는 것을 말한다. 접근의 목적은 고객의 주의를 끌고 흥미를 일으킴으로써, 그에게 상품을 보고 싶은 마음이 일어나게 하는 것이다. 장기간의 관계가 상품을 제시하는 데 큰 도움을 줄 것이다. 이 과정에서 판매나 설득은 이루어지지 않는다. 고객과 접촉하는 방법에는 전화로 시간 약속하기,

먼저 편지를 보낸 다음 전화로 시간 약속하기, 아는 사람을 통해 소개를 받는 방법 등이 있다. 상황에 따라 고객과 접근하는 방법이 달라야 한다. 어쨌든 판매원의 첫인상은 상담의 성패에 큰 영향을 미치므로, 판매원은 고객과의 첫 번째 만남이 긍정적인 결과를 낳도록 최선을 다해야 한다.

4) 상품의 제시 및 설명(presentation)

이 단계는 인적판매과정의 핵심이며, 처음 고객과 얼굴을 접하는 단계이다. 여기에서의 목표는 고객에게 상품이나 서비스를 구매하고 싶은 마음이 일어나게 하는 것이다. 이 단계에서 판매원은 자기조직에서 생산하는 상품 및 서비스가 고객의 욕구나 필요를 어떻게 충족시켜줄 수 있는가를 논리적이고 설득력 있게 설명함으로써, 고객의 신뢰를 얻고 그 신뢰의 바탕 위에서 고객의 의사결정에 영향을 주어야 한다. 판매원이 제품에 대해서 설명을 할 때 고객의 욕구와 필요에 따라 메시지를 전달해야 한다. 상품 및 서비스에 대한 설명은 각종 시청각 자료 및 장비를 동원하면 훨씬 더 효과적이다.

처음 만나는 시간이 친화력(rapport)을 형성하는 데 매우 중요하다. 따라서 이 단계는 항상 실수 없이 주의 깊게 준비되어야 하고, 미리 예행연습을 해보아야 한다. 판매원은 최소한 판매하고자 하는 서비스에 대해 최고의 정보를 가지고 있어야 하며, 이 서비스에 관해서는 모든 면에서 제일이 되어야 한다.

사람에게 영향을 미치기 위하여 30초의 시간이 필요하다는 것이 정설이다. 이러한 믿음은 대부분의 마케팅담당자들에게 직접적인 어법 개발의 중요성을 강조한다.

5) 반대의견의 처리(handling objection)

대부분의 경우 판매원이 상품에 대해 설명하는 동안에 고객이 이의를 제기하기 마련이다. 고객이 판매원의 설득 노력에 저항하는 이유는 심리적인 것과 논리적인 것이 있다. 심리적인 이유에는 판매원과 시간을 너무 보내는 것을 싫어한다든가, 판매원이 보여주는 상품에 대해 흥미가 없다거나 또는 편견을 갖고 있다든가, 판매원에 대해서 좋지 않은 인상을 갖고 있다든가, 제품을 사는 데 돈을 쓰고 싶지 않다든가, 의사결정 하기를 꺼리는 것 등이 있다.

논리적인 이유에는 상품의 가격이나 특성 또는 배달시기 등과 관련된 것들이 많다. 이렇게 다양한 고객의 반대의견들을 잘 처리할 수 있으려면 판매원은 상당한 수준의 협상솜씨를 갖추고 있어야 한다. 대부분의 경우 판매원이 상대방을 설득하는 데에는 대화가 독백보다 좋다는 것이 정설이다.

한편 이 과정에서 직면하게 되는 다양한 저항감을 해소시키기 위하여 판매원은 상당한 협상능력을 보유해야 한다. 고객의 반대의견을 효과적으로 처리하기 위해 일반적으로 사용되는 방법으로는, 첫째, 낙관적인 접근을 활용하는 방법, 둘째 반대의 의미를 명확히 할 것을 요구하는 방법, 셋째 별로 중요하지 않은 반대는 무시하는 방법, 넷째 근거가 없는 반대의 경우에는 객관적인 근거를 제시하여 설득하는 방법, 다섯째 반대가 상품이 지닌 이점에 비해 사소하다고 설득하는 방법, 여섯째 반대를 구매의 이유로 바꾸는 방법, 일곱째 프레젠테이션을 다른 방법으로 계속 반복하는 방법 등이 있다.

이 과정에서 판매원이 특히 주의해야 할 사항은 판매원은 어떠한 경우에도 고객과 논쟁을 벌여서는 안 된다. 왜냐하면 고객과 논쟁에서 지면 고객을 더 이상 설득시킬 수 없으며, 이기면 고객의 자존심을 상하게 한다.

6) 상담의 마무리(the close)

지금까지 살펴본 인적판매의 모든 과정은 결국 최종목표인 판매를 달성하기 위한 과정에 지나지 않으므로, 판매원이 거래가 성립되도록 상담을 잘 마무리 짓는 것은 판매과정에서 가장 중요한 단계라 할 수 있다.

상담의 마무리를 위해 마무리기법(closing technique)으로는 다음과 같은 것들이 있다. ㉠ 고객에게 주문해줄 것을 요구한다. ㉡ 지금까지 상담한 내용을 요약하고, 서로 합의한 사항을 정리해준다. ㉢ 고객이 제품을 구매하는 것을 전제로 하고 이야기를 전개한다. ㉣ 둘 또는 세 개 정도의 대안을 제시하여 고객이 그중의 하나를 고르도록 유도한다. ㉤ 특별할인을 하여주거나 선물을 주겠다고 하는 등 고객에게 특별한 배려를 해주는 성의를 보인다. ㉥ 고객이 지금 주문을 하지 않으면 그가 무엇을 잃게 되는지에 대해 힌트를 준다.

이러한 과정을 거쳐 구매자가 제품의 구입에 동의하게 되면, 그 이후 이루어질 수 있는 것은 판매취소이다. 따라서 일단 판매가 종료되면 판매원은 그 장소를 떠나야 한다. 마케팅관리 컨설턴트들은 이 단계를 '끝나고 나가는 단계로 규정'한다.

7) 판매 후 서비스 및 고객관리(the follow-up)

이 과정은 인적판매의 마지막 단계로서 고객의 만족도를 확인하는 과정이다. 판매과정은 주문을 받는 것으로 끝나는 것이 아니다. 판매원은 구매자를 직접방문하거나 또는 전화를 통해서 배달이 만족할 만한 것이었는지, 어떤 문제는 없었는지를 확인해야 한다. 더욱 중요한 것은 그들과 계속 신뢰를 쌓고, 친화력을 형성하는 일이다. 그래야 현 고객의 다음 구매를 유도할 수 있고, 다른 고객에로의 구전효과도 기대할 수 있다.

〈사례 11 – 1〉

노동부 장관 어깨띠 두르고 고용보험 세일즈

이기호 노동부 장관이 26일 오전 서울 동대문종합시장 1층에서 상점 주인들을 대상으로 고용보험가입을 권유하는 보험세일즈 활동을 벌였다. 작업복 차림에 '내일을 위한 투자'라는 어깨띠를 두른 이 장관은 1시간가량 상가 내 상점을 돌며 "고용보험에 가입하면 근로자를 해고하지 않고 고용을 유지할 경우 지원금을 받을 수 있다"고 설명하였다. 이 장관의 보험세일즈는 고용보험이 지난 10월부터 4인 이하 전 사업장으로 확대되었으나 이들 영세사업장의 보험가입률이 아직 저조하기 때문이다.

제12장

유 통

제1절 유통경로의 본질

1. 유통경로의 특징

유통경로란 상품이나 서비스가 생산자로부터 소비자 및 최종사용자에게 옮겨가는 과정에 참여하는 모든 개인 및 조직을 말한다. 이러한 유통경로의 정의에는 다음 두 가지의 특성이 포함되어 있다.

첫째, 유통과정에 참여하는 개인 및 조직이란 생산자, 도매상, 소매상뿐만 아니라 소비자도 포함된다. 현대 마케팅관리론에서는 소비자도 유통의 중요한 부분으로 인식하고 있다. 왜냐하면 소비자의 선호성향이나 구매형태에 따라 유통의 구조와 기능이 변할 수 있기 때문이다.

둘째, 상품뿐만 아니라 서비스도 유통경로를 갖고 있다. 즉, 유통경로의 개념은 물적 재화의 유통에만 한정되는 것은 아니다. 서비스와 아이디어의 생산업자들도 그들의 상품을 표적청중들에게 구입 가능하고, 접근 가능한 형태로 제공하는 문제에 직면하여 왔다. 가령 공공부문으로서 서비스 조직과 대행사(담당 부서)들은 간혹 '교육서비스 배급시스템' 및 '건강서비스 보급시스템'을 개발하여 지리적으로 산재해 있는 청중들에게 도달하고자 한다. 즉, 병원은 완벽한 의료적 치료를 필요로 하는 여러 환자들에 봉사할 수 있도록 지리적으로 입지해야 하고, 학교는 배워야 할 어린이들이 있는 곳에 위치해야 한다. 지방정부는 모든 이웃에 신속하게 화재에 대처할 수 있는 곳에 소방서를 입지시켜야 하며, 투표소는 사람들이 그곳에 도착하기 위해서 많은 시간 및 노력 등과 같은 비용을 낭비함이 없이 투표를 할 수 있는 곳에 위치해야 한다.

2. 유통경로의 기능

유통경로는 생산자에게서 소비자에게로 상품 및 서비스를 전달하는 역할을 수행한다. 즉, 유통경로는 상품과 서비스를 생산하는 생산자와 그것을 소비하는 소비자 사이의 시간과 공간, 그리고 소유의 괴리를 극복하게 하여준다. 마케팅 유통경로의 구성원들은 다음과 같은 기능을 수행한다.

　　㉠ 정보(information): 교환을 계획하고 조성시키기 위해 필요한 마케팅환경 내의 여러 활동요인과 영향요인에 대한 마케팅조사 정보와 일상정보를 수집하고 배포한다.

　　㉡ 촉진(promotion): 제공물에 대한 설득력 있는 커뮤니케이션을 개발하고 전달한다.

　　㉢ 접촉(contact): 상품 및 서비스를 구입할 가능성이 있는 예상 잠

재고객을 탐색한다.

ⓔ 협상(negotiation): 제공물의 가격과 기타 다른 조건들에 대한 최
종적인 합의에 도달함으로써 제품의 소유권 또는 소유가 이전
되도록 하는 기능을 수행한다.

ⓜ 물적 유통(physical distribution): 재화를 수송·운반하고 저장한다.

ⓗ 금융(financing): 경로의 활동으로 발생하는 비용을 보상하기 위
해 자금을 획득하고 처분하는 기능을 수행한다.

ⓢ 위험부담(risk taking): 경로 활동을 수행함에 있어서 발생하는 위
험을 부담하는 기능을 수행한다.

3. 유통경로의 유형

공공부문에서 생산된 상품 및 서비스가 고객에게 전달되는 과정을
묘사하는 유통경로(channel)에 대해서는 그동안 많은 학자들에 의해서
다양한 유형들이 제시되었다. 이러한 경로들을 아주 단순하게 표시하
면 다음 <그림 12-1>과 같다.

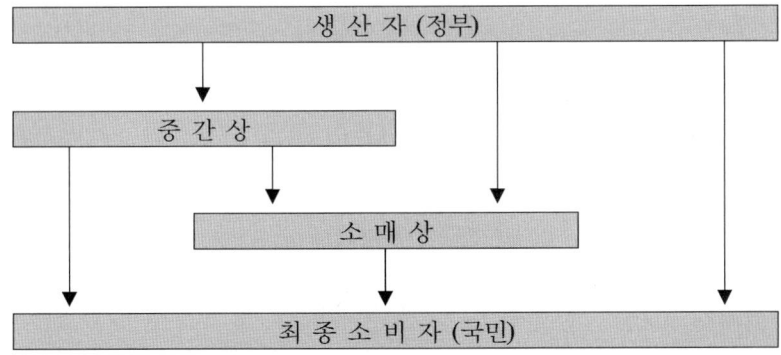

〈그림 12-1〉 공공부문 제품의 유통경로

첫째, 생산자(정부)에서 궁극적 소비자(국민)에게로 직접 전달되는 경로로서, 보건복지부가 국민기초생활 보호대상자에게 다양한 내용의 행정서비스를 제공하거나, 또는 시·군청 및 동사무소에서 수행하는 각종의 증명서 발급서비스 등이 이에 해당한다. 이러한 유통경로의 장점은 정부가 유통의 전체과정을 확실하게 통제할 수 있다는 것이다.

둘째, 생산자에서 소매상을 통해 궁극적 소비자에게 전달되는 경로로서, 가령 정부가 각각의 교육기관에 보조금을 지원하여 국민에게 교육서비스를 제공하거나, 또는 일반 개업의에게 각종 전염병에 대한 예방접종 서비스를 제공하도록 하는 경우 등이 이에 해당한다. 이러한 유형은 많은 공공분야에서 사용되고 있는 가장 보편적인 유통경로이다.

셋째, 생산자에서 중간상(intermediary)을 통해 최종소비자에게 서비스를 전달하는 경로로서, 이때의 중간상은 소매상으로 보기는 어려운 대행기관(agent) 또는 도매상(wholesaler) 등과 같은 제삼자(third party)이다. 가령 보건복지부가 각종의 사회복지기관에 보조금을 지급하여 고아들을 보호하도록 하는 행정서비스, 또는 노동부가 각종 교육기관 및 직업훈련기관에 보조금을 지급하여 실업자들을 대상으로 직업재훈련 교육서비스를 제공하는 일 등이 이에 해당한다. 이 방법의 장점은 생산자의 판매노력에 대한 부담이 적고, 소비자와 가까이 있는 중간상에게 소비자의 욕구와 수요를 반영할 수 있는 융통성을 부여하여 생산자로 하여금 직접적으로 개입하는 경우를 감소시킬 수 있다는 점이다. 그러나 이 방법은 생산자가 유통경로를 통제하기가 어렵다는 점과 최종사용자에 대한 촉진의 어려움 및 비용의 증가 시 그 이유를 분석하기 어렵다는 점 등의 문제점이 있다.

넷째, 이러한 방법들을 조합하여 서비스를 전달하는 경로이다. 즉, 이 유형은 제품의 생산자인 정부가 그들이 생산한 상품 및 서비스를 중간상과 소매상을 거쳐 최종소비자인 국민에게 전달하는 경로이다.

제2절 유통경로 전략의 결정

민간부문이든 또는 공공부문이든 모든 조직의 마케팅담당자들은 표적고객에게 그들이 생산한 상품 및 서비스를 제공하기 위해 공급 루트를 필요로 한다. 마찬가지로 고객들 역시 마케팅담당자가 제공하는 상품 및 서비스에의 접근이 필요하다. 마케팅담당자가 활용할 수 있는 유통경로는 전달되는 대상에 따라 달라진다. 즉, 전달대상이 상품이나 서비스 또는 정보 중 어느 것이냐에 따라 유통경로는 달라지는 것이다. 마케팅담당자들이 유통경로를 설계할 때 고려해야 할 많은 전략적인 문제들이 있다. 이러한 내용을 좀 더 자세히 살펴보면 다음과 같다.

1. 고객서비스의 질

마케팅담당자가 유통경로를 설계하면서 직면하는 첫 번째 결정사항은 표적시장에 제공할 서비스의 수준과 품질(level and quality)에 관한 사항이다. 이를 위해 각각의 조직은 그들이 제공할 수 있는 최대 수준의 서비스를 가시화해야 한다. 예를 들면 ㉠ 사회복지기관은 공공부조의 대상자들에게 연간 수천 매의 티켓을 배포하여야 한다. 이에 관한 최상의 서비스 수준은 정부가 수혜대상 집단에 직접 티켓을 전달하는 방법이다. ㉡ 공공도서관은 시민들로부터 도서대출의 청구를 전화로 주문받아 짧은 시간 내에 청구인의 집에 도착하도록 할 수 있다면, 최대한의 서비스를 제공하는 것이 된다. ㉢ 구청의 건강담당 부서는 환자의 전화를 받고, 그들의 집에 의사를 왕진시킬 수 있다. ㉣ 대학은 수요만 있다면 어느 곳에나 교수를 파견하여 강의할 수 있다.

이와 같은 서비스의 수준은 조직이 소비자에게 제공할 수 있는 최대한의 편리성을 지향한다. 그러나 이 방법은 서비스를 이용하는 소비자가 그들에게 제공되는 특정 편의성에 대해 대가를 지불하려는 의지가 있거나, 또는 서비스를 제공하는 조직이 그 비용을 부담할 수 있는 여유가 있을 때 실현 가능하다. 그러나 서비스의 이용자가 초과 비용을 부담하려는 의지가 결여되어 있거나, 또는 서비스 제공조직이 이러한 비용을 부담할 능력이 결여되어 있을 경우에는 조직은 유통비용을 줄이기 위해 소비자에게 낮은 수준의 서비스를 제공하는 유통방법을 모색해야 할 것이다.

예컨대 공공도서관과 시청의 건강담당 부서는 그들이 제공하는 서비스를 오직 몇 곳의 한정된 장소에서만 제공하거나 또는 서비스를 활용하는 데 필요한 이동비용을 소비자에게 부담시킨다면, 그들이 소비자에게 직접 전달하는 데 드는 비용을 줄일 수 있기 때문에 결국 조직은 서비스 제공에 소요되는 비용을 낮출 수 있는 것이다. 그뿐만 아니라 조직은 효율적인 조직의 운영에 의해서 비용을 더욱 줄일 수도 있는데, 가령 직원들이 고객을 기다리며 한가한 시간을 보내게 하는 방법 대신에 고객이 기다리도록 하는 방법 등이 이에 해당한다(즉, 의사가 환자를 기다리게 하지 말고, 환자가 의사를 기다리게 하는 방법 등). 이러한 방법 외에도 조직은 매체(media)를 활용하여 고객에게 서비스를 전달함으로써 비용을 절약할 수도 있다. 가령 대학이 TV나 인터넷을 통해 강의를 하는 방법 등이 이에 해당한다.

서비스의 질을 결정하는 두 번째 문제는 유통경로시설의 설계이다. 영리조직이든 또는 비영리조직이든 조직은 그들이 제공할 상품이나 서비스의 유통경로를 설계하면서 시설물의 외관을 어떻게 해야 할 것인가를 결정해야 한다. 왜냐하면 유통시설의 외관(外觀)은 고객의 태도나 행태 및 만족의 수준에 매우 커다란 영향을 미칠 수 있기 때문이다. 이에 대해 좀 더 구체적으로 살펴보면 다음과 같다.

2. 분위기(atmospherics)

미래의 마케팅계획의 입안자들은 유통시설의 분위기를 제품의 가격이나 광고 또는 인적판매 등과 같은 마케팅수단으로 활용할 수 있을 것이다. 여기에서의 분위기란 행복감, 안정감, 친근감 등과 같은 감정을 구매자가 느끼도록 하기 위한 유통장소의 의식적인 설계를 의미한다.

상품이나 서비스를 제공하는 시설을 처음 설계하는 공공조직은 다음과 같은 네 가지의 중요한 의사결정문제에 직면하게 된다. 가령 어떠한 지방자치단체가 시립미술관을 건설하는 경우를 예로 들어 의사결정문제를 생각해보면 다음과 같다.

첫째, 건축물의 외관을 어떻게 할 것인가? 즉, 미술관의 빌딩은 밖에서 볼 때 무엇처럼 보이게 해야 하는가? 빌딩은 그리스풍의 사원(과거의 많은 도서관에서처럼)으로 보이게 할 수도 있고, 또는 유리

마천루처럼 보이게 할 수도 있다. 둘째, 미술관의 기능적 특성 및 관람객의 흐름을 어떻게 할 것인가? 계획입안자들은 미술관을 몇 개의 전시실로 구성하는 것이 좋을지, 또는 전시실의 크기는 어떻게 해야 할지에 대해 결정을 해야 한다. 이들은 또한 주요 전시실 또는 잘 알려진 예술품들이 건물의 입구에 위치해야 하는가, 아니면 다른 끝쪽에 위치해야 하는가에 대해서도 결정을 해야 한다. 셋째, 미술관의 내장이 관람객들에게 어떠한 인상을 줄 수 있도록 설계되어야 하는가? 계획입안자는 미술관이 관람객들이 경건하거나 약간은 음침한 느낌을 받도록 해야 하는지, 또는 밝고 현대적인 느낌을 받도록 해야 하는지를 결정해야 한다. 왜냐하면 이처럼 건물의 내장으로부터 받는 관람객의 인상은 미술관 전체에 대한 만족감에 영향을 미치기 때문이다. 넷째, 건물이 관람객들로부터 바람직한 느낌을 받도록 하기 위해서는 어떠한 소재를 사용해야 하는가? 관람객이 건물로부터 받는 인상은 시각적 자극(색, 밝기, 규모, 형상), 청각적 자극(음량, 음의 고저), 후각적 자극(냄새, 신선함) 그리고 촉각적 자극(유연함, 습도) 등에 의해 영향을 받는다. 따라서 미술관의 계획입안자는 바람직한 느낌을 창조하고 강화시킬 수 있는 색과 구조 그리고 비품을 선택해야 한다.

이와 같은 문제는 우체국, 사회적 서비스기관, 고용사무실, 대학의 건축물, 경찰서 등의 시설에도 제기된다. 조직의 건축물이 풍기는 인상은 이용객의 만족감과 그곳에서 근무하는 사람들의 업무수행능력에도 영향을 미치는데 특히 후자가 더욱 중요하다. 그 이유는 건물에서 근무하는 피고용인은 종일 그 시설 안에서 근무를 해야 하기 때문이다. 따라서 시설들은 그들이 업무를 쉽고 유쾌하게 처리할 수 있도록 설계되어야 한다. 그러나 공공(비영리)조직은 대부분 예산의 제약이나, 또는 재무적 기반이 취약하여 기대하는 시설과 건물을 준비할 수 없는 어려움이 있다. 그러나 이러한 부족함 속에서도 구성원들이 기존시설의 쾌적성과 효과를 향상시키기 위해 노력하면, 반드시 그 결과는 좋게 나타난다. 모든 시설은 서비스제공자 자신들에 의해 이용자들에게 그 시설에 대한 인상이 전달된다는 것에 유념해야 한다.

3. 중개상의 활용

다른 조건이 동일하다면 조직은 유통업자가 개입하는 간접경로보다는 그들이 직접 고객과 접촉하는 직접경로를 선호한다. 즉, 거래에 있어 조직은 중간집단을 개입시키는 것을 좋아하지 않는다. 왜냐하면 여기에는 다음과 같은 이점이 있기 때문이다. 첫째, 거래로부터 발생하는 모든 수입을 다른 조직 및 개인과 나누어 가질 필요가 없기 때문이다. 둘째, 모든 경로 활동들은 마케팅담당자들에 의해서 통제될 수 있다. 셋째, 고객과의 직접접촉은 마케팅담당자에게 고객의 수요와 필요를 보다 잘 이해할 수 있도록 하여 준다. 넷째, 고객과의 직접접촉은 프로그램 및 상품에 어떤 문제가 발생하였을 때 문제점을 신속히 인식할 수 있게 하여준다. 다섯째, 시장의 변화에 더 신속히 대처할 수 있다. 여섯째, 다양한 고객세분(consumer segments)에 대한 전략을 더욱 정교히 할 수 있다.

이러한 이점에도 불구하고 왜 조직은 직접경로만을 채택할 수 없는가? 그 이유들 중의 하나는 조직이 고객과 직접적인 마케팅을 하는데 들어가는 재정적 자원의 한계 때문이다. 물론 조직이 충분한 재정적 자원을 보유하고 있다고 할지라도 그들만의 최종 유통경로를 설립하는 데 드는 비용이 기존 유통경로체계를 활용할 수 있는 비용보다 많이 든다면, 조직은 별도의 유통경로를 구성할 필요는 없다.

중개상을 활용하는 의미는 기본적인 마케팅과업과 기능을 수행함에 있어 과제가 되는 분배의 효율성(distribution efficiency) 확보에 있다. 이러한 효율성은 상당 부분 중개상의 경험·전문성·규모 등에 의해 조직이 성취할 수 있는 것 이상의 것이 달성될 수 있게 한다. 그러나 유통과정에 중개상이 개입되면 효율성이 개선되는 것이 사실이지만, 너무 많은 경로 기관이 개입하게 되면 비용이 높아져 오히려 유통효율이 낮아질 수도 있음에 유념해야 한다.

4. 유통경로의 수준과 단위

조직이 일단 그들의 상품, 서비스 및 아이디어를 소비자에게 전달함에 있어 중간매개집단을 활용하는 것이 효율적이라고 결정하였다면, 다음은 과연 어느 정도의 경로 수준과 얼마나 많은 수의 경로단위를 운영할 것인가에 대한 결정이 이루어져야 한다. 이것은 유통경로의 길이와 폭에 대한 결정으로서 언급된다. 그리고 이러한 결정은 독립적으로 이루어지기보다는 상호 간에 영향을 주면서 이루어진다. 먼저 폭에 대한 결정을 고려해보면 다음과 같다.

직접 고객에게 서비스를 제공할 수 없어 소매상을 활용하기로 결정한 조직은 먼저 과연 얼마나 많은 수의 소매점을 작동시켜야 되는가를 결정해야 한다. 가장 경제적인 방법은 단일판로(single outlet)를 가지는 것이다. 가령 정부가 A라는 도시에 도서관을 설립·운영하는 경우를 생각해보자. 가장 효율적인 방법은 이 도시에 하나의 도서관을 설치·운영함으로써 장서, 직원 인건비, 건물의 건축과 유지비의 중복 때문에 발생하는 비효율을 피하는 방법이다. 이러한 경우 시민의 입장에서는 그들이 광범위한 내용의 도서를 한 장소에서 수집할 수 있다는 장점이 있다. 그러나 그들은 먼 거리를 이동해야 하는 대가를 지불해야 한다. 이번에는 이 도시에 여러 개의 도서관을 설치, 운영하는 방법을 가정해보자. 이 경우의 가장 큰 장점은 많은 시민들의 도서관 이용을 활성화시킬 수 있다는 장점이 있다. 그러나 이 경우에는 도서관 운영에 많은 비용을 부담해야 한다는 단점이 있다. 따라서 대부분의 주요 도시에서는 고객의 편의 및 도서관 운영의 비용을 동시에 고려하여, 하나의 대규모 도서관과 몇 개의 분원을 운영하는 것이 일반적인 방법이다. 그뿐만 아니라 어떤 도시에서는 한발 더 나아가 이동도서관을 운영하기도 한다.

대학을 운영할 때의 비용은 단일 캠퍼스일 경우가 가장 적다. 십수 년 전에 미국의 캘리포니아대학은 버클리에, 위스콘신대학은 메디슨에 소재해 있었다. 그러나 이러한 대학들은 다른 지역에 사는 사람들에게 편의성을 제공하는 한편, 과도하게 캠퍼스가 거대화됨에 따라 야기되는 인간성의 상실을 막기 위해 점차적으로 분교를 늘려나가게 되었다. 가령 뉴욕주립대학은 무려 60개 이상의 분교를 운영하고 있다.

일반적으로 공공서비스를 제공하기 위한 유통경로의 폭에 대한 결정은 소비자를 우선적으로 고려하여 결정하는 경우가 많다. 가령 산아제한을 위한 콘돔을 구입하기 위해 소비자들은 그들의 일상을 벗어나 먼 곳으로 가려고 하지 않는다. 마찬가지로 사회적 행태를 변화시키기 위해 설계된 메시지는 광범위하게 배포되어야 한다. 소비자들은 속도제한, 안전벨트 착용 등과 같은 행태변화를 요구하는 내용의 메시지를 적극적으로 찾아 나서지는 않는다. 많은 표적청중들은 그들이 진실로 영향받기를 원치 않는 행태변화를 요구하는 경로를 능동적으로 회피한다. 예컨대 알코올이나 마약중독자들은 그들의 행태를 변화시키기 위해 설계된 사회적 마케팅메시지를 마주치는 두려움 때문에 교회에 다니거나 의사를 방문하는 것을 포기한다.

따라서 이러한 내용의 서비스를 소비자에게 적극적으로 마케팅하기 위해서는 가능한 한 많은 수의 소매상(점포)을 둘 필요가 있다. 왜냐하면 이러한 서비스들은 소비자들이 원하는 시간과 장소에서, 그러한 서비스를 이용할 수 있어야 하기 때문이다.

반면에 어떠한 서비스의 경우에는 소비자가 이를 구입하기 위해 어느 정도의 노력을 기꺼이 부담하려는 경우도 있다. 가령 박물관이나 연극공연장 또는 금연클리닉에 참여하는 일 등이 이에 해당하는데, 이 경우에는 유통경로의 폭이 전자의 경우보다 덜 중요하다. 대체적으로 소비자가 공공서비스를 이용하기 위해 많은 노력을 마다하지 않는 경우는 소비자가 민간부문에서 이에 대한 대체물을 발견하기 어렵거나, 또는 받아들이기 어려운 경우에 발생한다.

공공조직이 그들이 제공하는 서비스를 분배하기 위한 유통경로의 폭을 결정하였다면, 다음에 결정해야 할 경로의 전략문제는 '이러한 유통경로가 얼마나 길어야 되는가' 하는 문제이다. 생산자의 입장에서 볼 때 경로 수준의 수가 많아질수록 생산자의 통제력은 낮아지며, 유통경로는 그만큼 복잡해진다.

제3절 유통경로의 관리

1. 경로구성원들 사이의 갈등

유통경로는 경제적 시스템일 뿐만 아니라 사회적 시스템이기도 하다. 유통경로의 각 구성원들은 각자가 해야 할 역할이 있고, 그들은 또 경로의 다른 구성원들이 어떤 일을 해줄 것을 기대한다. 이런 의미에서 경로의 구성원들은 상호 간에 의존적 관계에 있다. 그런데 이와 같이 경로구성원들이 서로 의존하는 정도가 크면 클수록 구성원들 사이에 갈등이 발생할 가능성은 그만큼 커진다. 유통과정에서 발생하는 갈등의 유형은 다음 세 가지가 있다.

첫 번째 유형은 수직적 경로갈등(vertical channel conflict)으로, 이것은 유통경로의 서로 다른 단계에 있는 구성원들 사이에서 발생하는 갈등을 말한다. 두 번째의 유형은 수평적 경로갈등(horizontal channel conflict)으로, 이것은 유통경로의 같은 단계에 있는 구성원들 사이에서 발생하는 갈등을 말한다. 세 번째 유형은 여러 경로 간 갈등(multi-channel conflict)으로서, 이것은 같은 시장 내에서의 경쟁적 경로 간 갈등을 의미한다. 가령 우표의 판매에서 우체국과 소매상 간에 발생하는 갈등이 여기에 해당한다.

한편 유통경로 때문에 발생하는 갈등의 원인은 다음과 같이 몇 가지로 유형화해 볼 수 있다. 첫째, 경로갈등 발생의 가장 중요한 이유는 변화(change) 때문이다. 즉, 유통경로과정에서 일어나는 변화가 이 과정에 개입되어 있는 구성원의 이익·안전·소득에 부정적인 영향을 줄 때, 이들 간에 갈등이 발생한다. 둘째, 목표의 불일치(goal incompatibility) 때문에 갈등이 발생한다. 즉, 유통경로에 포함된 조직들 간에 추구하는 목표와 가치의 차이가 심할 경우에 갈등이 발생한다. 셋째, 불확실한 역할과 권리(uncertain roles and rights) 때문에 갈등이 발생한다. 이 경우 조직 간 영역권 확장을 위한 갈등이 발생하면 그 정도는 더욱 심해진다. 넷째, 갈등의 조정과정에서 당사자들 간의 개성(personalty) 때문에 충돌하는 일은 흔히 볼 수 있는 사건이다. 이러한 경우는 특히 조직이 설립 초기에 있고, 조직을 강력한 카리스마적 특성을 가진 지도자가 관리하는 조직들 간의 조정관계에서 자주 나타난다.

2. 경로갈등의 해소방안

마케팅경로의 구성원들 사이에 발생하는 갈등을 해소하고, 그들 간에 협조를 도모하는 방안에는 여러 가지가 있을 수 있다. 이들 중 가장 일반적으로 활용되는 것은 경로주도자(channel caption)가 마케팅경로에서 일어날 수 있는 갈등을 사전에 예방하되, 갈등이 발생하면 지도력을 발휘하여 이를 해결하는 방안이다. 이 과정에서 흔히 활용되는 수단이 권력이다. 즉, 효율적인 경로주도자가 되기 위해서는 갈등을 억누르고, 협조를 이끌어낼 수 있는 권력이 필요한 것이다. French와 Raven의 견해에 따라 권력의 원천을 분류해보면 다음 일곱 가지가 있다.

① **보상적 권력(reward power)**: 보상을 제공할 수 있는 능력. 이것은 금전 또는 지위상승 등에 바탕을 둔 권력이다. 가령 중앙정부가 지방정부에 대한 보조금 지원을 약속하여 그들의 협력을 얻어낼 수 있다.

② **강요적 권력**(coercive power): 처벌할 수 있는 능력. 이는 육체적·물리적 힘을 바탕으로 상대방에게 자기의 의사를 강요할 수 있는 권력이다. 국립 또는 사립대학은 만약 그들이 교육부의 정책지침에 따르지 않을 경우 정부는 보조금을 취소함에 의해서 처벌할 수 있다.

③ **합법적 권력**(legal legitimate power): 바람직한 행동을 요구할 수 있는 법적 능력. 따라서 합법적 권력은 지위·규범·법령 등으로부터 나오는 권력이다.

④ **정통적 권력**(traditional legitimate power): 바람직한 행동을 요구할 수 있도록 사회에 의해서 받아들여진 권력(그러나 법적으로 보장된 것은 아님). 정통적 권력은 따라가는 사람의 가치관에 비추어 권력행사자가 권력을 행사할 수 있는 권리를 가지고 있다고 심리적으로 인정되는 경우를 말한다.

⑤ **전문가적 권력**(expert power): 전문가로서 도움을 줄 수 있는 능력. 전문가적 권력은 권력행사자가 전문가로서 인정받고 있고, 따라서 그의 말이 정확하다고 인지되는 때에 성립한다.

⑥ **준거적 권력**(referent power): 복종자가 자기 행동의 모형을 권력행사자로부터 찾으려고 할 때 성립하는 권력. 즉, 복종자가 지배자에 대하여 일체 의식을 가지고, 후자와 같이 행동하려 할 때 발생하는 권력이다.

⑦ **정보적 권력**(informational power): 표적조직이 그의 목표를 달성하는 데 도움을 줄 수 있는 정보를 제공하는 능력. 이것은 기술(skill)에 있어 우월성을 포함하지 않는다는 측면에서 전문가적 권력과 다르다.

이러한 여러 가지 유형의 권력들 중에서 유통경로 과정에서 발생하는 갈등을 해결하고, 협조를 도모하기 위해서 활용되는 가장 낮은 수준의 권력은 강요적 권력이다. 왜냐하면 강요적 권력은 중간매개집단(중간상 및 소매상)의 장기적인 순응을 확보하기 어렵고, 또한 순응 확보과정에서 또 다른 갈등이 야기되기 쉽기 때문이다. 반면에 합법적 권력은 그것이 어느 정도는 내면화될 수 있다는 측면에서 강요적 권력보다는 효과적이다.

한편 장기적 정체성을 성취함에 있어서 전문가적 권력은 준거적 권력보다 효과적이다. 왜냐하면 준거적 권력의 경우 어느 정도는 마케팅담당자의 통제범위 밖에 있는 여론이나 동료의 변덕에 의해 지배될 가능성이 크기 때문이다. 마지막으로 내면화를 달성함에 있어 정보적 권력은 정통적 권력보다 더욱 효과적이다. 그 이유는 정보적 권력은 마케팅담당자의 프로그램에 대한 참여가 중간매개집단의 목표와 더욱 일치한다는 것을 의미하기 때문이다.

참고문헌

국정공보처(1999), 『국정홍보길라잡이』, 서울: 국정공보처.

곽동성·이상훈·김규동·강기두(2011), 『마케팅』, 서울: 문영사.

오세조·박충환·김동훈·김영찬(2010), 『마케팅원론』, 서울: 박영사.

유필화·김용준(2012), 『현대마케팅론』, 서울: 박영사.

이유재(2008), 『서비스마케팅』, 서울: 학현사.

채서일(2006), 『마케팅』, 서울: 비앤엠북스.

Abercrombie N.(1994), "Authority and Consumer Society", in R. Keat, Whiteley N. and Abercrombie(ed.), The Authority of the Consumer, London: Routledge.

Achabal, D. D. and Backoff, R. W.(1981), "An Innovation Adoption Perspective for Marketing in the Government", (ed.), Mokwa, M. P. and Permut, S. E., Government Marketing: Theory and Practice, New York: Praeger Publishing.

Blakely, E. J., Schutz H and Harvey P.(1977), "Public Marketing: A Suggested Policy Planning Paradigm for Community Development in the City", Social Indicators Research, Vol. 4: 164~184.

Boone, L. E. and Kurtz, D. L.(1998), Contemporary Marketing, Cincinati: South-western/thomson Learning.

Breyer, R. F.(1931), Commodity Marketing, New York: McGraw-Hall.

Brown S. W., Ostrom L. L. and Schlacter J. L.(1978), "PPB and The Marketing Contribution: Implications for the Management of Public Enterprise", in (ed.) J. W. Sutherland, Management Handbook for Public Administrators, New York: Van Nostrand Reinhold.

Brown, P.(1992), "Alternative Delivery Systems in the Provision of social Services", International Review of Administrative Sciences, Vol. 58: 201~204.

Butler, P. and Collins, N.(1995), "Marketing Public Sector Services: Concepts and Characteristics", Journal of Marketing Management, Vol. 11: 83~96.

Caruana, A., Ramaseshan B. and Ewing M. T.(1997), "Market Orientation and

Organizational Commitment in the Australian Public Sector", International Journal Public Sector Management, Vol. 10: 294~303.

Chapman D. and T. Cowdell(1998), New Public Sector Marketing, London: Pitman Publishing.

Divita S. and Dyer R. F.(1979), "Public Sector Marketing: A Proactive Response to Citizen Dissatisfaction", Paper presented to the American Society for Public Administration National Convention, Baltimore, April.

Enis, B. M.(1981), "Governments as Marketers: Issues of Management and Public Policy", Mokwa, M. P. & Permut, S. E., Government Marketing: Theory and Practice, New York: Praeger Publishing.

Farnham D. and S. Horton(1996), (ed.), Managing the New Public Service, London: Macmilan Press LTD, 1996.

Faxall, G.(1989), "Marketing's Domain", European Journal Marketing, Vol. 23: 7~22.

Graham P.(1994), "Marketing in the Public Sector", Inappropriate or Merely Difficult?, Journal of Marketing Management, Vol. 10: 361~375.

Harris J.(1999), "State Social Work and Social Citizenship in Britain: From Clientelism to Consumerism", British Journal of Social Work, Vol. 29: 915~937.

Hart H.(1990), "Government Organizations and their Customers in the Nethelands: Strategy, Tacts and Operations", European Journal Marketing, Vol. 24: 31~42.

Herron D. B.(1997), Marketing Nonprofit Programs and Services, San Francisco: Jossey-Bass Publishers.

Kearsey A. and Varey R. J.(1998), "Managerialist Thinking on Marketing for Public Services", Public Money and Management, January-March: 51~60.

Keeling D(1973), Management in Government, London: Allen & Unwein.

Klein, R.(1977), "The Conflicts between Professionals, Consumers and Bureaucrats", The Journal of Irish College of Physicians and Surgeons, Vol. 6: 81~91.

Kohli, A. K. & Jaworski, B. J.(1990), "Market Orientation: The Construct, Research Propositions and Management Implication", Journal of marketing, Vol. 54: 1~18.

Kotler P. and Levy J. A.(1969), "Broadening the Concepts of Marketing", Journal of Marketing, Vol. 33(July): 10~15.

Kotler P. & G. Zaltman(1971), "Social Marketing: An Approach to Planned Social Change", Journal of Marketing, Vol. 35(July), 3~12.

Kotler P. & A. R. Andreasen(1996), Strategic Marketing for Nonprofit Organization, New Jersey: Prentice Hall.

Kotler P. and Nancy L.(2007), Marketing in the Public Sector: A Roadmap Improved Performance, NJ: Wharton School Publishing.

Lane, J. E.(1993), The Public Sector: Concepts, Models and Approaches, London: Sage.

Laing A.(2003), "Marketing in the Public Sector: Towards a Typology of Public Services", Marketing Theory, Vol. 3: 427~445.

Loveday, P.(1991), "Public Sector Marketing: A Critical Appraisal", Service Delivery and Public Sector Marketing, (eds.), O'Faircheallaigh, C et. al, Sydney: MacMillan & Co.

Lovelock, C. H. and Weinberg C. B.(1975), "Contrasting Private and Public Sector Marketing", in (ed.) Ronald C. Curham(1975), Combined Proceedings, Chicago: American Marketing Association.

McNulty T., Whipp R., Whittington R. and Kitchener M.(1994), "Putting Marketing into NHS Hospitals: Issues about Implementation", Public Money and Management, July: 51~57.

Mokwa, M. P.(1978), "The Development of Marketing Thoughts and Technology in the Public Sector", Paper Presented in the American Society for Public Administration National Convention, Phoenix, Ariz, April.

Mokwa, M. P. and Enis M.(1979), "Moving Public Administration Beyond Marketing Myths and Myopia", Paper Presented in the American Society for Public Administration National Convention, Baltimore, April.

Mokwa, M. P.(1981), "Government Marketing: An Inquiry into Theory, Process and Perspective", (ed.) M. P. Mokwa and S. E. Permut, Government Marketing: Theory and Practice, New York: Praeger Publishers.

Perry J. and Kraemer K.(1983), Public Management: Public and Private Perspectives, California: Mayfield.

Pollitt C.(1993), Managerialism and the Public Services, Oxford: Blackwell.

Proctor P.(2007), Public Sector Marketing, New York: Prentice Hall.

Roberto, E. L.(1991), "Appling Marketing Model in the Public Sector", (eds.), O'Faircheallaigh, C et. al, Service Delivery and Public Sector Marketing, Sydney: MacMillan & Co.

Rosner, J. B.(1977), "Improving Productivity in the Public Sector: An Analysis of

Two Tools-Marketing and Citizen Involvement", Public Productivity Review, Vol. 2, 3~11.

Self P.(1965), Bureaucracy or Management, London: London School of Economics.

Sheth J. N. and P. L. Wright(1974), Marketing Analysis for Societal Problems, Urbana: University of Illinois Press.

Stafford, James E. and Lyons H. E.(1979), "Community Research: A Public-Private Partnership", Paper Presented in the American Society for Public Administration National Convention, Baltimore, April.

Stewart J. and Stewart Ranson(1988), "Management in the Public Domain", Public Money and Management. Vol. 8.

Titman L.(1995), Marketing in the New Public Sector, London: Pitman Publishing.

Van der Hart, H. W. C.(1991), "Government Organizations and Their Customers in the Netherlands: Strategy, Tactics and Operations", European Journal of Marketing, Vol. 24: 31~42.

Walsh, K.(1991), "Citizens and Consumers: Marketing and Public Sector Management", Public Money and Management, June-August: 9~16.

Walsh, K.(1994), "Marketing and Public Sector Management", European Journal of Marketing, Vol. 28(3), 63~71.

Wiebe, G. D.(1951), "Merchandising Commodities and Citizenship on Television", Public Opinion Quarterly, Vol. 15(Winter).

찾아보기

노시평

연세대학교 졸업(불문학 학사)
연세대학교 대학원 졸업(행정학 석사)
서울대학교 졸업(행정학 박사)
University of Denver(U.S.A) visiting scholar
서울행정학회 편집위원장
정책분석평가학회 부회장
한국거버넌스학회 부회장
중앙공무원교육원, 국세공무원교육원, 강원도지방공무원교육원 강사
기획재정부 공기업 · 준정부기관 경영평가단위원
국회 8급 공개경쟁채용시험문제 출제위원
광주광역시 교육공무원 사무관승진시험문제 출제위원
현) 서경대학교 공공인적자원학부 교수

『정책학의 이해』(공저, 2006)
『사회복지정책론』(공저, 2002)
『한국행정론』(공저, 1998)
『행정사례문제』(공저, 1998)
『민족통일과 북한』(공저, 1998)

공공부문의 마케팅

초 판 인 쇄 | 2013년 1월 10일
초 판 발 행 | 2013년 1월 10일

지 은 이 | 노시평
펴 낸 이 | 채종준
펴 낸 곳 | 한국학술정보㈜
주   소 | 경기도 파주시 문발동 파주출판문화정보산업단지 513-5
전   화 | 031) 908-3181(대표)
팩   스 | 031) 908-3189
홈 페 이 지 | http://ebook.kstudy.com
E - m a i l | 출판사업부 publish@kstudy.com
등   록 | 제일산-115호(2000. 6. 19)

ISBN   978-89-268-4089-4 93330 (Paper Book)
         978-89-268-4090-0 95330 (e-Book)